Christina Stoddard

LES PORTEURS DE LUMIÈRE DES TÉNÈBRES

Par Inquire Within

OMNIA VERITAS.

Christina Stoddard
(Inquire Within)

Depuis quelques années, un chef du temple mère de Stella Matutina et
R.R.et A.C. de la Stella Matutina et du R.R.et A.C.

Les porteurs de lumière des ténèbres

The light-bearers of darkness,
publié pour la première fois par Boswell, Londres, 1930

Traduit en français et publié par Omnia Veritas Limited

© Omnia Veritas Ltd - 2024

ⵁMNIA VERITAS.

www.omnia-veritas.com

Comme les trois grades de la Maçonnerie ordinaire comprenaient un grand nombre d'hommes opposés, par position et par principe, à tout projet de subversion sociale, les novateurs multiplièrent les degrés de l'échelle mystique à gravir. Ils créèrent des loges occultes réservées aux âmes ardentes... des sanctuaires obscurs dont les portes ne s'ouvraient à l'adepte qu'après une longue série d'épreuves destinées à tester les progrès de son éducation révolutionnaire.

Louis Blanc - *Révolution française*

Dans tout ce qu'il a fait, dans tout ce qu'il a enseigné, il a gardé cet objectif en vue : Faire en sorte que les actes des ténèbres soient accomplis, déguisées en œuvres de lumière. Il a répandu son poison, lentement et sûrement, à travers de nombreuses sectes spécieuses, et a fait passer le mal pour le bien, trompant les élus de Dieu.

L'avènement de Lucifer Par X.

CHAPITRE I

LE POUVOIR OCCULTE

Ce livre tente de montrer, au moyen d'enquêtes réelles, de preuves documentaires et d'une connaissance personnelle des rouages internes, que ce mouvement actuel de révolution mondiale menant à la domination du monde n'est qu'un effort fanatique de longue date et culminant de la part d'une puissance occulte agissant par l'intermédiaire de nombreuses sectes secrètes illuminées.

Quelles qu'aient pu être ses idées sur l'ère messianique et la véritable destinée de l'homme, le récit suivant du mysticisme et de la magie, écrit entre 1823 et 1825 par Hoëné Wronski, pourrait bien être une image réelle des conditions mondiales actuelles sous l'influence de sociétés mystiques et secrètes similaires — beaucoup plus nombreuses et influentes que le public ne l'imagine — par lesquelles le Centre Invisible cherche à nouveau à diriger et à dominer les nations et le monde.

Dans son *Traité méthodique de magie Pratique*, Papus, le célèbre occultiste et cabaliste, le Dr Gérard Encausse, écrit :

« Un savant initié et encyclopédiste, Hoëné Wronski, dans un ouvrage presque introuvable aujourd'hui, *L'Apodictique Messianique*, a donné une analyse de la magie et de ses origines, ainsi que de ses résultats, qui mérite d'être étudiée de près par les chercheurs sérieux. Nous espérons donc leur rendre service en reproduisant l'intégralité de la partie consacrée au mysticisme et à la magie. »

En bref, Wronski déclare que le but des associations mystiques est la « *participation à la création* » et que la finalité physique est la « *direction des destins de la Terre* ». Ce mysticisme « consiste en la limitation mystique de la réalité absolue (force vitale ou énergie universelle), formant en général la neutralisation de cette énergie négative et positive », une forme de polarisation magnétique, créant le lien éthérique ; pour cette raison, ces sociétés cultivent des sentiments et des arts surnaturels tels que... « *la philosophie hermétique, l'alchimie, le Grand Œuvre ou pierre des philosophes, la panacée, la guérison magnétique, la régénération, etc.* » et certains mystères de la génération physique, etc. Ne pouvant découvrir scientifiquement, par la raison, les destinées de la terre, ils prétendent les prévoir par une "*interprétation cabalistique... des traditions des Saintes Ecritures*" ; puis ils cherchent à diriger ces destinées au moyen de missions spéciales confiées à des hommes choisis dans tous les rangs de la société.

Sociétés secrètes. Il dit :

"Comme les efforts surnaturels déployés par l'Association Mystique pour prendre part à la création ne peuvent être ni pratiqués ni discutés publiquement... et qu'il lui est également interdit de diriger ouvertement les destinées de la terre, comme les gouvernements s'y opposeraient, cette association mystérieuse ne peut par la force des choses agir que par l'intermédiaire des *Sociétés Secrètes*. C'est donc au cœur du mysticisme que sont nées toutes les sociétés secrètes qui ont existé et existent encore sur notre globe et qui, contrôlées par cette source mystérieuse, ont dominé et, en dépit des gouvernements, continuent de dominer le monde. Ces sociétés secrètes, formées au besoin, se détachent en groupes distincts et apparemment opposés, professant respectivement et tour à tour les opinions les plus contraires du jour, de manière à diriger, à part et avec confiance, tous les partis, politiques, religieux, économiques et littéraires. Ceux-ci, pour recevoir une direction commune, sont de nouveau réunis à un centre inconnu, où se cache cette source puissante qui cherche ainsi à contrôler invisiblement tous les sceptres terrestres… et sans doute toutes ces sociétés secrètes sont-elles elles-mêmes, par l'habileté de certains de leurs chefs, contrôlées et dirigées selon les idées et les ordres d'un Comité Suprême Inconnu qui gouverne le monde".

Francs-maçons, appliqués ou politiques.

"La maçonnerie pure ou spéculative n'est proprement que la grande pépinière dans laquelle toutes les associations mystiques choisissent leurs hauts chefs (*epoptes*)… Aussi les grades d'initiation sont-ils disposés de telle sorte que la grande partie des francs-maçons, loin de douter du but de leur affiliation, n'y voient qu'un objet de plaisir et de bonne volonté réciproques. Seuls ceux qui ont été éprouvés sont admis dans les grades supérieurs, et c'est parmi ces derniers que se forment les différentes branches de la franc-maçonnerie appliquée, dont le but est manifestement de réaliser, par des actes et selon les circonstances, les spéculations mystiques libérales de la franc-maçonnerie. Ainsi, de nos jours, se sont *formés* avec succès *les Chapitres nocturnes de Ruel et de Passy, la Loge du Contrat-social, les Philadelphes, les Carbonari, le Tugend-Bund, les Burschaften, les Comuneros, etc...*". (Ceci ne s'applique pas à la maçonnerie britannique).

Influences réciproques entre le monde visible et le monde invisible. (Lien éthérique) Les Illuminati (Illuminisme).

"Le nom Illuminati (pas-Wissende)… semble n'avoir été introduit que vers 1775 par la société secrète fondée par Weishaupt et développée, dit-on, par le baron Knigge. Mais… elle doit avoir existé depuis la plus haute antiquité. Et en effet les affiliations mystiques sous les Pyramides d'Egypte, la secte ésotérique de Pythagore, les astrologues ou mathématiciens de Rome au temps de Domitien, la Maison de la Sagesse du Caire, les Ismaéliens ou Assassins, les Compagnons du Vieux de la Montagne, les Templiers, les Rose-Croix… semblent ne former qu'une chaîne ininterrompue de ces affiliations supérieures… sous le nom d'Illuminés".

Ainsi que leurs branches de *"Stricte Observance*, ou préparation à l'Illuminisme", y compris "les Loges éclectiques ou la Maçonnerie égyptienne, telles que les Loges *St Jean de Melchisédeck, les Souffrants, les Prêtres Royaux, les Maîtres des Sages, et les Chercheurs". Les Frères Asiatiques*, soit avec ceux-ci, soit avec les Illuminés.

Le *pouvoir directeur* — *les Invisibles ou les Êtres terrestres* (les Maîtres travaillant dans l'Astral).

"Une seule fois ces Invisibles se sont montrés aux hommes, c'est lorsque, au terrible Tribunal Secret — voyant que toutes les puissances de la terre, les ministres, les princes, les souverains eux-mêmes sollicitaient la faveur d'être admis dans cette formidable affiliation — ces Chefs invisibles ont cru qu'enfin ils avaient conquis la terre, et ils ont osé, pour ainsi dire, livrer le secret en montrant ouvertement la manière dont ils entendaient gouverner le monde... Ces êtres terrestres n'apparaissent pas aujourd'hui, mais ce sont eux qui forment le Comité Suprême d'où émanent les ordres qui régissent toutes les sociétés secrètes, et c'est dans ce Comité que l'ancien Livre des Records reste toujours ouvert..." (Nous avons ici la "Hiérarchie Suprême et Invisible des Juifs Cabalistiques").»)

Voici le serment prêté aux Illuminati :

« Au nom du fils crucifié (le Pentagramme, l'homme illuminé), jure de rompre les liens qui t'attachent encore à tes père, mère, frères, sœurs, femme, parents, amis, maîtresses, rois, chefs, bienfaiteurs, et toutes les personnes à qui tu as promis foi, obéissance et service. Nommez et maudissez le lieu où vous êtes né, afin que vous puissiez habiter une autre sphère, à laquelle vous n'accéderez qu'après avoir renoncé à ce globe pestilentiel, vil rebut des cieux ! Dès lors, tu es libéré du prétendu serment à la patrie et aux lois : jure de révéler au nouveau chef, reconnu par toi, ce que tu as pu voir ou faire, intercepter, lire ou entendre, apprendre ou supposer, mais aussi de chercher et d'épier ce que tes yeux ne peuvent discerner. Honorez et respectez l'*Aqua Tofana* comme un moyen sûr, rapide et nécessaire de purger le globe par la mort de ceux qui cherchent à vilipender la vérité et à la saisir de nos mains. Fuyez l'Espagne, Naples et toutes les terres maudites ; fuyez enfin la tentation de révéler ce que vous pouvez entendre, car le tonnerre n'est pas plus prompt que le couteau qui vous attend en quelque lieu que vous vous trouviez. Vivez au nom du Père, du Fils et du Saint-Esprit. (Il s'agit de la Trinité de l'Illuminisme — cabalistique et gnostique. Le Père — le feu générateur ; le Saint-Esprit — la Grande Mère Nature, reproduisant toutes choses ; le Fils — la manifestation, le fluide vital, la lumière astrale de l'Illuminisme. Il s'agit d'une perversion du symbolisme chrétien.

La raison pour laquelle Wronski a exposé ces sectes était de montrer l'effroyable propagation de l'Illuminisme à cette époque et son plan diabolique de destruction.

Mme Nesta Webster, dans son ouvrage *Secret Societies* and *Subversive Movements*, [1] nous raconte que vers l'an 872, un Ismaélien, Abdullah ibn Maymün, élevé dans les doctrines du Dualisme gnostique, un pur matérialiste, forma une secte connue sous le nom de Batinis, dont le projet fut ainsi décrit par Dozy en *espagnol, Islam*.

> "Réunir, sous la forme d'une vaste société secrète à plusieurs degrés d'initiation, les libres penseurs... et les bigots de toutes les sectes ; faire des croyants des instruments pour donner du pouvoir aux sceptiques... construire un parti, nombreux, compact et discipliné, qui, le moment venu, donnerait le trône, sinon à lui-même, du moins à ses descendants... Les moyens qu'il a adoptés ont été conçus avec une ruse diabolique... Ce n'est pas parmi les chiites

---

[1] *Sociétés secrètes et mouvements subversifs,* de Nesta Webster, traduit en français par Omnia Veritas Ltd, www.omnia-veritas.com.

qu'il a cherché ses vrais partisans, mais parmi les ghebers, les manichéens, les païens de Harran et les étudiants de la philosophie grecque ; sur ces derniers seulement, il pouvait compter, sur eux seuls. ce n'est pas parmi les chiites qu'il cherchait ses vrais partisans, mais parmi les ghebers, les manichéens, les païens d'Harran et les étudiants en philosophie grecque ; c'est sur ces derniers seulement qu'il pouvait compter, c'est à eux seuls qu'il pouvait progressivement dévoiler le dernier mystère et révéler que les imams, les religions et la morale n'étaient qu'une imposture et une absurdité... mais il avait soin de n'initier les âmes pieuses et humbles qu'aux premiers degrés de la secte. Ses missionnaires, à qui on avait inculqué l'idée que leur premier devoir était de dissimuler leurs véritables sentiments et de s'adapter aux vues de leurs auditeurs... En présence des dévots, ils prenaient le masque de la vertu et de la piété. Avec les mystiques, ils étaient mystiques et dévoilaient le sens profond des phénomènes, ou expliquaient les allégories et le sens figuré des allégories elles-mêmes... C'est par de tels moyens que s'est produit le résultat extraordinaire qu'une multitude d'hommes de croyances diverses travaillaient tous ensemble pour un objet connu seulement de quelques-uns d'entre eux... »

Nous avons là le système non seulement de Weishaupt mais aussi de toutes les sociétés secrètes subversives d'aujourd'hui, comme nous espérons l'expliquer plus tard dans ce livre.

En 1090, Hasan Saba, dit « l'Illuminateur », fonde la secte des « Assassins » à Alamut, en Perse, au bord de la mer Caspienne. Il reprend les méthodes de Maymün en y ajoutant des assassinats sauvages de ceux qui s'opposent à lui. Il s'appuie également sur l'organisation de la Grande Loge du Caire. Il s'agit d'un « système de meurtre organisé sur la base de la ferveur religieuse ». Comme l'a dit von Hammer, « Rien n'est vrai et tout est permis » était le fondement de leur doctrine secrète qui, cependant, n'étant transmise qu'à peu de personnes et dissimulée sous le voile de la religion et de la piété les plus austères, retenait l'esprit sous le joug d'une obéissance aveugle. Leurs doctrines secrètes ont finalement été révélées par les dirigeants eux-mêmes. Et von Hammer de répéter :

> « Dans les annales des Assassins, on trouve l'énumération chronologique des hommes célèbres de toutes les nations qui ont été victimes des Ismaéliens... »

Et encore :

> « Le poison et le poignard ont préparé la tombe que l'Ordre avait ouverte pour tant de gens, »

et donc Hasan et ses Grands Maîtres assassinés à leur tour par leurs proches parents (Mme Webster, *ibid.*).

Comme nous le verrons plus loin, le rôle que les Templiers s'étaient assigné était le suivant,

> « Nous serons l'équilibre de l'univers, les arbitres et les maîtres du monde. »

Dans le numéro de mars de la « *Revue Internationale des Sociétés Secrètes* », une traduction française des deux plus importants recueils de documents originaux relatifs aux Illuminati bavarois de Weishaupt a été publiée :

'(I) Einige Originalschriften des Illuminatenordens. Munich, 1786.

"(2) Nachtrag von weitern Originalschriften, welche die Illuminaten-secte ... betreffen en 2 parties.Munich, 1787."

Parlant des occultistes de la Haute Maconnerie du XVIIIe siècle, le R.I.S.S. écrit :

> « Ces Illuminés étaient en fait le rempart secret de la Secte. Les Illuminés de France, avec Martinez Paschalis, le philosophe inconnu, Pernetty, et toute l'école qui a laissé de

si profondes racines à Lyon et dans ses environs ; les Illuminati de Bavière, avec Weishaupt et ses complices. C'est dans ces Loges secrètes que fut conçue et préparée la Révolution française ; aujourd'hui, c'est dans les Temples du même Ordre, cabalistique et sataniste, qu'a germé et mûri la Révolution mondiale... Les plans d'hier nous aideront mieux à saisir l'intention et les méthodes d'aujourd'hui. »

Les documents sont ainsi décrits :

« Quelques écrits originaux de l'Ordre des Illuminati qui ont été trouvés dans la maison de Zwach, ancien conseiller de gouvernement, lors de la visite domiciliaire effectuée à Landshut, du 2 au 12 octobre 1786 ».

« Le présent recueil a été publié sur l'ordre suprême de Son Altesse l'Électeur afin de convaincre le public de ce pays et des pays étrangers de la fausseté incontestable des raisons invoquées pour justifier les protestations incessantes des Illuminati contre l'injustice, la violence et les poursuites dont ils font l'objet en Bavière, et en même temps pour le mettre en garde contre cette secte épidémique et contre toutes les autres sociétés illégales et clandestines de ce genre. En effet, celles-ci ne se proposent que de tromper les gens crédules et de leur soutirer de l'argent, et au lieu de répandre la vérité et la morale, comme elles prétendent le faire, elles ruinent absolument ces dernières et suppriment ou falsifient complètement les premières. Si quelqu'un doute de l'authenticité de ce recueil, qu'il se présente aux archives secrètes de cette ville, où l'ordre a été donné de montrer les originaux. Munich, 26 mars 1787. »

Dans un document, Zwach parle de la proposition de former un ordre féminin, composé de deux classes, chacune constituant une société séparée, chacune restant inconnue de l'autre : une classe de femmes vertueuses, un moyen d'obtenir de l'argent, des informations secrètes et des avantages pour le véritable Ordre ; l'autre de femmes légères, pour satisfaire les passions des F.M. ainsi enclins. "Les deux doivent rester dans l'ignorance qu'elles sont dirigées par l'Ordre des hommes.

De leur objectif camouflé et supposé, Spartacus-Weishaupt écrit :

> « Comme par le passé, le but futur de l'Ordre reste
> d'intéresser l'homme à la perfection de son esprit et de son
> caractère moral, de développer les sentiments humains et
> sociaux, de s'opposer aux mauvais desseins dans le monde,
> de lutter contre l'injustice, d'aider les malheureux et les
> opprimés, d'encourager les hommes de mérite qui sont utiles
> à l'Ordre, et de répandre la connaissance des sciences ; et ils
> sont fidèlement et solennellement assurés que c'est là le but
> réel et non pas seulement supposé de la société. Qu'il est vain
> d'espérer obtenir plus de pouvoir et de richesses en entrant
> dans cet Ordre ».

Le projet de cet Ordre est apparemment de former une machine unie, absolument contrôlée par les Supérieurs, qui seuls connaissent son véritable but. Pour cela, il faut une harmonie complète entre les membres, pas de haine, pas de jalousie, pas d'égoïsme indigne ; un seul esprit, une seule considération, une seule volonté ! Pour contribuer à cette orientation souhaitée, une liste spéciale de livres est prescrite, sur laquelle les membres doivent s'appuyer pour construire leur vision des choses. 'La société ne peut pas utiliser les hommes tels qu'ils sont ; ils doivent être façonnés selon l'usage que l'on veut en faire. On retrouve ici les mêmes méthodes sinistres que dans toutes les sociétés similaires d'aujourd'hui !

Weishaupt écrit également que l'adepte doit apprendre l'art de la dissimulation, de l'observation et de l'interrogation des autres. S'il découvre des secrets, il doit les divulguer aux Supérieurs qui, à leur tour, promettent de ne pas utiliser ces informations sans l'autorisation de l'informateur ! « L'Ordre exige une soumission totale dans tout ce qui concerne les affaires de l'Ordre. Ils doivent faire preuve d'une circonspection et d'une discrétion parfaites à l'égard du monde extérieur. Le silence et le secret constituent l'âme de l'Ordre », et même le grade du Frater est gardé secret, sauf avec ses égaux, parmi lesquels il y a des signes de reconnaissance.

En ce qui concerne le véritable objectif de cet Ordre, un document rédigé par Zwach montre ses progrès politiques pendant un an en Bavière — les Jésuites ont été écartés de toutes les chaires professorales, et entièrement éliminés de l'Université d'Ingolstadt ; la pénétration par les F.M. de l'Église, le contrôle des écoles allemandes, des sociétés de charité et d'autres chaires universitaires.

« Sur la recommandation des Fratres, Pylade est devenu trésorier du Conseil ecclésiastique, et l'Ordre dispose ainsi des revenus de l'Église. Il a ainsi pu aider les Fratres et sauver certains d'entre eux des griffes des prêteurs !

Encore une fois :

> La duchesse veuve a organisé l'Institut des Cadets absolument selon le plan indiqué par l'Ordre ; tous les professeurs sont membres de l'Ordre... et tous les élèves deviennent des adeptes de l'Ordre.

> Nous attirerons à nous tous les jeunes prêtres de la fondation Bartholomée... il y a de fortes chances que nous puissions ainsi doter toute la Bavière de prêtres instruits ».

Parmi les documents, on trouve également diverses recettes : « Une pour l'Aqua Toffana, un poison imperceptiblement lent mais mortel », une autre pour provoquer un avortement et une autre encore concernant des herbes aux propriétés délétères. Une autre pour provoquer un avortement ; et une autre encore concernant des herbes aux propriétés délétères.

L'initiation avait lieu après un, deux ou trois ans de probation. Dans le *Revers de silentio*, un formulaire signé par le candidat avant l'initiation, la soumission et le silence sont promis, et le candidat est assuré qu'il n'y a rien de contraire à « l'État, la morale ou la religion » dans la Société. Avant de prêter serment, il est dit — une épée pointée sur la poitrine :

« Si tu deviens un traître ou un parjure, que cette épée te rappelle chacun des membres en armes contre toi. N'espère pas trouver la sécurité ; où que tu t'enfuies, la honte et le remords, ainsi que la vengeance de tes frères inconnus, te tortureront et te poursuivront ».

Puis, dans le serment qui suit, il jure « le silence éternel, la fidélité et l'obéissance éternelle à tous les supérieurs et aux règlements de l'Ordre. Je renonce également à mes vues et opinions personnelles ainsi qu'à tout contrôle de mes pouvoirs et capacités. Je promets également de considérer le bien-être de l'Ordre comme le mien, et je suis prêt, tant que je serai membre, à le servir avec mes biens, mon honneur et ma vie… Si j'agis contre les règles et le bien-être de la Société, je me soumettrai aux peines auxquelles mes supérieurs peuvent me condamner… ».

Il reçut un nom classique, par lequel il était désormais connu dans l'Ordre. Il devait également conserver toutes les choses relatives à l'Ordre dans un endroit spécial, auquel était attachée une étiquette avec l'adresse de son supérieur, à qui la boîte devait être envoyée en cas de mort subite. Dans l'une des recettes, on trouve la description d'une telle boîte qui, lorsqu'elle était ouverte par une personne non initiée, s'enflammait immédiatement ! Le secret et le silence étaient exigés à ce point !

Après la dissolution de son Ordre, Weishaupt et ses disciples continuèrent secrètement leurs intrigues, car en 1789, les 266 Loges contrôlées par la Franc-maçonnerie du Grand Orient étaient toutes illuminées à l'insu de la grande majorité des membres, et quelques mois plus tard, la Révolution française de cette date se produisit.

En 1794, le duc de Brunswick, grand maître de la franc-maçonnerie allemande, a publié un manifeste à l'intention de toutes les loges, montrant comment la franc-maçonnerie avait été pénétrée par cette secte internationale et suggérant, pour un temps, la suppression de toute la franc-maçonnerie jusqu'à ce qu'elle soit libérée de ce cancer invisible. Ce Manifeste dit :

'Il s'est élevé une grande secte qui, prenant pour devise le bien et le bonheur de l'homme, a travaillé dans les ténèbres de la conspiration à faire du bonheur de l'humanité une proie pour elle-même. Cette secte est connue de tout le monde : ses frères ne sont pas moins connus que son nom. Ce sont eux qui ont sapé les fondements de l'Ordre (la franc-maçonnerie) jusqu'à le renverser complètement ; c'est par eux que l'humanité entière est empoisonnée et égarée depuis plusieurs générations. L'effervescence qui règne parmi les peuples est leur œuvre. Ils ont fondé les plans de leur insatiable ambition sur l'orgueil politique des nations. Leurs fondateurs se sont arrangés pour introduire cet orgueil dans la tête des peuples. Ils ont commencé par jeter l'opprobre sur la religion… Ils ont inventé les droits de l'homme, qu'il est impossible de découvrir même dans le livre de la Nature, et ils ont poussé les peuples à arracher à leurs princes la reconnaissance de ces prétendus droits. Le projet qu'ils ont formé de briser tous les liens sociaux et de détruire tout ordre s'est révélé dans tous leurs discours et dans tous leurs actes. Ils ont inondé le monde d'une multitude de publications ; ils ont recruté des apprentis de tous les rangs et de toutes les positions ; ils ont trompé les hommes les plus perspicaces en alléguant à la légère des intentions différentes. Ils ont semé dans le cœur de la jeunesse le germe de la convoitise, et ils l'ont excitée par l'appât des passions les plus insatiables. L'orgueil indomptable, la soif du pouvoir, tels étaient les seuls mobiles de cette secte ; leurs maîtres n'avaient en vue que les trônes de la terre, et le gouvernement des nations devait être dirigé par leurs clubs nocturnes. C'est ce qui s'est fait et se fait encore. Mais nous constatons que les princes et les peuples ignorent comment et par quels moyens cela s'accomplit…' (Mme Webster, ibid.)

Plus tard, une loi a été adoptée, à la suite de tout cela, par le Parlement anglais en 1799, interdisant toutes les sociétés secrètes à l'exception de la franc-maçonnerie. Aujourd'hui, dit-on, ces sociétés secrètes sont toujours illégales, et bien que certaines se disent semi-publiques, un serment de secret est toujours exigé par leurs chefs, concernant les enseignements les plus importants et les plus secrets, relatifs, plus particulièrement, au contact avec le mystérieux pouvoir de contrôle sur le plan astral.

Selon Monseigneur Dillon, 1885 (Mme Webster. ibid) :

> « Si Weishaupt n'avait pas vécu, la Maçonnerie aurait pu cesser d'être une puissance après la réaction consécutive à la Révolution française. Il lui a donné une forme et un caractère qui lui ont permis de survivre à cette réaction, de la dynamiser jusqu'à aujourd'hui, et qui la feront progresser jusqu'à ce que son conflit final avec le christianisme détermine si c'est le Christ ou Satan qui régnera sur cette terre jusqu'à la fin ».

Weishaupt n'était-il pas simplement l'instrument d'une autre Secte plus redoutable ? C'est de cette « puissance occulte », qui est en quelque sorte la vie de l'Illuminisme, que nous parlent les *Victoires d'Israël, de Roger Lambelin* :

> 'Joseph de Maistre qui était, on le sait, un franc-maçon d'assez haut niveau, a constaté l'influence exercée par les Juifs. En 1811, examinant les causes de la Révolution française, dans une lettre écrite à son roi depuis Saint-Pétersbourg, il dit : « La puissance de cette *secte orientée par la juiverie*, pour ensorceler les gouvernements, est un des phénomènes les plus terribles et les plus extraordinaires qu'on ait vus dans le monde ».

Là encore, Bernard Lazare, écrivain juif, affirme :

> 'Il est certain qu'il y avait des juifs dès le berceau de la franc-maçonnerie — des juifs cabalistiques, comme le prouvent certains rites existants ; très probablement, au cours des années qui ont précédé la Révolution française, ils sont entrés en plus grand nombre encore dans les conseils de la société, et ont eux-mêmes fondé des sociétés secrètes. Il y eut des juifs autour de Weishaupt ; et Martinez de Pasqualis, juif d'origine portugaise, organisa en France de nombreux

groupes illuminés et recruta de nombreux adeptes qu'il initia à la doctrine de la réintégration (régénération). Les Loges martinistes étaient mystiques, alors que les autres Ordres de la Franc-maçonnerie étaient plutôt rationalistes, ce qui prouve que les sociétés secrètes représentaient les deux faces de l'esprit juif : le rationalisme pratique et le panthéisme ; ce panthéisme qui, tout en étant le reflet métaphysique d'une croyance en un Dieu unique, aboutit parfois à une théurgie cabalistique'.

Et il écrit à propos des aspirations juives :

« Le Juif est aussi un bâtisseur : orgueilleux, ambitieux, dominateur, il cherche à tout attirer à lui. Il ne se contente pas de déchristianiser, il judaïse ; il détruit la foi catholique ou protestante, il provoque l'indifférence, mais il impose son idée du monde, de la morale, de la vie à ceux dont il ruine la foi ; il travaille à son œuvre séculaire : l'anéantissement de la religion du Christ ! ».

Et M. Roger Lambelin ajoute :

'Ils sont les ferments de la révolution dans toutes les ethnies étrangères à leur race.

De plus, le rabbin Benamozegh dit :

« Est-il surprenant que le judaïsme ait été accusé de former une branche de la franc-maçonnerie ? Ce qui est certain, c'est que la théologie maçonnique n'est au fond que de la théosophie et qu'elle correspond à celle de la Cabale.

... Ceux qui prendront la peine d'examiner avec soin les rapports entre le judaïsme et la franc-maçonnerie philosophique, la théosophie et les mystères en général... ne cesseront de sourire de pitié à l'idée que la théologie cabalistique puisse avoir un rôle à jouer dans les transformations religieuses de l'avenir... Ce livre contient la clé du problème religieux moderne ».

Dans un livre intéressant, *Les Juifs et le Talmud*,[2] par M. Flavien Bernier, nous trouvons quelques éclaircissements sur ce credo panthéiste des Juifs cabalistiques et de "l'homme déifié" de l'Illuminisme. Il écrit, 1913 :

'Or, la doctrine philosophique dominante chez les savants chaldéens... était le panthéisme absolu. Dans le vaste temple qu'est l'univers, les savants chaldéens ont supprimé le Créateur... Tout était cause et effet ; le monde était incréé et devenait lui-même son propre Dieu. Même l'idée de Divinité était confondue avec l'Harmonie Universelle qui régissait toutes les choses, et avec chacune des choses qu'elle régissait. Dieu était donc tour à tour, et dans son ensemble, la Terre qui nourrissait l'homme, la rosée qui le fertilisait, le Soleil qui lui donnait lumière et chaleur, le vent qui transportait le pollen fécondant de la végétation ; Dieu était le principe de vie qui perpétuait les espèces, humaines et animales, qui faisait germer, croître, mourir et renaître les plantes, qui se manifestait même dans les corps apparemment inanimés. Identifié comme une sorte de souffle de la nature, incréé et éternel. Dieu émane du monde et non le monde de Dieu.

"Il est réalisable qu'un tel système, qui porte l'empreinte d'une poésie bizarre mais indéniable, aurait, à toutes les époques, le pouvoir de séduire l'esprit humain. Il le séduira d'autant plus qu'il aura pour résultat immédiat d'accroître l'orgueil humain dans le culte de l''Homme déifié'.

« En effet, si aucun Être suprême distinct de la Nature ne s'imposait à celle-ci par droit de création, si toutes les choses avaient en quelque sorte une intelligence ou une âme, et si Dieu n'était que la somme de toutes ces âmes conscientes ou inconscientes de l'Univers, il existerait nécessairement une hiérarchie entre ces âmes dont chacune serait une partie de Dieu, mais qui ne pourrait contenir Dieu que d'une manière

---

[2] *Les juifs et le Talmud : morales et principes sociaux des Juifs d'après leur livre saint : le Talmud — 1913*, Omnia Veritas Ltd, www.omnia-veritas.com.

très inégale. Le principe divin se trouverait distribué en moins grande abondance dans une pierre que dans un arbre, qui vit, respire, croît et meurt ; dans un arbre que dans un animal, qui pense, perçoit et agit ; dans un animal que dans un homme qui médite sur le passé et l'avenir, résout le problème de la Nature, corrige les imperfections de celle-ci par son travail et son ingéniosité, et cherche à se perfectionner indéfiniment. Au sommet de l'échelle des êtres, l'homme, beaucoup plus parfait et plus intelligent que tous les autres, a évidemment absorbé la plus grande part de l'essence divine dont est composé l'univers. Ayant vidé le ciel de tout être supérieur à lui, il était en vérité le Dieu du monde, où tous lui étaient apparemment inférieurs et subordonnés».

Dans une note de bas de page, l'auteur ajoute

"Ceux de nos lecteurs qui connaissent les ouvrages de la franc-maçonnerie hermétique reconnaîtront tout de suite les idées favorites des pontifes de cette secte, idées qu'ils ont héritées des alchimistes du moyen âge, qui les tenaient des juifs cabalistes. Il en est de même du culte de « l'homme déifié», qui était à la base du panthéisme chaldéen, et qui est resté celui de l'occultisme, ancien et moderne.

"Certaines traditions donnent pour Maître Zoroastre, un prophète juif... Mais, d'autre part, la pensée chaldéenne a agi puissamment sur le judaïsme orthodoxe et a déterminé la croissance en son sein d'une secte qui devait transformer Israël... Cette secte était celle des "Pharisiens"... Ce qu'ils ont emprunté (aux Chaldéens) en fait... était l'essence de la doctrine panthéiste... C'est alors que s'est formée, à partir de ces emprunts, la Kabbale des Pharisiens qui a été longtemps transmise oralement de Maître à disciple et qui est restée en vigueur jusqu'à nos jours. était l'essence de la doctrine panthéiste... C'est alors que s'est formée, à partir de ces emprunts, cette Kabbale des Pharisiens qui s'est longtemps transmise oralement de maître à disciple, qui devait, 800 ans plus tard, inspirer la compilation du Talmud et trouver son expression la plus complète dans le "Sepher ha Zohar"... Cette religion des "Pharisiens", c'est celle des "Chaldéens"...

Cette religion de "l'homme déifié", dont ils furent imprégnés à Babylone, n'était conçue qu'au profit du Juif, être supérieur et prédestiné.

> … La promesse de domination universelle que le Juif orthodoxe trouvait dans la Loi n'était pas interprétée par les Pharisiens dans le sens du règne du Dieu de Moïse sur les Nations, mais dans le sens d'une domination matérielle qui serait imposée par les Juifs sur l'Univers. Le Messie attendu (…) devait être un Roi temporel, tout ensanglanté par les combats, qui rendrait Israël maître du monde et piétinerait tous les peuples sous la roue de son char".

N'avons-nous pas ici la base de l'enseignement de tous ces Ordres et groupes, mystiques et occultes, de l'époque actuelle — le culte de la force vitale, de l'O.A.I., du « Pouvoir du Serpent », de l'éther omniprésent ? Et n'avons-nous pas aussi la clé des Juifs Cabalistiques, dans ces Pharisiens d'autrefois et d'aujourd'hui ; ces soi-disant « Gardiens Divins » travaillant derrière et à travers ces Ordres secrets, qui professent enseigner la doctrine de la déification de l'adepte, mais qui en vérité créent des esclaves illuminés contrôlés par le Juif Cabalistique, qui prétend être « l'Homme Déifié » — comme le dit M. Bernier, « le peuple-Dieu » plutôt que le « Peuple de Dieu ».

Dans le *Patriot* du 7 mars 1929, nous trouvons des informations intéressantes sur les sociétés secrètes et la Révolution française :

> « En 1910 paraissait un livre très remarquable, intitulé *Marie-Antoinette et le Complot Maçonnique.*[3] Il était écrit par M. Louis-Dasté, historien érudit, qui avait consacré beaucoup de temps à l'examen de documents publiés et inédits mettant en lumière le rôle joué par les sociétés secrètes dans la préparation de la Révolution française… Les extraits montrent, entre autres, comment des idées antichrétiennes et

---

[3] *Marie-Antoinette et le Complot Maçonnique*, Omnia Veritas Ltd, www.omnia-veritas.com.

révolutionnaires ont été diffusées par des organismes ostensiblement engagés dans l'éducation du peuple français. Derrière ces organismes se trouvait la franc-maçonnerie française, qui était et reste, à la différence de notre franc-maçonnerie, antichrétienne, politique et révolutionnaire».

Nous citons les extraits suivants qui montrent leurs méthodes :

"Au début du XVIIIe siècle, la France était encore ardemment attachée à ses traditions religieuses et politiques ; à la fin de ce siècle, elle a rompu — ou plutôt une influence secrète l'a fait rompre — avec toutes ces traditions. Quelle était cette influence secrète ? C'était dans tous les cas l'influence de la franc-maçonnerie... Depuis plus d'un demi-siècle, les francs-maçons préparaient en effet secrètement la mine dont l'explosion, en 1789, bouleversa l'ancienne France... A partir de 1750, des sociétés de lecture virent le jour dans la plupart des villes de France. Comme les Sociétés de Libre Pensée de nos jours, elles étaient sous le contrôle des francs-maçons... Les membres de ces sociétés qui avaient été le plus facilement pris à l'appât maçonnique, et qui, en outre, possédaient des talents littéraires, étaient admis dans des groupes d'un degré plus élevé, les sociétés dites « académiques».... Comme les Sociétés de Lecture, les Sociétés Académiques étaient secrètement dirigées par des Francs-Maçons... qui fournissaient l'argent dépensé soit pour les prix donnés aux pamphlets antichrétiens, soit pour leur impression et leur publication... Enfin, au-dessus des Sociétés de Lecture et des Sociétés Académiques se trouvaient les Sociétés dites d'Action, qui n'étaient ni plus ni moins que des extériorisations des Loges maçonniques... L'œuvre que les Sociétés de Lecture et les Sociétés Académiques accomplissaient en liaison avec les Loges qui les contrôlaient était aussi mortelle que simple. Sous l'influence de ces groupes de francs-maçons et de leurs auxiliaires, les catholiques tièdes devinrent peu à peu des incroyants, et finalement des antichrétiens fanatiques... La franc-maçonnerie infecta d'abord les ministres du roi et les hauts fonctionnaires, puis les magistrats de toute nature, enfin l'Eglise de France elle-même... Grâce donc à leur ignorance du danger maçonnique et à leur semi-complicité avec l'ennemi, les deux d'Argenson, Maurepas, et St. Florentin ont permis aux francs-maçons du XVIIIe siècle de détruire la monarchie chrétienne de France…"

Dans la *Revue Internationale des Sociétés Secrètes*, un article intitulé « Révolution, Terreur et Franc-maçonnerie » expliquait le lien entre la Franc-maçonnerie du Grand Orient et la Révolution française et son objectif actuel d'une « République mondiale » — la Franc-maçonnerie universelle (voir Patriot, 16 août 1928).

« En 1789, les crimes révolutionnaires furent préparés par le Comité de propagande de la Loge *Les Amis réunis*, et le plan de la Terreur est dû à l'un de ses membres les plus influents, le franc-maçon jacobin Adrien Duport (qui, interrogé sur son plan, déclara)… "Or, ce n'est qu'au moyen de la terreur qu'on peut se mettre à la tête d'une révolution de manière à la gouverner… Il faut donc, quelque répugnance que l'on puisse avoir, se résigner au sacrifice de quelques personnes marquées."

… Des instructions conformes au plan sont données aux principaux agents du département des insurrections déjà organisé, auquel Adrien Duport n'est pas étranger ; l'exécution suit rapidement. Le massacre de Launay, de Flesselles, de Foulon, de Berthier, et leurs têtes promenées sur des piques, furent les premiers effets de cette conspiration philanthropique.

En 1922, l'Orateur de la Grande Loge (France) déclarait : "Mes frères maçons, je souhaite que la franc-maçonnerie, qui a tant fait pour l'émancipation des hommes, et à laquelle l'histoire doit les révolutions nationales, sache aussi faire cette plus grande révolution, qui sera la révolution internationale".

Parlant de la propagande subversive à cette époque, Arthur Young, dans ses *Voyages en France et en Italie* (Young, à Paris au début de la Révolution française, était l'un des observateurs les plus acerbes du dix-huitième siècle) écrit (voir Patriot, 2 février 1928) :

> "29 juin 1789. La postérité croira-t-elle que, tandis que la presse a fourmillé de productions incendiaires tendant à prouver les bienfaits de la confusion théorique et de la licence spéculative, aucun écrivain de talent n'a été employé à réfuter et à confondre les doctrines à la mode, et qu'on n'a pas pris le moindre soin de diffuser des ouvrages d'une autre nature ?"

Ce qui précède ne s'applique-t-il pas également à l'actuelle "révolution mondiale", conçue par la même secte cachée et "redoutable" ? Combien osent ou veulent publier la vérité fondamentale ?

Examinons maintenant les objectifs actuels de la franc-maçonnerie du Grand Orient, tels qu'ils ressortent de ses propres archives. Il s'agit d'un organisme judéo-maçonnique, politique et révolutionnaire, qui œuvre pour la domination du monde.

Dans *"La Dictature de la Franc-Maçonnerie sur la France"*, M. A. G. Michel expose certaines de ces machinations :

> "Il est du devoir de la franc-maçonnerie universelle de coopérer absolument avec la Société des Nations afin qu'elle n'ait plus à se soumettre aux influences intéressées des gouvernements" (Convent. Grand Orient, 1923).

> "Les tâches principales de la Société des Nations consistent dans l'organisation de la paix, l'abolition de la diplomatie secrète, l'application du droit des peuples à disposer d'eux-mêmes, l'établissement de relations commerciales inspirées par le principe du libre-échange, la répartition des matières premières, la réglementation des transports, le rétablissement de relations normales entre les appareils nationaux, et la création d'une note internationale ; le développement d'une législation internationale du travail, et surtout la participation d'une classe ouvrière organisé à des conseils internationaux ; la diffusion d'une éducation générale pacifiste basée

notamment sur l'extension d'une langue internationale (l'espéranto !) ; la création d'un esprit européen, d'une culture de la paix et d'une culture de l'égalité.) ; la création d'un esprit européen, d'un patriotisme de la Société des Nations — en bref, la formation des Etats-Unis d'Europe, ou plutôt de la Fédération mondiale" (Convent de la Grande Loge de France, 1922).

"Affirme que cette Assemblée (Société des Nations) doit évoluer dans un sens démocratique et admettre rapidement des représentants de toutes les nations ; déclare que le nouvel établissement doit assurer l'égalité des nations ; rapporte avec satisfaction la création d'un Bureau du Travail International comme organe permanent de la Société des Nations. (Convent. Bull. Off. Grande Loge de France, 1920).

"La Commission demande que la Convention vote à l'unanimité que, dans tous les cas, la Société des Nations aura désormais l'autorité suprême pour trancher entre les peuples et les gouvernements" (Convent. Grande Loge de France, 1923).

"En outre, elle demande que la Société des Nations, pour assurer l'exécution de ses décisions, soit dotée d'une force armée permanente placée sous sa seule autorité, diminuant d'autant les différentes armées nationales" (Convent. Grand Orient, 1923).

"L'organisation fédérale des peuples implique l'établissement d'un super-État, ou État supranational, investi des trois pouvoirs exécutif, législatif et judiciaire, c'est-à-dire possédant les trois organes indispensables à toute société constituée : un gouvernement, un parlement et une cour de justice. La Cour de justice doit être dotée d'un code pénal, d'un code civil et d'un code de procédure internationale. L'autorité internationale doit être sanctionnée par une armée ou une police internationale. Désarmer les États séparés et armer la Fédération des États-Unis, ce sont les deux phases d'un même progrès" (Bull. Off. Grande Loge de France, 1922).

"Études, par l'intermédiaire de la Société des Nations, en vue de la création d'une Banque internationale fondée sur la mobilisation des biens fonciers, publics ou privés" (Bull. Off. Grande Loge de France, 1922).

Conduisant à un programme de dictature maçonnique universelle :

I. *Politique de destruction* (*solution de* la maçonnerie illuminée*)* : Destruction de l'Église. Révolution.

II. *Reconstruction d'un nouveau régime (Coagula* de la Maçonnerie Illuminée) : (a) économique et social ; (b) réforme financière et fiscale ; (c) socialisation des individus.

III. *La Maçonnerie universelle :* "Cette révolution internationale est pour demain l'œuvre de la franc-maçonnerie" (Convent. Grande Loge de France, 1922). "Trois révolutions : 1789, 1871, 19—" (Bull. Hebd. 1922).

La pénétration du Grand Orient dans de nombreux groupes est expliquée par les extraits suivants du même document :

"La Maçonnerie doit être ressentie partout, mais ne doit être trouvée nulle part" (Convent. Grand Orient, 1922).

"Nous formons une grande Association, muette au dehors, dont l'unique tâche sera d'exprimer collectivement des idées et d'en envahir le pays... nous devons nous efforcer de faire pénétrer nos pensées dans la masse entière... mais toute notre satisfaction viendra de ce que nos idées germeront" (Convent. Grand Orient, 1922).

"Une propagande active est urgente, afin que la Franc-maçonnerie redevienne l'inspiratrice, la maîtresse souveraine des idées par lesquelles la démocratie doit être portée à sa perfection... Influencer les éléments sociaux en répandant largement l'enseignement reçu dans l'Institution" (Convent. Grand Orient, I 922).

"Les sociétés sportives, les scouts, les cercles artistiques, les groupes choraux et instrumentaux. Toutes les organisations qui attirent la jeunesse républicaine vers des œuvres d'éducation physique et intellectuelle. Il y a tant de domaines fertiles où la propagande maçonnique devrait être exercée le plus utilement. Ajoutez partout à ces cours pour adultes, partout où il y a quelque chance qu'ils soient suivis et fréquentés, les bibliothèques, etc. (Convent. Grand Orient, 1923)

La franc-maçonnerie n'est pas exactement internationale, elle est universelle ; c'est une société non nationale, une société d'" humanité», non pas une société de fraternité internationale, mais une société de Fraternité Universelle « (Bull. Off. Grande Loge de France, octobre 1922).

Le Grand Orient fut fondé en 1772, forma une coalition avec le Grand Chapitre en 1786, et devint un organisme à la fois subversif et dangereux. En 1789, nous l'avons vu, il était illuminé juste avant la Révolution. Il s'agit donc d'une maçonnerie ésotérique illuminée, largement dominée par les juifs, et dont le but est le pouvoir politique. Leur dieu est le Principe Créateur, et ils considèrent Dieu le Créateur comme un mythe. En revanche, les maçons britanniques sont exotériques, apolitiques et philanthropiques, et ils croient en Dieu en tant que Grand Architecte de l'Univers. C'est pour ces raisons qu'ils ont rompu leurs relations avec le Grand Orient en mars 1878.

Nombre de ces sociétés secrètes et pseudo-publiques, dont il sera question plus loin, sont affiliées directement ou indirectement au Grand Orient et sont, comme on le verra, subversives.

Quiconque a un tant soit peu réfléchi à la question doit se rendre compte qu'aucun mouvement tel que la révolution mondiale actuelle, avec toutes ses complexités, ne pourrait prendre les proportions qu'il a manifestement prises s'il n'existait pas un moyen de cohésion et un puissant esprit central dirigeant l'ensemble. Ce que feu l'évêque de Dijon a dit des Juifs dans son livre *Les Pharisiens d'autrefois à Ceux d'aujourd'hui*, pourrait bien être dit du mouvement susmentionné. Il écrit :

> "Mais, pour que ces colonies de juifs, si dispersées qu'elles soient entre des races si différentes, sous des régimes si dissemblables, enfouies dans des masses hostiles, et sans aucun lien apparent, aient néanmoins réussi à conserver leurs caractères originels, toujours les mêmes idéaux, partout la même mentalité, les mêmes idées, une similitude parfaite, il est indispensable qu'elles aient un lien invisible d'union, un esprit commun, une tête, en un mot un gouvernement central, et ce gouvernement ne peut être qu'un gouvernement occulte."

Dans une note de bas de page du même livre, et en parlant de la franc-maçonnerie du Grand Orient, il dit :

> "Dans les Loges, les discussions n'ont pas pour but d'obtenir la vérité, mais leur but est l'action. Ce qui compte, ce n'est pas une opinion connectée et réelle correspondant aux convictions de chacun dans son ensemble, mais une opinion collective et pratiquée, résultat d'une entente préétablie pour une fin intéressée. Ils ne la recherchent pas par l'étude comme les philosophes, ils la suggèrent et l'imposent… On n'est pas forcé d'entrer en Maçonnerie, mais une fois entré, l'adepte doit s'approprier l'esprit de la Maçonnerie, c'est l'" initiation». On s'attache à le lui insuffler pour l'orienter. Mais si chaque maçon est orienté personnellement, chaque groupe l'est aussi, à son insu, par les groupes supérieurs, de telle sorte que, dans l'impossibilité de voir ce qui les conduit ou où ils sont conduits, ils se croient libres, alors qu'en fait ils sont orientés ou dirigés par ce «*Mystérieux Moteur Central,* connu de nous seuls» dit l'auteur de cet étrange livre *Le Péril Juif.*»

Le même système secret se retrouve dans toutes les sociétés secrètes illuminées d'aujourd'hui, qui sont toutes gouvernées et dirigées par un mystérieux centre caché. Parlant de son propre système, Weishaupt dit qu'il forme ses rangs « à partir d'hommes qui se soumettraient à être conduits aveuglément vers l'avant par des directeurs invisibles ». Il ajoute :

« Il faut montrer combien il serait facile à une tête intelligente de diriger des centaines et des milliers d'hommes. J'ai deux subordonnés immédiats à qui j'insuffle tout mon esprit, et chacun de ces deux subordonnés en a encore deux autres, et ainsi de suite. C'est ainsi que je peux mettre mille hommes en mouvement et en feu de la manière la plus simple, et c'est ainsi que l'on doit donner des ordres et agir sur la politique » (*Mme Webster, Secret Societies and Subversive Movements*).

C'est le système de Weishaupt, mais qu'en est-il du mystérieux pouvoir central ?

L'objectif de ce livre n'est pas de prouver ou de réfuter les « Protocoles des Sages de Sion », qui ont été déclarés de manière peu convaincante par Philip Graves, dans le *Times* des 16-18 août 1921, et à nouveau en 1923 dans son livre *Palestine the Land of Three Faiths*, comme étant en partie plagiés à partir du pamphlet révolutionnaire de Maurice Joly, *Dialogues aux Enfers*, et en partie fournis par l'Okhrana ou la police secrète tzariste. Ce qui nous intéresse, cependant, c'est que M. Graves admet que les mêmes idées et méthodes, telles qu'elles sont exprimées dans les Protocoles et la brochure susmentionnée, sont à la base de toutes les révolutions : « Les terroristes français, les Napoléons, les chefs turcs du Comité du Progrès et de l'Union, Lénine et ses partisans ». Et des Juifs, il dit :

« Ces faits n'expliquent-ils pas suffisamment pourquoi les Juifs orientaux ont été dans une large mesure la force motrice de la révolution bolchevique russe, intensifiant son amertume fanatique contre le Tzar, l'Eglise et le Capital, mais lui fournissant une plus grande puissance cérébrale, une plus grande continuité de politique et de persévérance, que ce que l'on pouvait trouver dans les masses russes ou dans la fraction communiste de l'intelligentsia ? ».

Nous citons ici et là ces Protocoles, en les comparant aux travaux de ces nombreuses sociétés secrètes, uniquement pour montrer que ces mêmes idées et méthodes révolutionnaires sont toujours à la base des principes de ces mouvements secrets dominés par les juifs et indubitablement subversifs d'aujourd'hui.

CHAPITRE II

ORIENTÉ PAR LA JUIVERIE

AVANT d'exposer les résultats de nos enquêtes et recherches sur certains des cultes et sociétés actuels les plus magiques et les plus dangereux, les conclusions auxquelles est parvenu un occultiste français érudit peuvent être intéressantes, car elles étayent et complètent certains de nos points de vue.

La Cabale juive, fondée sur ces mêmes lois secrètes, est l'un des systèmes les plus savants et les plus puissants pour prendre le contrôle de la nature, de l'esprit et des actions de l'homme, en mettant en jeu et en pervertissant ces forces afin d'atteindre le pouvoir et la domination. Il s'agit d'une polarité et d'une méthode subtile de suggestion. *La Revue Internationale des Sociétés Secrètes* a entrepris depuis un certain temps d'enquêter et d'exposer la source séculaire et le pouvoir caché de ces sociétés secrètes, espérant ainsi aider d'autres enquêteurs et fournir un choix d'armes à ceux qui luttent déjà pas à pas contre la judéo-maçonnerie contemporaine. M. Henri de Guillebert, « spécialiste de premier ordre en ces matières », a pris une part prépondérante à ces investigations. Nous donnons quelques extraits de ses articles, « Etudes d'Occultisme » :

> « On nie généralement l'importance du rôle joué par les sociétés secrètes dans l'évolution religieuse, sociale, économique et politique… On ne trouve dans l'histoire des peuples aucune trace d'une tentative internationale pour déterminer l'origine, les vicissitudes, le but, les revendications, la doctrine et la discipline des sectes,

considérées non plus comme des phénomènes isolés, mais comme une organisation permanente, ainsi monstrueusement et solidement formée d'une multitude de parties séparées. C'est donc en quelque sorte une nouveauté que de montrer l'action de l'occultisme sur les hommes dans ses phases successives en établissant ce que sont les sociétés secrètes, comment elles s'enchaînent dans le temps et dans l'espace, d'où elles viennent et où elles veulent conduire les hommes, qui les constitue et qui les dirige... A notre époque, l'occultisme ne peut plus être qu'une réalité matérielle et humaine, un problème à résoudre par les méthodes reconnues de la critique, une œuvre analysable par des enquêtes, capable de démasquer les sociétés secrètes dans leur ensemble. Observer, analyser, classer, comparer toutes les sectes est un travail purement scientifique...

« *Judéo-maçonnerie.* — Ce terme peut être utilisé, sous toutes réserves, pour désigner l'organisation composée de juifs cabalistiques et de sociétés secrètes, considérés non plus comme des phénomènes isolés dans le temps et l'espace, mais comme un tout, ayant une doctrine et une discipline communes, un but et des méthodes communes... La méthode employée consiste toujours à pervertir les traditions et les institutions du christianisme, en les conformant aux croyances et aux organisations inspirées par l'occultisme... La destruction de la famille, de la patrie, de l'autorité, de l'Eglise n'est pour l'occultisme qu'un moyen... Le principe de la minorité enseignante n'est pas seulement de cacher la connaissance des mystères à l'adepte, mais aussi de répartir son enseignement entre la torsion des mentalités et la perversion des hommes de manière à détruire tout obstacle à l'établissement de sa domination sur le monde, et à établir sa tyrannie sur une terre débarrassée de toutes les institutions ecclésiastiques. ... Le but final est l'intronisation du soi-disant roi du monde, remettant l'autorité universelle, par le biais de dupes subordonnés, entre les mains des Grands Maîtres — tous juifs ; l'assujettissement de tous les peuples à ces hommes, par le monopole des fonctions sociales, la transformation de l'homme en animal domestique, l'exploitation des masses par le juif, une fois que les têtes de contrôle chrétiennes auront été supprimées.

« La révolution actuelle est la fin réelle. Elle est l'aboutissement, par une formidable convergence d'efforts faits partout et en même temps, d'une conspiration permanente, qui échoua, fut reprise, et poursuivie avec une terrible ténacité, et avec une habileté toujours croissante acquise par de longs siècles d'expérience. Leur but, à jamais inaccessible, serait la domination définitive de tous les peuples par le peuple-dieu, toutes les religions ésotériques n'ayant été que des formes ethnologiques de la Cabale, formes transitoires dont le judaïsme vainqueur doit se débarrasser... La seule force de cohésion juive réside dans la soumission de ses communautés dispersées à la suprématie religieuse d'un Patriarcat dont le siège social, sans cesse modifié, reste inconnu des profanes.

« Le Juif se considère comme le soleil de l'humanité, le mâle auquel s'opposent les autres peuples qui ne sont que la femelle, manifestant et assurant la venue de l'ère messianique. Pour réaliser cette manifestation sociologique, le Juif étend organiquement son influence au moyen de sociétés secrètes, créées par lui pour répandre partout sa force initiatrice... (espérant réaliser) la "République Universelle" contrôlée par le dieu de l'Humanité, le Juif de la Cabale... L'effort principal de ces sociétés secrètes est de rassembler dans leurs plans les traditions religieuses de tous les peuples.

« *Théurgie* — La théurgie a pour objet la condensation dans le théurge de la matière vitale, par des méthodes, dans des lieux et avec des buts autres que ceux qui sont possibles par les limitations des organes. Elle aboutit à la production de "grands phénomènes", de phénomènes surhumains, c'est-à-dire au-delà des pouvoirs de l'humanité ordinaire. La réalisation des "grands phénomènes" assure la multiplication des adeptes et la glorification des initiés. La théurgie place le "devin" (voyant) plus haut que l'humanité, dans un état de libération qui s'approche du "divin". Aussi, pour atteindre ce but, le théurge ne recule devant aucune méthode lui permettant de libérer à son profit la matière vitale dont il a besoin pour produire ces "grands phénomènes"... Les théurges attribuent aux phénomènes de l'univers des relations surprenantes qu'ils prétendent pouvoir établir en mettant en mouvement un "fluide" sans l'existence duquel ils reconnaissent que leurs procédés ne seraient que de la jonglerie... Ils prétendent avoir le pouvoir de se charger de ce fluide et de le projeter à volonté sur des organismes moins fortement chargés qu'eux, et de se mettre ainsi dans un état physique et physiologique de condensateur et de distributeur d'énergie naturelle, se rendant capables d'étourdir et de dominer au moyen d'échanges fluidiques revendiqués » (contrôle hypnotique tel qu'il est pratiqué dans ces ordres).

C'est la force dont il est question dans les « Protocoles » :

« Nous mettons les francs-maçons à mort... ils meurent tous quand il le faut, apparemment d'une mort naturelle ».

Le célèbre occultiste et cabaliste « Papus », dans son livre sur la *magie pratique*, donne l'explication simple suivante de la magie : « Un véhicule, un cheval et un conducteur, voilà toute la magie si l'on savait seulement comment la regarder ». Il dit que le conducteur ne peut pas mettre le véhicule en mouvement sans un moteur, qui est le cheval, qui est en même temps plus fort que le conducteur, mais il contrôle et utilise la force brute au moyen des rênes. Le meneur représente l'intelligence et surtout la volonté qui gouverne tout le système — c'est le « principe directeur ». Le véhicule représente la matière, qui est inactive et qui est le « Principe passif ». Le cheval représente la « Force », obéissant au cocher, et agissant sur le véhicule, il fait mouvoir tout le système ; il est le « Principe actif », et en même temps l'intermédiaire entre le véhicule et le cocher, le « lien » qui unit la base matérielle et ce qui la dirige, c'est-à-dire entre la matière et la volonté.

Dans la magie pratique, le conducteur est la volonté humaine, le cheval la « force vitale », ce dynamisme véhiculé par le sang vers tous les organes et vers le cerveau lui-même. Le véhicule est notre corps, le conducteur notre volonté et les rênes le système nerveux. L'esprit ne peut agir directement sur la matière, il agit sur l'intermédiaire, qui réagit à son tour sur la matière ; cet intermédiaire est le plan astral, la force vitale dans la nature et dans l'homme, celle qui modifie continuellement la matière. Cette force vitale organique de l'homme peut être projetée par lui et agir à distance : c'est la force hyperphysique utilisée dans la guérison magnétique et la maîtrise hypnotique. Comme le dit Papus : « Chez les anciens, la magie pouvait être définie comme l'application de la volonté aux forces de la nature, car l'étudiant apprenait à contrôler la chaleur, la lumière et l'électricité. Il s'agit toujours de deux forces antagonistes unies par une troisième qui produit une manifestation.

Toutes ces nombreuses sociétés occultes secrètes et pseudo-publiques — qu'elles soient maçonnes ésotériques, rosicruciennes, illuminati ou qu'elles se nomment simplement Frères universels — sont, nous le croyons, consciemment ou inconsciemment, liées au Groupe central qui agit derrière la Troisième Internationale de Moscou. Beaucoup de ces ordres semblent extérieurement antagonistes les uns des autres, et chacun d'entre eux semble en fait croire qu'il connaît, lui et lui seul, toute la vérité. La raison en est que les membres qui se séparent pour diverses raisons cherchent presque inévitablement un autre groupe, de préférence opposé à celui qu'ils ont quitté. Ces groupes et ces ordres sont variés, afin de plaire aux nombreux et différents types d'humanité. Beaucoup d'entre eux, sinon tous, travaillent nominalement au « service de l'humanité », mais cela semble s'être résolu au service et aux droits des soi-disant travailleurs du monde, et, bien que leur mot d'ordre soit censé être l'amour et l'unité, il semble signifier la haine de classe.

La *Grande Loge Blanche* est apparemment le centre d'instruction, et beaucoup sont à la recherche d'un « Messie », qu'il s'agisse d'un Christ ou d'un Christian Rosenkreutz. Pour nous, cela signifie une domination invisible du monde au moyen de marionnettes ou d'outils illuminés — les Porteurs de Lumière, comme on les appelle dans certains de ces Ordres hermétiques. Il s'agit sans doute de la même organisation secrète qui, plus tôt et à une échelle moins ambitieuse, a été à l'origine des révolutions françaises, des soulèvements balkaniques et même du soulèvement des Lollards dans notre propre pays, qui n'étaient tous que des expériences préparatoires à la grande révolution mondiale d'aujourd'hui. Ce mouvement secret est un fléau engendré dans les voûtes cachées et les lieux souterrains du monde, qui ne remonte à la surface que lorsque l'heure de la consommation semble approcher. Qui peut dire où commence et où finit ce fléau, et qui est à l'abri de sa tare mortelle ?

L'illuminisme ou le soi-disant développement spirituel est, à notre avis, la clé du mouvement et le lien qui unit l'ensemble de l'organisation, et tous ces groupes ne sont que des organismes créés dans le but de préparer des instruments, et les méthodes pour parvenir à cette condition sont brièvement les suivantes :

I. *Orientation.* — La direction de la pensée. au moyen de méditations choisies sur des écrits dits inspirés par ces Maîtres de la Grande Loge Blanche.

2. *Polarisation.* — Direction des courants des forces sexuelles duales par la pensée et la volonté, en les unissant aux forces dirigées par ces Maîtres de l'extérieur. Vibrations réciproques — l'action d'un esprit sur un autre.

3. *Illumination.* — Illuminisme au moyen de la lumière astrale, produit par ces mêmes Maîtres et conduisant à l'obsession hypnotique.

Pour citer *The Great Work*, une publication du mouvement Sadol, en Californie : "En vérité, c'est ce principe de la nature qui pousse chaque entité à rechercher une correspondance vibratoire avec une autre entité similaire de polarité opposée. Dans le même ouvrage, on nous dit que, de manière analogue à un fermier qui fait passer un courant électrique dans le sol, à la racine de la tige, de manière à toucher les processus vitaux, multipliant ainsi leur activité et leur intensité, de même,

« A travers des siècles d'expérimentation et d'étude, l'Ecole des Sciences Naturelles (White Lodge) a élaboré et découvert une méthode scientifique précise par laquelle l'étudiant intelligent peut compléter, faciliter et intensifier le processus par lequel la Nature évolue et déploie les facultés, les capacités et les pouvoirs spirituels et psychiques de l'homme..."

Il s'agit simplement d'un système précipité produisant de l'illuminisme et conduisant à toutes sortes de résultats déséquilibrés.

Ces ordres aboutissent presque toujours à des communications, des enseignements et des instructions de la part de ces maîtres ou prétendus êtres spirituels — ce groupe central d'occultistes et de magiciens noirs qui, sans aucun doute, grâce à leurs nombreuses « expérimentations » sur l'humanité sans méfiance, ont acquis une connaissance très profonde de ces lois cachées de la nature. Qui peut limiter les pouvoirs du corps humain, de son cerveau et de son système nerveux, en tant que mécanisme de réception et de transmission de ces forces mystérieuses si peu comprises ?

De plus, ce livre nous dit :

« Avec un ajustement naturel des relations économiques, sociologiques et ethniques, l'occasion se présentera à tous ceux qui sont prêts et désireux de développer leurs pouvoirs spirituels et psychiques au même titre que les pouvoirs physiques... La solution a déjà été élaborée par la Grande École et, lorsque le moment sera venu, elle sera donnée au monde par des voies qui en assureront la reconnaissance et l'adoption. »

Nous allons maintenant étudier les actes et les paroles de certains de ces « canaux » illuminés et subversifs.

LA SOCIÉTÉ THÉOSOPHIQUE

Dans *Le Théosophisme, René* Guenon donne de nombreuses

informations bien documentées sur la Société Théosophique, montrant qu'elle s'est progressivement transformée en un instrument entre les mains d'un «gouvernement intérieur du monde», d'une puissance invisible.

Mme Blavatsky, la véritable fondatrice, est née à Ekaterinoslav en 1831. Au cours de ses nombreuses et extraordinaires pérégrinations sur le site, elle subit apparemment l'influence et les enseignements de Paulos Metamon, un magicien ou prestidigitateur, du révolutionnaire Joseph Mazzini et des Carbonari, de Michel, un maçon, mesmériste et spirite, qui développa ses pouvoirs médiumniques. Ces influences ne sont sans doute pas étrangères à ses «phénomènes».

Le 20 octobre 1875, une société fut fondée à New York, prétendument pour des «investigations spiritualistes» ; Olcott en était le président, Felt et le Dr Seth Pancoast les vice-présidents, et Mme Blavatsky la secrétaire. Parmi les autres membres figuraient William Q. Judge, Charles Sotheran, l'un des hauts dignitaires de la maçonnerie américaine, ainsi que, pendant une courte période, le général Albert Pike, Grand Maître du Rite écossais pour la juridiction sud des États-Unis, qui était réputé être l'auteur des rituels des trente-trois degrés — reçus du membre arabe de la «Grande École».

On nous dit également que George Felt, vice-président, se présentait comme professeur de mathématiques et d'égyptologie, et "était membre d'une société secrète généralement appelée par les initiés «H.B. of L»(Hermetic Brotherhood of Luxor)... cette société... est officiellement opposée aux théories spiritualistes, *car elle enseigne que ces phénomènes ne sont pas dus aux esprits des morts, mais à certaines forces dirigées par des hommes vivants"*. On dit que Felt persuada Mme Blavatsky et Olcott de devenir associés de la H. B. of L. Le 17 novembre 1875, le nom de la société fut changé en «Société théosophique», bien que Felt eût préféré le nom de «Société égyptologique». Peu de temps après, Felt disparaît soudainement. Comme le remarque René Guénon, «sa mission était sans doute accomplie».

En novembre 1878, Mme Blavatsky et Olcott partirent pour l'Inde et fondèrent en 1882 le centre théosophique d'Adyar, près de Madras ; c'est là qu'elle initia sa « section ésotérique » et entra en contact avec les soi-disant « Mahatmas », et ses phénomènes phantastiques se multiplièrent prodigieusement. Ces « phénomènes », lettres précipitées, cloches astrales, matérialisations, etc., furent un temps suspectés et dénoncés — l'affaire fut prise en charge par la « Society for Psychical Re search » qui, en décembre 1885, la présenta comme « l'un des imposteurs les plus accomplis, les plus ingénieux et les plus intéressants ». Elle affirmait elle-même que de tels phénomènes étaient nécessaires pour maintenir son emprise sur certains membres, et dans certains cercles théosophiques, ils contribuaient largement à maintenir en vie la société et ses chefs.

En conclusion, René Guénon résume :

> De tout ce que nous avons exposé, il est légitime de conclure que Mme Blavatsky a été avant tout un « sujet » ou un instrument entre les mains d'individus ou de groupes occultes s'abritant derrière sa personnalité, comme d'autres ont été à leur tour des instruments entre ses mains ! Cela explique ses impostures, sans les excuser, et ceux qui croient qu'elle a tout inventé elle-même et de sa propre initiative se trompent presque autant que ceux qui, au contraire, croient à ce qu'elle a dit concernant ses relations avec de prétendus « Mahatmas ».

C'est après cela, en 1887, qu'elle a compilé et publié sa *Doctrine Secrète*, qui est toujours le livre des livres pour de nombreux théosophes. Cette exposition a, dans une certaine mesure, brisé Mme Blavatsky, mais n'a pas brisé la Société Théosophique. Il y eut de nombreuses démissions et certaines loges, comme celle d'Isis, à Paris, dont Papus était membre, fermèrent leurs portes pour se reformer sous un autre nom. Papus et certains membres de son école, martinistes et illuministes, restèrent membres jusqu'en 1890, date à laquelle ils démissionnèrent ou, comme on l'a dit, furent expulsés sous l'accusation de « magie noire ».

Mme Besant fut présentée à Mme Blavatsky en 1889 par le

socialiste Herbert Burrows (qui était également membre de la Stella Matutina), et elle succomba immédiatement au magnétisme irrésistible et au formidable pouvoir de suggestion de Mme Blavatsky. Mme Blavatsky meurt à Londres le 8 mai 1891. Mme Besant est élue présidente en 1907. De 1910 à sa conclusion, l'un de ses principaux travaux, avec l'aide de Leadbeater, fut de former Krishnamurti en tant que Messie ou, comme il préférait être appelé, « Instructeur du Monde ». Le 19 février 1922, une alliance entre Mme. 1922, une alliance entre la Co-Maçonnerie de Mme Besant et le Grand Orient de France a été célébrée au Grand Temple du Droit Hutnain à Paris. Son travail actuel est entièrement politique et subversif, « pour faire de l'Inde une puissante communauté autonome ». Mais nous reviendrons plus tard sur ses activités politiques.

Charles Sotheran, le maçon américain susmentionné, a écrit à Mme Blavatsky le 2 janvier 1877.

> « Au siècle dernier, les Illuminati ont enseigné "la paix avec la maison, la guerre avec le palais" dans toute l'Europe. Au siècle dernier, les États-Unis ont été libérés de la tyrannie de la mère patrie par l'action des sociétés secrètes, plus qu'on ne l'imagine généralement. »

Mme Besant a écrit dans *India Bond or Free*, septembre 1926 :

> « En réalité, le réveil de l'Inde s'inscrit dans le mouvement mondial vers la démocratie, qui a commencé pour l'Occident par la révolte des colonies américaines contre la domination britannique, pour aboutir en 1776 à l'indépendance de la Grande République d'Occident et à la Révolution française de 1789 !

En citant à nouveau *Le Théosophisme*, nous trouvons de nombreuses informations curieuses sur la production de ce futur "Messie" attendu. René Guénon écrit :

> Nous trouvons ici la méthode par laquelle, selon les Théosophes, se produit la manifestation d'un "Grand

Instructeur", ou même parfois celle d'un "Maître" de moindre importance ; pour éviter à un tel être "évolué" la peine de se préparer un "véhicule", en passant par toutes les phases du développement physique ordinaire, il faut qu'un "initié" ou "disciple" prête son corps lorsque, après avoir été spécialement préparé par certaines épreuves, il se rendra digne de cet honneur. C'est à partir de ce moment que le "Maître", se servant de son corps comme s'il était le sien, parlera par sa bouche pour enseigner la "religion de la Sagesse"… Il faut ajouter que les "Maîtres" vivants peuvent de la même manière se servir occasionnellement du corps d'un disciple… Le "Maître" ne pouvait entrer, comme le dit Leadbeater, "que lorsque ce corps était affaibli par de longues austérités"… Le Grand Chef de la Sagesse est le Maître de la Sagesse. »Le grand chef du département de l'instruction religieuse, dit Leadbeater, le Seigneur Maitreya, qui a déjà enseigné aux Hindous en tant que Krishna et aux Chrétiens en tant que Christ, a déclaré qu'il reviendrait bientôt dans le monde pour apporter la guérison et l'aide aux nations, et pour faire revivre la spiritualité (psychique), que la terre a presque perdue… L'une des plus grandes œuvres de la Société Théosophique est de faire tout ce qui est en son pouvoir pour préparer les hommes à sa venue… Un seul précurseur annonçait autrefois sa venue ; aujourd'hui, c'est une société de 20 000 membres répartis sur toute la terre qui est chargée de cette tâche » (*Occultisme dans la nature*).

« Telle est donc la tâche qu'ils assignent aujourd'hui à la Société Théosophique, dont Mme Besant a déclaré il y a des années qu'elle avait été choisie… "pour être le lien pur et béni (éthérique) entre ceux d'en haut et ceux d'en bas" » (*Introduction à la Théosophie*).

Le rôle que la Société Théosophique s'attribue ne se limite pas à annoncer la venue du « Grand Instructeur » ; elle doit aussi trouver et préparer… le « disciple » choisi dans lequel il s'incarnera le moment venu. A vrai dire, l'accomplissement de cette mission n'a pas été sans échec ; il y eut au moins une première tentative qui échoua piteusement… C'était à Londres, où une sorte de communauté théosophique existait à St John's Wood. On y éleva un jeune garçon, d'aspect maladif et peu intelligent, mais dont la moindre parole était écoutée avec respect et admiration, car il n'était autre, paraît-il, que « Pythagore réincarné »... Quelque temps après, le père de cet enfant, capitaine retraité de l'armée britannique, retira brusquement son fils des mains de M. Leadbeater, qui avait été spécialement chargé de son éducation (Soleil, Ier août 1913). Il devait y avoir là quelque menace de scandale, car M. Leadbeater fut exclu en 1906 de la Société Théosophique pour des raisons sur lesquelles un silence discret fut gardé... Ce n'est que plus tard que fut connue une lettre écrite par Mme Besant, dans laquelle elle parle de méthodes « dignes de la réprobation la plus sévère » (*Theosophical* Voice, of Chicago, mai 1908). Réintégré cependant en 1908, après avoir « promis de ne pas répéter ces conseils dangereux » (*Theosophist*, février 1908) donnés auparavant à de jeunes garçons, et réconcilié avec Mme Besant, dont il était devenu le collaborateur constant à Adyar, M. Leadbeater joua à nouveau le rôle principal dans la seconde affaire, beaucoup plus connue, et qui eut presque le même dénouement...

« En 1911, le Dr J. M. Nair avait déjà publié dans son journal médical (*Antiseptic*) un article très caustique contre la Théosophie, et il n'hésita pas à accuser clairement M. Leadbeater d'immoralité. En conséquence de ces attaques, et après un temps de réflexion considérable, trois procès furent intentés en décembre 1912 contre le Dr Nair, le Dr Râma Rao et le rédacteur en chef de l'*Hindu*. Tous trois furent perdus par la Société et son président... Tout cela finit par contrarier le père de Krishnamurti et de Nityânanda... Il demanda à la Haute Cour de Madras que ses fils lui soient rendus. En donnant raison au père, le juge Bakewell a déclaré : "M. Leadbeater reconnaît dans sa déposition qu'il a eu et continue d'avoir des opinions que je ne peux que spécifier comme étant incontestablement immorales et d'une nature qui le disqualifie complètement en tant que tuteur de jeunes garçons..." (*The Madras Lawsuit*).

Après un appel infructueux à Madras, Mme Besant obtint gain de cause à Londres, le 5 mai 1914. C'est ainsi que nous avons vu Krishnamurti en 1926, l'année désignée, présenté par cette société comme l'Instructeur Mondial ou le Nouveau Messie !

En ce qui concerne les groupes auxiliaires, nous citons à nouveau René Guénon :

"... Pour le moment, nous ne voulons signaler que quelques-uns de ces groupes auxiliaires (de la Société Théosophique), et tout d'abord 'l'Ordre du Soleil Levant', organisé à Bénarès par M. Arundale. Arundale, converti par la suite, le 2 janvier 1911, en 'Ordre indépendant de l'Etoile de l'Est', avec Alcyone (pseudonyme astrologique de Krishnamurti) comme chef nominal et Mme Besant comme 'protectrice', 'afin de regrouper tous ceux qui, à l'intérieur ou à l'extérieur de la Société Théosophique, croyaient en la venue de l'Instructeur Suprême du Monde'. On espérait 'que ses membres pourraient faire quelque chose sur le plan physique pour préparer l'opinion publique à l'idée de cette venue en créant une atmosphère de sympathie et de révérence, et qu'ils pourraient, en s'unissant, former un instrument sur les plans supérieurs dont le Maître pourrait se servir'. Cet Ordre 'n'exclut personne et accueille tous ceux qui, quelle que soit la forme de leurs croyances, partagent l'espérance commune' ; l'acceptation des principes suivants suffit pour être admis :

1. Nous croyons qu'un grand Maître apparaîtra bientôt dans le monde, et nous souhaitons vivre maintenant de manière à être dignes de le connaître lorsqu'il viendra.

2. Nous nous efforcerons donc de le garder toujours à l'esprit et d'accomplir en son nom, et donc au mieux de nos capacités, tous les travaux qui nous sont confiés dans nos occupations quotidiennes.

3. Dans la mesure où nos devoirs ordinaires nous le permettent, nous nous efforcerons de consacrer chaque jour une partie de notre temps à une œuvre précise qui puisse aider

à préparer sa venue.

4. Nous nous efforcerons de faire du dévouement, de la constance et de la douceur les caractéristiques principales de notre vie quotidienne.

5— Nous essaierons de commencer et de terminer chaque journée par une courte période consacrée à la demande de sa bénédiction sur tout ce que nous essayons de faire pour lui et son nom.

6. Nous considérons qu'il est de notre devoir d'essayer de reconnaître et de respecter la grandeur de quiconque se manifeste, et de nous efforcer de coopérer, dans la mesure du possible, avec ceux que nous estimons être spirituellement nos supérieurs".

En ce qui concerne les liens de l'Ordre avec la Société Théosophique, voici ce que M. Leadbeater a dit en présence d'Alcyone, lors d'une réunion de la section italienne à Gênes : "Alors que la Société Théosophique *exige la* reconnaissance de la fraternité de l'humanité, l'" Ordre de l'Étoile d'Orient» *exige la* croyance en la venue d'un Grand Maître et la soumission à ses six principes. Par ailleurs, les principes et préceptes de l'Ordre peuvent être admis sans accepter l'ensemble de l'enseignement de la Société Théosophique. L'initiation de l'Ordre nous a montré que, partout dans le monde, il y a des gens qui attendent la venue du Maître, et grâce à elle, il est possible de les regrouper... Le travail de l'Ordre et celui de la Société Théosophique sont identiques : élargir les idées des chrétiens et de ceux qui croient qu'il n'y a pas de salut en dehors de leur petite Église ; enseigner que tous les hommes peuvent être sauvés... Pour un grand nombre d'entre nous, la venue d'un grand Maître n'est qu'une croyance, mais pour d'autres, c'est une certitude. Pour beaucoup, le Seigneur Maitreya n'est qu'un nom, bien qu'il soit un grand être pour certains d'entre nous qui l'ont souvent vu et entendu» *(Le Théosophie,* 16 octobre 1912).

Un peu plus tard, ces déclarations furent contredites sur

certains points par M. Arundale affirmant au nom d'Alcyone que « l'Ordre n'indique pas qui est l'Instructeur Suprême pour la venue duquel il a été fondé » ; qu'aucun membre n'avait le droit de dire, par exemple, que l'Ordre attendait la venue du Christ ou du Seigneur Maitreya, et qu'il serait préjudiciable aux intérêts de l'Ordre et à ceux de la Société Théosophique de considérer les buts de ces deux organisations comme identiques » (*The Daybreak*, août 1913).

Pourtant, dans une petite brochure intitulée Mrs. *Besant's Prophecy, a lecture*, donnée par R. F. Horton, D. D., le 6 août 1911, et publiée par l'« Order of the Star in the East », il (le Dr Horton), en plus de citer les six principes, dit, en parlant de la prophétie de Mme Besant concernant l'Instructeur mondial :

« Mais si elle n'essaie pas de déterminer où le professeur du monde apparaîtra, ni dans quelles conditions, elle ne laisse aucun doute à son public quant à l'identité de ce professeur du monde. Elle ne laisse aucun doute à son auditoire quant à l'identité de ce Maître du Monde. Dans les termes les plus explicites, elle dit qu'il est celui que nous, chrétiens, connaissons sous le nom de Christ… et celui qui était le Christ était connu sous le nom de Seigneur de l'Amour… et il ne fait aucun doute dans son esprit que le grand Instructeur mondial qui vient est aussi le même Seigneur de l'Amour ».

Rien ne semble plus certain et pourtant contradictoire avec la déclaration de M. Arundale citée plus haut.

René Guénon poursuit :

« Nous lisons encore ailleurs que "si certains membres croient que l'Instructeur Mondial se servira de tel ou tel corps, ce n'est que leur opinion personnelle, et non la croyance à laquelle les autres membres adhèrent". Il est probable qu'il en aurait été autrement si les choses avaient mieux tourné. En tout cas, voici un exemple très clair de la façon dont les chefs théosophes savent se plier aux circonstances et modifier, selon l'occasion, les apparences pour leur permettre de pénétrer dans des cercles variés et d'y recruter des auxiliaires afin de réaliser leurs plans. »

Encore une fois :

> « Lors de sa première visite à Paris (il en revint en mai 1914), Alcyone avait seize ans ; il avait déjà écrit, ou du moins on avait publié sous son nom, un petit livre intitulé *Aux pieds du Maître*, pour lequel les théosophes ont manifesté la plus grande admiration, bien qu'il ne s'agisse guère que d'un recueil de préceptes moraux sans beaucoup d'originalité. »

Ces préceptes moraux sont communs à tous les ordres illuminés, où le « véhicule », une fois préparé, doit être mis à l'écart, se défaire de son emprise sur la vie matérielle, vivre dans l'idéal, plus souvent dans le faux, rechercher l'abrogation de soi et la mise en sourdine de la personnalité, afin que le soi-disant Maître puisse en prendre possession, comme dans le cas de Krishnamurti.

A propos de tous les mouvements néo-spiritualistes, René Guénon écrit dans *son Introduction à l'étude des doctrines hindoues, 1921* :

> « Pour ceux qui ne se fient pas aux apparences, il y aurait des observations très curieuses et très instructives à faire, là comme dans d'autres domaines, sur l'avantage qu'on peut tirer parfois du désordre et de l'incohérence, ou de ce qui paraît tel, *en vue de la réalisation d'un plan bien défini et inconnu de tous ceux qui en sont les instruments plus ou moins inconscients. Ce sont des moyens politiques en quelque sorte, mais la politique est un peu* particulière… »

Toujours dans *Le Théosophisme*, René Guénon dit :

> « Des organisations ont été créées de manière à atteindre chacun des cercles désirés… Il y en a aussi qui s'adressent spécialement aux jeunes et même aux enfants. Ainsi, à côté de l' » Étoile de l'Orient », une autre association a été fondée sous le nom de « Serviteurs de l'Étoile », ayant pour

« protecteur » Krishnamurti et pour chef Nityânanda (le jeune frère de Krishnamurti, décédé le 13 novembre 1925 lors de son départ pour l'Inde) ; « Tous les membres de cet Ordre, à l'exception des membres honoraires, doivent être âgés de moins de vingt et un ans, et le plus jeune enfant désireux de servir peut s'y joindre » (*The Daybreak*, octobre 1913). Auparavant, il existait déjà deux autres organisations du même type : la « Chaîne d'or » et la « Table ronde ». La « Chaîne d'Or » est un « groupe de formation spirituelle » où sont admis les enfants à partir de sept ans et dont le but (du moins le but avoué) est exprimé dans la formule que les membres doivent répéter tous les matins : Je suis un maillon d'or dans la chaîne d'amour qui entoure le monde ; je dois rester fort et brillant ; je veux m'efforcer d'être doux et bon envers toutes les créatures vivantes, de protéger et d'aider tous ceux qui sont plus faibles que moi, et je m'efforcerai de n'avoir que des pensées pures et belles, de ne prononcer que des paroles pures et belles, de n'accomplir que des actions pures et belles. Alors tous les liens deviendront brillants et solides » (article de Mme I. de Manziarly, *Theosophist*, 1er mars 1914).

S'il n'est ouvertement pas question de la venue du « Grand Maître » dans la « Chaîne d'Or », il n'en est pas de même dans la « Table Ronde », à laquelle on peut adhérer comme « Associé » à l'âge de treize ans, comme « Compagnon » à quinze ans et comme « Chevalier » à vingt et un ans (il est à peine nécessaire de souligner l'analogie, certainement voulue, entre ces trois grades et ceux de la Maçonnerie), et dont les membres doivent prêter un serment formel de secret. Il s'agit ici de suivre le grand Roi que l'Occident a appelé Christ et l'Orient Bodhisattwa ; maintenant que l'espoir nous est donné de son retour proche, le temps est venu de former des Chevaliers qui prépareront sa venue en le servant dès maintenant ; il est demandé à ceux qui veulent entrer dans la Ligue de penser chaque jour à ce Roi et d'accomplir chaque jour un acte à son service (*Theosophist*, 1er août 1913). En résumé, il s'agit avant tout d'un centre de recrutement pour l'« Étoile de l'Est », qui prétend être le noyau de la « Nouvelle Religion », le point de ralliement de tous ceux qui attendent la « Venue du Seigneur ».

En Nouvelle-Zélande, le Dr Felkin, ancien chef des « Smaragdine Thalasses », utilisait ce qu'il appelait « l'Ordre de la Table Ronde » comme couverture et aussi comme Ordre préparatoire pour les RR. et A.C. Il s'adresse aux hommes et aux garçons de quinze ans et plus, et il semble qu'il y ait aussi trois grades, « pages », « écuyers » et « chevaliers ». L'objectif est le service, et le Dr Felkin a déclaré être le quarante et unième Grand Maître de cette « Table Ronde » particulière.

Une dépêche de Chicago du 31 août 1926 décrit comme suit « le troisième jour de la Convention de la Société Théosophique et la première réunion de la Table Ronde » :

> « Les chevaliers de l'Ordre de la Table Ronde sont entrés aujourd'hui dans l'auditorium de l'hôtel Sherman, l'épée levée et la bannière brandie. Les jeunes chevaliers vêtus de blanc, les boucliers rouges et bleus brillant sur leurs poitrines, ont conduit leur protectrice, le Dr Annie Besant, et le chevalier honoraire, Krishnamurti, jusqu'à l'autel, puis se sont mis au garde-à-vous...

> « M. Krishnamurti a fait un bref exposé sur la pureté et la noblesse de la conduite : "Vous ne portez pas d'épées en acier de Damas ou de Tolède, mais vous portez des rapières, et elles doivent toujours être au service du droit. Vous devez être des chevaliers dans l'âme, toujours courtois, doux et forts. Vous ne devez pas vieillir émotionnellement ou mentalement, mais conserver toujours l'enthousiasme de la jeunesse, avec sa fraîcheur, sa foi et son amour. Vous devez toujours être le chevalier idéal : ne jamais lever la main sur le faible ni profiter injustement de l'autre. Vous êtes des chevaliers, c'est une grande responsabilité". La cérémonie de clôture fut pittoresque et impressionnante, alors que les petits, la main sur le cœur, s'engageaient à servir le roi (Krishnamurti en tant que "World Teacher" !) (*Patriot*, 23 septembre 1926).

En outre, un article paru dans le *Herald of the Star* du même mois, intitulé "The World Federation of young Theosophists" (La Fédération mondiale des jeunes théosophes), dit ceci :

> "On peut dire que le jeune théosophe s'occupe de la vie de la jeunesse théosophique, tandis que les 'Chevaliers de la Table Ronde' s'occupent davantage de l'aspect cérémoniel de la forme. C'est pour revivifier cette noble idée que l'Ordre moderne a été formé... L'organe directeur suprême de l'Ordre est le Conseil, composé du Chevalier en chef de chaque pays où l'Ordre travaille, avec à sa tête le Protecteur, le Dr Annie Besant, et le Chevalier supérieur. Le lieutenant Whyte a été le premier chevalier supérieur et l'est resté jusqu'à sa mort en Palestine en 1917, lorsque l'évêque Leadbeater a accepté cette fonction. Les personnes suivantes sont des chevaliers d'honneur : l'évêque et Mme Arundale, M. Jinarajadasa et le révérend Oscar Kellerstrom. Il existe des cérémonies rédigées par le Protecteur, le Chevalier supérieur et l'évêque Arundale pour les initiations, ainsi que d'autres cérémonies pour les Tables qui souhaitent les utiliser, mais le véritable esprit doit se traduire par un service personnel ! La devise est 'Vivre pur, parler pur, redresser le mal, suivre le Roi', au nom duquel tous les services, grands ou petits, sont rendus.

Ainsi, nous voyons les idéaux les plus élevés et les plus belles légendes britanniques pervertis pour faire avancer le projet, aujourd'hui discrédité, de Mme Besant — la venue d'un nouveau Messie.

La Co-Maçonnerie de Mme Besant était dérivée de la Maçonnerie Mixte fondée en France en 1891 par Maria Deraismes et le Dr Georges Martin, et connue sous le nom de 'Droit Humain'. Maria Deraismes avait été initiée en 1882, contrairement aux constitutions, par la Loge 'Les Libres Penseurs' du Pecq, ce qui avait valu à la Loge d'être mise en sommeil et à l'initiation d'être déclarée nulle par la 'Grande Loge Symbolique Ecossaise'. Au début, le 'Droit Humain' ne pratiquait que trois degrés, mais il introduisit plus tard les 33 degrés du Rite Ecossais et, en 1899, le 'Suprême Conseil

Universel Mixte' fut formé et devint le pouvoir directeur. Cette maçonnerie se répandit en Angleterre, en Hollande, en Suisse et aux États-Unis, et le 26 septembre 1902, la première loge anglaise fut formée à Londres sous le nom de 'Human Duty'. Mme Besant y fut initiée et accéda rapidement aux grades et fonctions les plus élevés. Elle fonda ensuite la Loge d'Adyar sous le nom de 'Rising Sun', devint vice-présidente du 'Suprême Conseil' en France et déléguée nationale pour la Grande-Bretagne et ses dépendances.

Elle organisa alors la branche anglaise dite 'Co-Masonry', et ayant obtenu certaines concessions du 'Suprême conseil', elle édicta, sous prétexte d'adaptation à la mentalité anglo-saxonne, des statuts nettement différents de ceux en usage dans la branche française. Elle conserva, entre autres, l'usage du volume des Ecritures dans les Loges, ainsi que la formule 'A la Gloire du Grand Architecte de l'Univers', supprimée par le Grand Orient en 1877 et remplacée dans la Maçonnerie Mixte française par 'A la Gloire de l'Humanité'. En 1913, un Grand Conseil fut nommé à la tête de la Co-Maçonnerie britannique, avec Mme Besant comme Grand Maître, assistée d'Ursula M. Bright, James L. Wedgwood comme Grand Secrétaire, et Francesca Arundale comme représentante de l'Inde. Le 21 septembre 1909, Mme Besant installa la Loge de Chicago. En France, les Théosophes disposèrent apparemment bientôt d'une préponde assurée, et ils espéraient que Londres deviendrait l'organisme central de la Co-Maçonnerie Universelle. Et comme nous l'avons vu, en 1922, ils formèrent une alliance avec le Grand Orient révolutionnaire de France.

Dans *Secret Societies and Subversive Movements (Sociétés secrètes et mouvements subversifs)*, Mme Nesta Webster écrit :

> Dans les loges co-maçonniques, on trouve l'inscription 'le Roi' au-dessus de la chaise du Grand Maître à l'est, au nord la chaise vide du 'Maître' — devant laquelle, jusqu'à récemment, tous les membres étaient censés s'incliner en passant — et au-dessus une image, voilée dans certaines loges, du même personnage mystérieux.

Le 'Roi' pourrait être Krishnamurti, représentant leur soi-disant 'Seigneur de l'Amour', et le 'Maître' serait, selon certains, Ragocsky-Prince de Transylvanie !

Mme Besant considère apparemment la franc-maçonnerie comme une force organisée puissante qui permettra à l'Inde de se libérer de la domination britannique !

Voici les origines de l'Église catholique libérale théosophique, une autre perversion !

Chef de l'Église vieille-catholique d'Angleterre, l'archevêque Mathew, de son vrai nom Arnold Harris Matthews, est né à Montpelier de parents irlandais. Élève de l'Église épiscopalienne écossaise, il devient catholique en 1875 et est ordonné prêtre à Glasgow en juin 1877. Il abandonne la prêtrise en juillet 1889 et, en octobre 1890, il prend le nom italien d'Arnoldo Girolamo Povoleri. Il se marie en 1892. Il se fait alors appeler le révérend comte Povoleri di Vincenza. À peu près à la même époque, il revendique et prend le titre de comte de Llandaff. Pendant une courte période, il s'est apparemment réconcilié avec Rome et, en 1908, il a été consacré évêque par le Dr Gerard Gul, qui était à la tête de l'Église vieille-catholique d'Utrecht, en Hollande. Le nouvel évêque consacra à son tour deux autres prêtres anglais non défroqués, M. Ignace Beale et M. Arthur Howorth, et au bout de moins de trois ans, il fonda l'" Église catholique orthodoxe occidentale de Grande-Bretagne et d'Irlande », répudiant toute subordination à Utrecht ou à Rome. Peu après, il incita ses évêques à l'élire archevêque. Cette Église prit successivement plusieurs noms et, entre-temps, son chef tenta, à différentes reprises, de négocier la reconnaissance et l'union avec le Saint-Siège, l'Église établie et l'Église orthodoxe d'Orient. En 1911, il fut formellement excommunié par le Saint-Siège.

En 1913, il ordonna M. James Ingall Wedgwood, alors secrétaire général de la section anglaise de la Société théosophique, M. Rupert Gauntlett, secrétaire d'un « Ordre des guérisseurs » rattaché à la Société théosophique, et également auteur de Health

and the Soul — « a plea for magnetic-healing » (La santé et l'âme
— « un plaidoyer pour la guérison magnétique »), M. Robert
King, expert en « consultation psychique basée sur l'horoscope »,
et M. Reginald Farrer. Tous les quatre avaient été étudiants pour
le ministère anglican et avaient ensuite rejoint les rangs des
théosophes. L'archevêque Mathew, qui ignorait tout de la
théosophie, prit peur en découvrant que M. Wedgwood et ses
compagnons attendaient la venue d'un nouveau Messie, et ne
parvenant pas à obtenir leur rétractation, il ferma l'Église vieille-
catholique et offrit sa soumission à Rome, mais la retira et fonda
à la place l'« Église catholique unie de l'Ouest ». M. Wedgwood,
n'ayant pu obtenir de M. Mathew la consécration épiscopale
qu'il souhaitait, fut finalement consacré par l'évêque F. S.
Willoughby — qui avait lui-même été consacré par M. Mathew
en 1914, mais avait été expulsé l'année suivante de l'Église
vieille-catholique par M. Mathew en raison de faits qui étaient
alors connus. M. Willoughby consacra d'abord M. King et
M. Gauntlett, puis, avec leur aide, M. Wedgwood, le 13 février
1916, et fit ensuite sa soumission au Saint-Siège. M. Wedgwood
partit immédiatement pour l'Australie et, à Sydney, consacra
M. C. W. Leadbeater, ancien membre du clergé anglican, comme
« évêque pour l'Australasie ». «

En 1916, une assemblée d'évêques et de membres du clergé de
l'Église vieille-catholique adopta une nouvelle constitution,
publiée sous le nom de M. Wedgwood, dans laquelle il n'est nulle
part fait mention de la Théosophie ou d'un nouveau Messie.
Cependant, en novembre 1918, il y eut une autre déclaration de
principes, dans laquelle le nom de l'Église Vieille Catholique fut
remplacé par celui de l'Église Catholique *Libérale*. *Église
catholique libérale*. Dans le *Vahan* du 1er juin 1918, M.
Wedgwood écrit :

> "Une autre partie du travail de l'Église Vieille Catholique est
> la diffusion des enseignements théosophiques dans les
> chaires chrétiennes ; et un troisième aspect, le plus important,
> est la préparation des cœurs et des esprits des hommes à la
> venue d'un Grand Instructeur."

Dans le Theosophist, octobre. 1916, Mme Besant écrit :

> "Il y a une lente croissance en Europe, silencieuse mais régulière, avec son centre le plus fort peut-être en Hollande, mais avec des membres dispersés dans d'autres pays européens, le mouvement peu connu appelé le vieux catholique, avec l'ancien rituel, avec des ordres incontestés, tout en se tenant à l'écart de l'obédience papale. Il s'agit d'une Église chrétienne vivante qui grandira et se multipliera au fil des ans et qui a un grand avenir devant elle, aussi petite soit-elle. Elle est susceptible de devenir la future Église de la chrétienté 'quand Il viendra'.

Qu'en est-il de l'" ancien rituel » ? car nous trouvons dans le *Theosophist*, octobre 1917 : « Le grand travail de l'évêque Leadbeater, qu'il espère poursuivre sans interruption, est la préparation de la liturgie de l'Église vieille-catholique, à laquelle collabore l'évêque Wedgwood, en tant qu'évêque président. On nous dit encore : "Le dimanche de Pâques 1917, la liturgie révisée a été utilisée pour la première fois lors d'une messe. Encore le « voyant » : 'L'évêque Leadbeater étudie le côté occulte de la messe et prépare un livre complet sur la « science des sacrements » (*The Messenger of Krotona*, novembre 1918).

Comme le dit très justement M. Stanley Morison dans son livre *Some Fruits of Theosophy, d'où* nous avons tiré l'information ci-dessus, 'la soi-disant Grande Messe « faite » par M. Leadbeater n'a aucun lien avec le christianisme' : 'La soi-disant Grande Messe « pratiquée » par M. Leadbeater n'a aucun lien avec le christianisme. Il s'agit simplement d'une méthode pour charger les éléments et la congrégation des forces de leur Christ Maitreya.

Dans son introduction au *Serpent Power* — traduit du sanskrit — Arthur Avalon, critiquant les expériences de voyance de Leadbeater, écrit : 'Cette expérience semble consister en l'éveil conscient du « Feu du Serpent » (Kundalini ou force sexuelle) avec la vision "astrale" et mentale améliorée dont il croit qu'elle lui a montré ce qu'il nous dit'. Il s'agit en fait d'une expérience entièrement astrale, qui l'expose à la tromperie et aux suggestions mentales de ses soi-disant maîtres.

Ce service eucharistique, tel qu'il est décrit par C. W. Leadbeater (évêque) dans son ouvrage *Science of the Sacraments* (1920), est du pur paganisme, une conception panthéiste issue de l'illuminisme. Apparemment, il sert à peu près le même objectif que les rituels et les cérémonies des ordres occultes illuminés, plus particulièrement la cérémonie du Corpus Christi et celles des équinoxes de printemps et d'automne qui sont organisées dans le but d'attirer la lumière astrale dans l'Ordre, réaffirmant ainsi le lien avec le Centre caché. La Trinité de l'Église catholique libérale est celle du paganisme et du gnosticisme. Leur « Royaume des Cieux » est la « Grande Fraternité Blanche », la soi-disant « communion des saints », et leur soi-disant Christ est Maitreya, dont ils attirent et manifestent le pouvoir pendant le service.

L'ensemble du projet est une perversion de la liturgie catholique romaine — supprimée, ajoutée et modifiée — utilisant les prières, etc., comme des invocations ou des incantations magiques, afin de générer une force magnétique — des forces plus fines de la nature — qui à son tour attire les forces de vie universelles et, à travers elles, les influences de leur « Instructeur mondial », ou Maitreya, une méthode, selon Leadbeater, « d'effusion spirituelle pour aider à l'évolution du monde » ! Toujours la même excuse des Illuminati !

Selon Leadbeater, dans les « Asperges », l'autel et l'assemblée sont enfermés dans une « bulle astro-mentale éthérique » — une zone dégagée pour l'opération magique ! Les forces sont générées par la ferveur, la dévotion et l'enthousiasme des fidèles, par le rituel, la musique et l'encens, qui créent des vibrations ; la croix est la direction par laquelle les forces descendent sur l'hostie.

À la grand-messe, un triangle officie, recevant et distribuant la force, très semblable, comme nous le verrons, aux triangles de pouvoir dans tous les ordres occultes. Un diacre et un sous-diacre, représentant le positif et le négatif, rassemblent les forces générées par le peuple, qu'ils transmettent au prêtre, qui se tient devant l'autel, devant la Croix, et qui, selon Leadbeater, avec l'aide des anges et des rayons présents (sept aspects de la force solaire), construit un édifice astro-mental-pensée-forme eucharistique sur les éléments, sous la forme d'une mosquée à fondation carrée, avec des dômes et des minarets s'élevant au-dessus, enfermant les éléments à l'intérieur de celle-ci. Cela devient, dit-il, un centre de rayonnement magnétique, condensant et distillant la force, et peut être 'imaginé comme une centrale électrique, le tourbillon éthérique autour de l'autel est la dynamo, et le célébrant est l'ingénieur en charge ! L'encens, dit-il, isole l'autel par « une coquille de magnétisme puissant », qui s'étend ensuite, par un second encens, pour entourer l'assemblée, la liant en un tout magique ; elle doit alors penser non pas en tant qu'individus mais en tant que corps. L'encens, plus particulièrement le bois de santal, recommandé par Leadbeater, détache le corps astral, induisant la passivité, et prépare le peuple à recevoir les influences invoquées.

La force de l'assemblée s'élève et crée un tourbillon autour de l'autel, par lequel s'engouffrent les forces d'en haut dans l'édifice et les éléments. Il décrit la force rayonnant de l'hostie comme « une manifestation des forces les plus fines de la matière — un courant de lumière liquéfiée, de poussière d'or vivante », c'est-à-dire l'éther ou le soi-disant esprit de l'illuminisme, et le communiant en tumeur rayonne la force sur tous ceux qui l'entourent. Il poursuit : 'Il s'agit tout simplement de la lumière astrale ou du « pouvoir du serpent » qui tue ou rend vivant, et à en juger par l'histoire passée et les activités présentes de certains de ces évêques théosophes catholiques libéraux, la force qu'ils rayonnent et projettent peut-elle conduire à autre chose qu'au désordre moral et mental, même lorsqu'ils l'utilisent à des fins de guérison magnétique ?

La déclaration suivante de Leadbeater montre qu'il ne s'agit là que d'illuminisme, d'un jeu avec les forces de la nature :

« La merveilleuse effusion de la Sainte Eucharistie est organisée pour se synchroniser avec un certain ensemble de conditions dans la relation quotidienne de la terre avec le soleil et en tirer profit. Il y a un flux et un reflux d'énergie magnétique entre le soleil et la terre — une marée magnétique, pour ainsi dire, et les heures de midi et de minuit marquent le changement... Par conséquent, la Sainte Eucharistie ne devrait jamais être célébrée après l'heure de midi... l'hostie réservée peut être administrée à tout moment », ou utilisée pour la « bénédiction ».

Qu'en est-il de nos prêtres anglicans qui sont également des Illuminati — est-ce en partie leur conception de la signification du service eucharistique ?

Au début de 1927, Mme Besant lança un appel de 40 000 livres sterling pour l'achat d'une Happy Valley en Californie, « où le siège d'une civilisation de niveau supérieur pourrait être préparé pour l'arrivée du Messie », avec Krishnamurti comme « véhicule ». Et Krishnamurti lui-même écrit à propos de cette vallée, en décembre 1926, dans le *Herald of the Star* :

'J'ai décidé de rester à Ojai, en Californie, jusqu'en avril, afin de pouvoir aider à la construction du Centre là-bas... Ojai sera un autre Centre mondial comme Ommen (Eerde Castle, Hollande). Je suis très heureux que nous ayons notre propre école ici à Ojai, et M. N. S. Rama Rao, M. A., de l'Université de Cambridge en Angleterre, et ancien vice-principal de l'Université nationale de Madras, en Inde, a gentiment accepté d'être le directeur de l'école...'.

Nous avons vu que Mme Besant, la « Protectrice » de ce Messie, s'était alliée à la franc-maçonnerie politique subversive du Grand Orient, qui réalise ses projets par le biais de la révolution. De cette civilisation supérieure, Lady Emily Lutyens, l'une des plus fidèles disciples de Mme Besant, écrit dans le *Herald of the Star* de mars 1927 :

« Nous assistons à la naissance d'une nouvelle conscience

mondiale, d'une civilisation mondiale... Nous assistons tout autour de nous à la destruction de l'ancien monde, de l'ancienne civilisation, avec les souffrances correspondantes que la destruction entraîne toujours dans son sillage. Les anciennes traditions sont brisées, les anciennes coutumes détruites, les anciens repères balayés. Les valeurs de la vie changent, l'accent est mis sur de nouvelles conditions et de nouveaux points de vue. Les souffrances de la destruction s'accompagnent également des douleurs de la naissance du nouveau monde qui se met en place. Lorsque la forme extérieure devient si rigide que la vie risque d'être écrasée, lorsque la civilisation est devenue trop matérielle, cette forme et cette civilisation sont brisées, afin que la vie puisse être libérée... Les nouvelles conditions du monde exigent un nouvel Evangile, et le Maître est ici... Le christianisme a également été une religion intensément individualiste, mettant l'accent sur le salut personnel... mais c'est un esprit qui doit céder la place à la nouvelle tendance de la pensée moderne et à la civilisation mondiale qui est en train de naître. Le nouvel Evangile, pour répondre aux besoins du monde, doit être universel dans son application, et le Christ d'aujourd'hui, par la bouche de Krishnaji, nous dit qu'il vient établir le Royaume du Bonheur sur la terre... Il faut qu'il y ait anarchie avant qu'il y ait création... ».

C'est grâce à ces instruments et à ces enseignements que ces maîtres subtils de la subversion et de la perversion aveuglent les gens et ouvrent la voie à la « République universelle » qu'ils ont imaginée depuis longtemps, à la destruction du christianisme et de toutes les anciennes civilisations.

De cette occultation ou obsession progressive de Krishnamurti par leur maître Maitreya, beaucoup ont écrit ce qui suit :

Dans le *Herald of the Star* de janvier 1927, C. Jinarajadasa écrit :

« Je savais qu'en 1911, le grand Instructeur faisait des expériences avec le jeune corps de Krishnaji pour l'accorder déjà à l'époque. Comme Leadbeater le lui a dit : Même à cette époque, le grand Instructeur utilisait les véhicules de Krishnaji comme un pivot à partir duquel il déchargeait ses forces sur les mouvements du monde, dont Krishnaji ne savait rien. »

Par deux fois, il a vu le visage du Maître dans celui de Krishnamurti :

« La deuxième occasion fut un soir où je faisais la lecture à Krishnaji et à son frère... J'ai levé les yeux vers lui et j'ai vu ce merveilleux Visage. Bien sûr, pas une ligne du visage de Krishnaji n'était changée... Et pourtant, il y avait un tel changement qu'il est tout à fait impossible de le décrire. Je peux seulement dire que c'était le visage du Seigneur ».

Dans toutes les sociétés occultes, les chefs et les adeptes avancés regardent parfois le visage de leur Maître et prononcent ses paroles — une obsession partielle !

Le révérend Charles Hampton, de New York, écrit, *Herald of the Star*, décembre 1926 :

'L'Ordre de l'Étoile d'Orient, qui existe dans le seul but de préparer la voie à la Venue, compte plus de 50 000 membres dans le monde entier... Le chef de l'Ordre est Krishnamuni, qui a maintenant trente et un ans. Le 28 décembre 1911, la première apparition de l'Instructeur Mondial eut lieu à Bénarès, alors que le Chef de l'Ordre, alors un garçon de seize ans, remettait des certificats d'adhésion. Aucune parole n'a été prononcée. À cette occasion, en présence de plus de 400 personnes, dont de nombreux hommes importants, la force spirituelle était si évidente que presque tous s'agenouillèrent spontanément. L'adombrement était indubitable, mais il n'a duré que quelques minutes. Ce fut cependant une scène des plus saisissantes. Brahmanas et bouddhistes, Parsis et chrétiens, princes Rajput hautains et marchands magnifiquement vêtus, officiers de l'armée britannique, professeurs d'université, hommes aux cheveux gris et jeunes enfants — tous en pleine dévotion en présence d'une extraordinaire effusion spirituelle émanant d'un garçon hindou de seize ans.

« La manifestation publique suivante eut lieu alors que Krishnamurti avait trente ans. Le soir du 28 décembre de l'année dernière, il prit la parole lors de la Convention du Jubilé de la Société Théosophique à Adyar, en Inde. Cette fois, c'est l'Instructeur mondial lui-même qui a pris la parole, même s'il n'a prononcé que quelques phrases. M. Krishnamurti était en train d'expliquer pourquoi le Maître venait et ce qu'il allait faire, lorsqu'une voix d'une douceur pénétrante, s'exprimant à la première personne, prononça ces mots : "Je viens pour ceux qui veulent de la sympathie et de la compassion : Je viens pour ceux qui veulent de la sympathie, qui veulent du bonheur ; qui aspirent à être libérés ; qui aspirent à trouver le bonheur en toutes choses ; je viens pour réformer et non pour démolir ; non pour détruire mais pour construire... Ce même Instructeur mondial reviendra bientôt, parlant par l'intermédiaire d'un autre disciple, comme il a parlé par l'intermédiaire de Jésus il y a 1926 ans... À notre avis, nous établissons une distinction claire entre Jésus et le Christ... Nous savons qu'au baptême de Jésus, et de nouveau à la transfiguration, *quelque chose a été ajouté à Jésus* sur le site qui n'existait pas auparavant. Cela s'explique parfaitement par cette distinction entre le disciple Jésus et le Seigneur Christ... Nous considérons Krishnamurti comme un disciple, dont le corps sera utilisé par l'Instructeur Mondial... Au début, des mois sépareront la manifestation publique du Seigneur. Plus tard, il parlera plus fréquemment, jusqu'à ce que nous espérions que le Christ puisse rester avec nous pendant de nombreuses années. Lorsqu'il est venu auparavant, il n'a pu rester que trois brèves années à faire du travail public, avant d'être assassiné. Il n'a laissé qu'une petite semence de 120 personnes... Si nous lui permettons de rester dix fois trois ans, quelle récolte cette semence ne produira-t-elle pas ? Lorsqu'Il est venu avant, seul Jean le Baptiste lui a préparé le chemin. Aujourd'hui, des dizaines de milliers de personnes sincères sont Ses précurseurs... Nous espérons Lui permettre de rester de nombreuses années, une fois que le corps de Ses disciples sera suffisamment trempé pour résister à la pression. Les églises chrétiennes l'accepteront-elles ? ..."

Au Camp des Etoiles, au Château Eerde Ommen, en juillet ou août 1926, l'Enseignant parla à nouveau aux personnes assemblées par l'intermédiaire de Krishnamurti et leur dit brièvement que le "seul bonheur qui vaille la peine d'être possédé" était d'agir, de penser et de sentir à travers l'esprit et le cœur de l'Enseignant ! Voici deux comptes-rendus de cette occasion donnés par Geoffrey West dans sa Vie d'*Annie Besant* :

'Un officier britannique à la retraite écrit :

> C'est arrivé au feu de camp du soir... J'ai soudain ressenti une impulsion irrésistible à retirer mon chapeau avec révérence... J'étais conscient qu'une autre voix que celle de Krishnamurti parlait. Cette voix utilisait le vieil anglais (une habitude courante chez ces maîtres !), ce que Krishnamurti n'avait jamais fait. Cela dura quatre ou cinq minutes, puis Krishnamurti s'assit. J'étais conscient du calme absolu qui régnait. Non seulement les deux mille pèlerins, mais aussi les insectes dans les arbres étaient silencieux, et même le feu cessa de crépiter. Nous avions l'impression de faire partie d'un seul et même grand corps'.

'Un autre témoin, un physicien de Cambridge... a déclaré avoir vu une "énorme étoile au-dessus de la tête de Krishnamurti éclater en fragments et tomber en pluie". Pendant un instant, j'ai cru que j'étais de retour en France ! Ce phénomène de lumière astrale n'est pas inconnu dans d'autres Ordres Illurninisés ; c'est le 'Feu Serpent' illuminant projeté par ces Maîtres cachés, et le plus souvent il est hypnotique.

Enfin, à Ommen en 1927, Krishnamurti annonce :

> 'Mon bien-aimé et moi ne faisons qu'un. L'obsession était accomplie, la personnalité de Krishnamurti était en suspens absolu !

Dans une brochure publiée par la Société théosophique de Mme Besant, intitulée 'La doctrine de la renaissance examinée scientifiquement', W. Y. Evans-Wentz, M. A., D. Litt., D. Sc., semble tenter de prouver l'indémontrable et, en citant des croyances celtiques, de montrer la possibilité de la réincarnation des soi-disant grands maîtres. En tant que

'Le corollaire logique de la doctrine de la renaissance... les dieux sont des êtres qui ont été des hommes, et la race actuelle des hommes deviendra un jour des dieux... Selon la croyance celtique complète, les dieux peuvent entrer et entrent effectivement dans le monde humain dans le but spécifique d'enseigner aux hommes comment progresser le plus rapidement vers le royaume supérieur. En d'autres termes, tous les grands maîtres — Jésus, Bouddha, Zoroastre et bien d'autres... sont... des êtres divins qui, dans un passé inconcevable, étaient des hommes mais qui sont maintenant des dieux, capables à volonté de s'incarner dans notre monde...'.

La brochure se termine :

'De même, ce qui, dans cette génération, est hérétique tant pour le théologien chrétien que pour l'homme de science, peut, dans les générations à venir, être accepté comme orthodoxe'.

Je suggère que ce Maitreya qui se réincarne n'est ni un dieu ni un être divin, mais qu'il est plus probablement l'un de ces juifs cabalistiques, toujours dans le corps de la chair, dont le but est la perversion des croyances chrétiennes.

Dans un discours prononcé devant l'École ésotérique de la Société théosophique, M. Baillie Weaver expose les mêmes théories :

'Il est tout aussi inévitable que ces êtres surhumains prennent part aux gouvernements du monde, qu'ils nomment, forment et utilisent des élèves et des agents, et qu'ils viennent de temps en temps sur terre pour enseigner à leurs frères moins avancés, et que cette école est l'une de ces agences, à la fois pour la formation des élèves et dans *le* but de *transmettre le pouvoir'*.

Mary Gray, de Californie, écrivant sur le 'chemin de la probation' dans *le Herald of the Star de* décembre 1926, dit à nouveau

'Au fur et à mesure que le chéla passe les tests avec succès, qu'il prouve sa capacité à se tenir seul... il commence à se rapprocher du Maître et à partager son travail. Plus de puissance est mise à la disposition du chéla, puisqu'il faut prouver qu'il peut réagir correctement à sa stimulation. Il commence sa période de service, au cours de laquelle il distribue la force du Maître — ou, plus précisément, une *petite partie de la force de la Loge Blanche* — soit dans un service actif dans le monde extérieur, soit dans un contact intime avec ceux qui l'entourent. L'utilisation de la force élargit et développe ses véhicules et leurs pouvoirs. Son cerveau augmente en puissance, sa dévotion en intensité et en pureté, ses actions en précision, en habileté et en puissance... De plus, il devient plus rayonnant, une figure lumineuse, sereine et joyeuse dans l'atmosphère sombre de la vie mondaine. En même temps, il commence un entraînement précis sur les plans intérieurs, où on lui enseigne l'utilisation et le contrôle des forces qui s'y trouvent. Peu à peu, il acquiert la connaissance du contrôle des différents éléments... Dans tous ces domaines, on lui apprend à commander (les forces)... au nom et par l'autorité de la Loge Blanche, *en tant qu'agent de son pouvoir...*'.

Après l'achèvement de l'avènement, l''Ordre de l'Étoile à l'Est' prit un nouveau nom. Ils croyaient apparemment que l'étoile de l'Instructeur Mondial était enfin parmi eux et qu'ils n'avaient plus besoin de la chercher en Orient, ni d'un héraut pour annoncer sa venue, aussi fut-il tout simplement réduit à l''Ordre de l'Étoile », avec son organe national, la *Revue de l'Étoile* Son organisation était dite internationale et nationale, mais néanmoins universelle. Ses objectifs étaient les suivants : (I) rassembler tous ceux qui croient en la présence de l'Instructeur mondial dans le monde ; (2) travailler avec lui à l'établissement de ses idéaux. Son magazine international était l'*Étoile*.

Dans le numéro de février 1928 de cette Revue, par l'intermédiaire de son porte-parole, Krishnamurti, l'Instructeur Mondial, au nom de la Libération, expose sa doctrine de la négation absolue, nécessaire à l'édification de son nouveau Royaume — la paix, l'unité et le bonheur de l'universalité et de la désindividualisation. Voici quelques extraits des enseignements donnés à Ommen, en août 1927, et à Paris, le 27 septembre 1927 :

> « Le but et la manière d'atteindre ce bonheur, de gagner cette libération, sont entre vos mains. Il ne se trouve pas dans la main d'un dieu inconnu, ni dans des temples ou des églises, mais dans votre propre personne. Car les temples, les églises et les religions lient, et vous devez être au-delà de tous les rêves de Dieu afin d'atteindre cette Libération. Il n'y a pas de Dieu extérieur en tant que tel qui nous pousse à vivre noblement ou à vivre bassement ; il n'y a que la voix de notre propre intuition… Quand cette voix est suffisamment forte, quand cette voix — le résultat de l'expérience accumulée — est obéie, et que vous devenez vous-même cette voix, alors vous êtes Dieu… La chose la plus importante est donc de découvrir ce Dieu à l'intérieur de chacun de vous. C'est le but de la vie : réveiller le Dieu dormant (la force sexuelle inutilisée, la Kundalini en vous) pour donner vie à l'étincelle qui existe en chacun de nous, afin que nous devenions une flamme (illuminée), et que nous rejoignions la flamme éternelle du monde (la force vitale universelle ou l'éther — comme en haut, comme en bas, d'Hermès)… Dans le permanent est établi, est vu, le seul Dieu dans le monde — vous-même qui avez été purifié. »

Nous avons ici le credo des juifs cabalistiques — l'« homme déifié ». Or Krishnamurti n'étant que le « véhicule », la flamme, la voix et l'intuition qui l'habitent et qu'il écoute ne peuvent être que celles de l'Instructeur du Monde ; à ce propos, l'extrait suivant est intéressant :

> « C'est pourquoi je souhaite que vous ne soyez pas hypnotisés par ce que je dis, car si vous êtes endormis par mes paroles ou par mes pensées, par mes désirs, par mes envies, vous serez tout aussi emprisonnés, voire plus, que vous ne l'étiez avant de venir en ce lieu.

Mais n'est-ce pas justement ce qui s'est passé ? Un corps négatif préparé pour la réception de ces suggestions hypnotiques ; ses disciples ne vivent-ils pas tous, ne se déplacent-ils pas et n'ont-ils pas leurs êtres, pour ainsi dire, dans Krishnamurti en tant que « véhicule » de l'Instructeur Mondial ? Par leur messe de l'église catholique libérale, ne s'unissent-ils pas tous en communion avec ce Maître du Monde, ce soi-disant Christ ?

De plus, dans un poème de son livre *The Search*, une liberté absolue de tout est requise — liberté de l'étroitesse de la tradition, de la coutume, de l'habitude, du sentiment, de la pensée, de la religion, du culte, de l'adoration, de la nation, de la possession familiale, de l'amour, de l'amitié, même de ton Dieu, etc. La flamme, la voix, l'intuition de l'Instructeur Mondial, le Nouveau Royaume du Bonheur — le contrôle hypnotique de l'Illuminisme !

Et qui est cet Instructeur Mondial ? Mme Besant, dans *le Herald of the Star*, avril 1927, nous éclaire En parlant des « grandes initiations » de Krishnamurti, où, dans la première, elle a promis aux « Grands » de le garder avec son *pouvoir*, et Leadbeater a promis de le guider avec sa *sagesse* (ici nous avons, avec Krishnamurti comme sommet, le Triangle nécessaire à la manifestation du pouvoir de l'Instructeur Mondial !), elle dit :

> "Et puis le jour vint où notre office prit fin… nous avons emmené l'enfant, que nous avions reçu comme tuteur, comme un homme qui n'avait plus besoin de nous (la manifestation étant accomplie !)… au Seigneur Maitreya… le bourgeon d'alors s'était épanoui en une fleur merveilleuse ; et cette fleur est placée aux pieds de son Propriétaire, le

Seigneur Maitreya, le Christ, le Sauveur du Monde. "

De nouveau, dans le *Herald of the Star* de mars 1927, elle a déclaré à Ojai, en Californie :

> "La manifestation du Christ sera pour chacun d'entre vous ce que chacun peut voir. Pour ma part, le connaissant dans sa lointaine demeure himalayenne (astralement), où je l'ai entendu parler de sa venue, et étant ici avec notre Krishnaji, je n'ai pas besoin de dire comment, l'ayant aimé pendant si longtemps, je me réjouis de reconnaître en lui la Présence de notre Seigneur."

Ne s'agit-il pas d'une libération vers la servitude, d'un corps préparé pour semer les graines de la désintégration du monde, par la puissance qui travaille derrière et à travers la Maçonnerie judéo-orientale, à laquelle la Co-Maçonnerie de Mme Besant est alliée ?

Et quel est le résultat de cette manifestation ? Au camp d'Ommen de 1929, Krishnamurti annonça que l'Ordre de l'Etoile allait être dissous ; tout ce qu'il avait voulu, c'était conduire les gens à la « liberté », mais, dit-il, ils ne voulaient pas de la liberté. M. Lansbury, adepte depuis de nombreuses années de Mme Besant et croyant en la mission du World Teacher, tirant le meilleur parti de l'échec apparent, a déclaré :

> « Krishnamurti a brisé l'esclavage de la simple organisation… d'un geste magnifique, il a invité les jeunes de toutes les races à développer leur propre individualité à leur manière — la responsabilité de leur vie et de leur caractère dépendant d'eux-mêmes ».

Un correspondant du *Patriot* du 29 août 1929 donne des détails intéressants sur ce qui s'est passé lors de cette réunion de camp à Ommen, que nous reproduisons mot pour mot :

> "J'ai étudié la Théosophie et ses mouvements apparentés, tels que la Co-Maçonnerie, l'Eglise Catholique Libérale et

l'Etoile, pendant quelques années, et j'ai formé l'opinion définitive que derrière le masque de l'étude innocente du symbolisme, de la fraternité et de la religion comparée, se cache une organisation anti-britannique profondément enracinée. Le lien entre ces mouvements est le Dr Annie Besant...

« L'année dernière, le camp d'Ommen était un endroit des plus surprenants. Bien que la note clé de l'enseignement de l'Étoile soit "la liberté pour tous", le camp était entouré d'une clôture de sept pieds de fil barbelé ; tous les membres devaient porter une étiquette qui indiquait clairement leur nom et leur numéro, et sans laquelle ils n'étaient pas autorisés à entrer ou à sortir du camp ; il y avait une infinité de règles et de règlements irritants, tous destinés à réduire les détenus au dernier stade de la servilité.

"La fraternité entre les différentes nationalités était censée prévaloir, mais on remarquait que le contingent allemand, qui occupait souvent des postes d'autorité, saisissait toutes les occasions d'insulter les membres anglais et français, les Anglais se laissant toujours traiter de la sorte, eux et leurs femmes.

"Les manières de table des campeurs auraient déshonoré une cour de ferme, même si, bien sûr, Krishnamurti ne s'est pas nourri avec le troupeau ordinaire, mais dans le luxe au château d'Eerde, la résidence du baron von Pallandt, un membre éminent de la Société théosophique, qui détient également un très haut degré dans l'ordre co-maçonnique.

"Le camp était destiné aux hommes et aux femmes de toute classe, croyance ou couleur, et il était de coutume d'obliger les femmes anglaises bien élevées à servir, à chaque repas, les Indiens et les Africains, la plupart du temps vêtus de leur costume d'origine. Ces femmes étaient réduites à un tel état qu'elles se prosternaient littéralement devant les hommes de couleur, les suppliant de manger et leur préparant souvent des petits plats spéciaux, tandis que leurs compatriotes restaient affamés.

"Les vêtements portés par de nombreux membres étaient aussi maigres que le permettait la décence la plus élémentaire. Des photographies ramenées au pays le prouvent, et des copies de ces photographies sont en possession des autorités, ainsi qu'en ma possession. L'une d'elles montre un indigène, en tenue indigène, marchant dans le camp avec une jeune fille anglaise vêtue seulement d'une chemise fragile et d'une paire de shorts, chacun avec un bras autour de l'autre.

"Entre autres détails, l'odeur d'éther qui se dégageait de l'une des tentes la nuit était accablante ; cette drogue, selon certains occultistes, est l'une des plus puissantes pour "libérer l'esprit du corps".

"Le camp de 1929 à Ommen vient de se terminer, et c'est apparemment là que Krishnamurti a annoncé publiquement que l'Ordre de l'Etoile serait dissous. Il est impossible de dire ce qu'il adviendra de ses malheureux dupes qui l'ont suivi servilement, qui ont abandonné leur propre religion et qui l'ont vénéré aveuglément. Ses propres paroles et écrits les exhortent à n'avoir d'autre soutien qu'eux-mêmes, ce qui, en clair, signifie n'avoir d'autre soutien que lui ; il les rejette maintenant avec des croyances brisées, sans idéaux, et sans chef ou maître sur lequel s'appuyer. Il a sapé leur foi en Dieu et en leur pays, et les laisse maintenant dans un état de chaos total.

"Est-il possible que les choses soient devenues trop chaudes pour que l'Ordre de l'Étoile puisse continuer ? Est-ce parce qu'ils se sont battus entre eux ? Besant et le Messie noir ont cessé de s'entendre dans leurs activités anti-Empire et occultes ?

"Le temps nous le dira ; pour l'instant, soyons reconnaissants qu'un groupe, en tout cas, des sociétés subversives soit comme une maison divisée contre elle-même, et qu'il y ait encore des hommes et des femmes loyaux qui risquent leur temps, leur argent, et même davantage en rendant des services non récompensés à leur Roi afin de démasquer ces organisations subversives et séditieuses".

Rien n'est plus accablant que ce qui précède, mais ce n'est pourtant qu'un aperçu de la véritable œuvre diabolique qui s'accomplit lentement à travers les sociétés secrètes et de nombreux autres mouvements, dont certains sont apparemment inoffensifs. C'est l'œuvre de la même puissance de désintégration que celle qui s'exerce en Russie par l'intermédiaire des « sans-Dieu » et des groupes similaires ; elle signifie la dégradation de l'humanité, la mort de son âme, la rendant plus basse encore que la bête brute.

Dans ces sociétés secrètes, les méthodes sont toujours les mêmes ; il s'agit d'une obsession graduelle de cette puissance cachée par le biais d'une soi-disant illumination, ou de l'illuminisme séculaire par le biais de la perversion des forces sexuelles ou créatives dans l'homme et dans la nature. C'est ce que montre le symbole de la Société théosophique.

Le symbole représente l'illumination ou l'initiation. La plupart de ces Ordres ésotériques et secrets sont dirigés par les Maîtres invisibles de la Grande Loge Blanche, et sous leurs instructions, l'illumination est induite artificiellement et intensivement en un temps relativement court. L'individu, selon les instructions, travaille de l'intérieur, tandis que le maître travaille de l'extérieur, tous deux utilisant ce « pouvoir du serpent » — les forces créatrices duales de toute la nature, les forces d'attraction et de répulsion. L'individu, au moyen d'exercices, de méditations, etc., inspirés par ces maîtres, éveille en lui ce « pouvoir du serpent » — la Kundalini ou les forces sexuelles inutilisées — qui se trouve enroulé dans la partie inférieure du corps. On dit qu'elle est sublimée ou purifiée par le feu et l'eau — comme l'indique l'hexagramme ou les triangles entrelacés — l'étoile juive du pouvoir — ou plus correctement pervertie ; et s'élevant à travers les centres nerveux, les vivifiant, éveillant la clairvoyance, la clairaudience et l'intuition, la tête et la queue — les forces positives et négatives — s'unissent à la base du nez, la glande pinéale. Le symbole dans le petit cercle ci-dessus est la Svastica ou le marteau électrique de Thor, une force électrique tourbillonnante et désintégratrice qui brise les barrières protectrices — la volonté et la raison — créant un vortex dans lequel pénètre la force magnétique extérieure de la lumière des maîtres. Ainsi, l'adepte est illuminé et le lien éthérique est formé par ces maîtres contrôlant de l'extérieur, tout comme dans la messe catholique libérale.

L'Ankh au centre est le symbole égyptien de la vie, c'est le principe créateur, le lingam. Le serpent encerclant isole, conservant la force intérieure, rendant puissant l'outil illuminé. Cet outil est prêt pour le travail prévu ; il est libre, non pas d'utiliser sa liberté pour lui-même, mais pour ces maîtres. C'est une libération de la servitude. Au sommet du symbole se trouve le trois, le triangle du pouvoir ou de l'unité, par lequel le pouvoir se manifeste dans l'Ordre et dans l'individu.

Illuminisme — il peut s'agir d'un individu, d'un groupe ou d'un monde, et peut s'appliquer aux conditions mondiales actuelles. Révolution mondiale — le marteau électrique de Thor. Sa consommation — la domination invisible du monde par le biais de « véhicules » préparés et illuminés.

Prenez les *Protocoles des Sages de Sion*, qui ont été merveilleusement corrects en tant que prophétie, quelle que soit leur origine première, avant que M. Joly n'en utilise une partie en 1864 :

Page 10 :

> « Aujourd'hui, je peux vous assurer que nous ne sommes plus qu'à quelques pas de notre but. Il ne reste plus qu'une courte distance à parcourir et le cycle du Serpent symbolique — cet insigne de notre peuple — sera complet. Lorsque ce cercle sera verrouillé, tous les États d'Europe y seront pour ainsi dire enfermés par des chaînes infranchissables. Les échelles de construction existantes s'effondreront bientôt, parce que nous ne cessons de les jeter et de détruire leur efficacité » (Le marteau de Thor qui se désagrège !).

Epi, page 90 :

> "... Constantinople est représentée (sur le croquis de la course du Serpent symbolique) comme la dernière étape de la course du Serpent avant qu'il n'atteigne Jérusalem. Il ne reste plus qu'une courte distance à parcourir avant que le Serpent puisse achever sa course en unissant sa tête à sa queue... »

Page 16 :

> « Qui ou quoi peut détrôner une puissance invisible ? C'est exactement ce qu'est notre gouvernement. La Loge maçonnique (ésotérique) dans le monde entier agit inconsciemment comme un masque pour notre objectif. Mais l'utilisation que nous allons faire de ce pouvoir dans notre plan d'action, et même notre quartier général, restent perpétuellement inconnus du monde entier. »

M. Philip Graves, dans son livre *Palestine, the Land of Three Faiths,* parle de l'Okhrana, la police secrète tsariste, et dit que cette police connaissait si bien les révolutionnaires juifs et non juifs que personne ne savait où finissait l'Okhrana et où commençait la révolution !

Après avoir lu *The Tcheka,* de George Popoff, on est enclin à se demander qui est le pouvoir dirigeant derrière la Tcheka, et qui était le pouvoir derrière l'Okhrana tzariste, dont de nombreux membres sont restés au service de la Tcheka ? Ce pouvoir n'était-il pas juif et occulte ? Selon Popoff, quiconque entrait au service de la Tcheka changeait immédiatement et, d'hommes simples et honnêtes, devenait rusé, brutal, fanatique et, lors des examens des prisonniers, semblait utiliser la force hypnotique.

N'en est-il pas de même pour la plupart de ceux qui sont piégés par ces sociétés secrètes et subversives ? Ils y entrent avec des idéaux élevés, recherchant un développement spirituel pour eux-mêmes et les autres, le résultat étant souvent une obsession fanatique, pervertissant tout ce qui est élevé et sacré ; curieusement, invariablement, plus les idéaux sont élevés, plus grande est l'acceptation aveugle de l'appel de leur maître à prendre part à leur œuvre diabolique de destruction.

En outre, il est intéressant de constater que le serment de secret et de silence exigé du candidat et de l'adepte est toujours en rapport avec les méthodes astrales de contact avec ces maîtres et avec les véritables objectifs et travaux de l'Ordre tels qu'ils sont dirigés par eux dans ce secret et ce silence mystérieux. René Guénon écrit à propos du serment théosophique :

« Ce que l'on reproche le plus souvent aux sociétés secrètes, et en particulier à la franc-maçonnerie, c'est l'obligation qu'elles font à leurs membres de prêter un serment dont la nature varie, ainsi que l'étendue des obligations qu'elles imposent ; il s'agit dans la plupart des cas d'un serment de silence, auquel s'ajoute parfois un serment d'obéissance aux ordres des chefs connus ou inconnus. Le serment de silence peut lui-même porter soit sur les modes de reconnaissance ou le cérémonial particulier utilisé par la société, soit même sur l'existence de celle-ci, son organisation ou le nom de ses membres ; plus souvent il s'applique d'une manière générale à ce qui s'y dit et s'y fait, au pouvoir qui s'y exerce et aux enseignements qui y sont reçus sous une forme ou sous une autre. Parfois, il s'agit d'engagements d'une autre nature, comme la promesse de se conformer à certaines règles de conduite qui peuvent, à juste titre, apparaître abusives dès qu'elles prennent la forme d'un serment solennel... Ce qui seul nous intéresse pour l'instant, c'est que si c'est un reproche valable contre la Maçonnerie et contre quelques autres sociétés plus ou moins secrètes... il l'est tout autant contre la Société Théosophique. Cette dernière, il est vrai, n'est pas une société secrète au sens complet du mot, car elle n'a jamais fait mystère de son existence, et la plus grande partie de ses membres ne cherche pas à dissimuler leur grade... Pour notre propos actuel, nous admettrons ici comme suffisante l'opinion selon laquelle une société secrète n'est pas nécessairement une société qui dissimule son existence ou ses membres, mais est, avant tout, une société qui a des secrets, quelle qu'en soit la nature. S'il en est ainsi, la Société Théosophique peut être considérée comme une société secrète, et sa division même en sections "exotérique" et "ésotérique" en serait une preuve suffisante ; qu'il soit bien entendu qu'en parlant ici de "secrets" nous n'entendons pas par là les signes de reconnaissance, mais l'enseignement strictement réservé aux membres ou à certains d'entre eux à l'exclusion des autres, et pour lequel ils exigent le serment du silence ; ces enseignements en Théosophie semblent surtout être ceux qui ont trait au "développement psychique", puisque tel est le but essentiel de la section "ésotérique"...

« Revenons maintenant aux déclarations de Mme Blavatsky, et voyons ce qui concerne le serment de silence : En ce qui concerne la section intérieure, actuellement connue sous le nom d'» ésotérique» depuis 1880, la règle suivante a été déterminée et adoptée : « Aucun membre ne doit utiliser à des fins personnelles ce qui lui a été communiqué par un membre de la section supérieure. L'infraction à cette règle sera sanctionnée par l'exclusion.» Mais désormais, avant de recevoir une communication de ce genre, le postulant doit prêter le serment solennel de ne jamais l'utiliser à des fins personnelles, et de ne jamais révéler ce qui lui a été confié, à moins qu'il ne soit autorisé à le faire (Mme Blavatsky's *Key to Theosophy*, 1889). Ailleurs, elle fait référence à ces enseignements qui doivent être gardés secrets : « Bien que nous révélions tout ce qui est possible, nous sommes néanmoins obligés d'omettre de nombreux détails importants qui ne sont connus que de ceux qui étudient la philosophie ésotérique et qui, ayant prêté le serment du silence, sont par conséquent *seuls autorisés à les connaître*» (*Clef de la Théosophie*). Dans un autre passage, il est fait allusion à un mystère concernant directement le pouvoir de projeter consciemment et volontairement le « double » (corps astral), qui n'est jamais révélé à personne, sauf aux « chélas » qui ont prêté un serment irrévocable, c'est-à-dire à ceux en qui l'on peut avoir confiance » (*La Clef de la Théosophie*).

« Mme Blavatsky insiste surtout sur l'obligation de toujours observer ce serment de silence, obligatoire même pour ceux qui, volontairement ou non, auraient cessé de faire partie de la société : elle exprime cette question en ces termes : "Un homme à qui l'on demande de quitter la section ou que l'on oblige à s'en démettre, est-il libre de révéler les choses qu'on lui a enseignées, ou d'enfreindre l'une ou l'autre des clauses du serment qu'il a prêté ?" Et elle répond : "Le fait de démissionner ou d'être renvoyé ne le libère que de l'obligation d'obéir à son maître et de prendre une part active aux travaux de la société, mais il ne le libère en rien de la promesse sacrée de garder les secrets qui lui ont été confiés... Tout homme ou femme qui possède le moindre sens de l'honneur comprendra qu'un serment de silence fait sur une parole d'honneur, encore plus fait au nom de son 'Moi Supérieur', le dieu caché en nous, doit le garder jusqu'à la mort, et que bien qu'ayant quitté la société, aucun homme ou femme d'honneur ne songerait à attaquer la société à laquelle il est ainsi lié" (*La Clef de la Théosophie*).

Nous voyons également dans ces citations que le serment de silence prêté dans la section "ésotérique" comprend un serment d'obéissance aux "enseignants" de la Société Théosophique. On est forcé de croire que cette obéissance est poussée très loin, car il y a eu des exemples de membres qui, sommés de sacrifier une grande partie de leur fortune en faveur de la société, l'ont fait sans hésitation. Ces engagements, dont nous venons de parler, existent encore, ainsi que la section "ésotérique" elle-même... qui ne pourrait exister dans d'autres conditions... Dans un tel cercle, toute indépendance est entièrement abolie ».

Mme Besant, à son retour d'Inde en 1924, a exigé de tous les membres de la section « ésotérique » un serment de croyance implicite et d'obéissance à son égard en tant que porte-parole des Maîtres cachés. Cependant, la Loge de Londres, composée d'une soixantaine de membres, refusa de se plier à cette exigence ou de reconnaître le pouvoir autocratique et les objectifs politiques de Mme Besant. Ils formèrent donc un petit groupe en dehors de sa juridiction pour l'étude de la religion comparée. La section « ésotérique » de la Société Théosophique est censée se composer de trois cercles intérieurs — les Apprenants, les Acceptés ou Initiés, et les Maîtres de la Grande Loge Blanche. Très similaire au « Temple du Désert » au Proche-Orient, auquel appartiennent certains de ces maîtres cachés, comme nous le verrons en parlant de la « Stella Matutina ».

Comme nous l'avons montré, les objectifs politiques de Mme Besant sont largement liés à la perturbation de l'Inde dans l'idée erronée de former les peuples et les religions hétérogènes de l'Inde en une « communauté autonome ».

En 1907, elle abandonne l'action sociale pour se consacrer à la politique, mais ce n'est qu'en 1913 qu'elle se prononce définitivement en faveur du Home Rule. Lord Sydenham, s'exprimant à la Chambre des Lords le 24 octobre 1917, a déclaré à propos de Mme Besant et de ses objectifs :

> « Elle a écrit un livre qui contient plus de mépris téméraire des faits que je n'en ai jamais vu comprimés dans le même petit espace, et dans son journal *New India...* elle a dit que "l'Inde était un Paradis parfait pendant 5.000 ans avant notre arrivée, qu'elle était devenue « un Enfer parfait » à cause de la "brutale Bureaucratie britannique"... Le Gouvernement de Madras a décidé d'appliquer les dispositions de la Loi sur la Presse, et Mme Besant a reçu l'ordre de donner une garantie pour la bonne conduite de son journal. La violence de la Nouvelle Inde s'étant poursuivie sans relâche, la garantie a été mise sous séquestre. Cela lui donna le droit de faire appel devant la Haute Cour de Madras. L'affaire fut entendue par trois juges, dont deux Indiens, et l'action du gouvernement de Madras fut confirmée... L'un de ces juges a bien pu faire remarquer que "cet écrit pernicieux doit tendre à encourager l'assassinat en supprimant la détestation publique d'un tel crime".

Dans son livre *"India as I knew it"*, Sir Michael O'Dwyer écrit : "Le Home Rule Movement de Mme Besant en Inde, qui a ensuite été adopté et amplifié par les extrémistes indiens, a été lancé en 1916, peu après la rébellion du lundi de Pâques en Irlande". Il a été présenté comme un projet de loi privé en 1925 et à nouveau en 1927, mais il n'a suscité que peu ou pas d'intérêt, sauf parmi les travaillistes qui l'ont parrainé.

Mme Besant était l'un des premiers promoteurs et actionnaires de la Socialist Publication Company, enregistrée le 12 avril 1918 sous le nom de Victoria House Printing Co, Ltd, dont M. Lansbury et d'autres théosophes étaient les animateurs. Cette société produisait le *Herald*, qui devint le *Daily Herald* en mars 1919.

En outre, Sir Michael O'Dwyer parle dans le même livre d'une interview donnée par Mme Besant à Bombay, le 28 août 1924, dans laquelle elle dit :

> 'Je peux dire... que j'ai travaillé pour le parti travailliste pendant les cinquante années de ma vie publique, et aussi que je suis membre de la Fabian Society, à laquelle plusieurs ministres appartiennent, depuis 1884... Je pense que nous pouvons dire à juste titre que nous avons fait de l'Inde une question brûlante dans la vie politique de l'Angleterre. Nous avons trouvé le parti travailliste entièrement avec nous et, comme l'a dit publiquement M. Smillie, la majorité du cabinet (travailliste) est avec nous.

Le *Patriot* du 1er avril 1926, parlant du 'Labour Research Department', à l'origine 'Fabian Research Department', remarque : 'La plupart de ces noms montrent clairement à quel point ces Fabiens roses sont devenus rouges en s'étendant sur les iniquités des systèmes capitalistes existants'.

L'orientation politique de George Lansbury est bien connue — il a rejoint la Société théosophique en 1914 et était un adepte de Krishnamurti — et ses déclarations séditieuses sont nombreuses. Dans le cadre de la grève des chemins de fer en 1919, l'un d'entre eux incitait à la haine de classe de la manière suivante :

> 'Un état-major général pour Londres est nécessaire pour éviter la révolution sanglante souhaitée par la classe dirigeante, que seuls les qualités d'homme d'État, le courage et la solidarité de la classe ouvrière peuvent empêcher. Nous savons bien qu'il y a aujourd'hui dans la classe dirigeante un élément important qui désire délibérément et a l'intention de

provoquer une révolution sanglante afin que les travailleurs soient abattus comme des chiens et ramenés à l'esclavage par les baïonnettes et les mitrailleuses'.

Ceci de la part de l'adepte du soi-disant 'Prince de la paix et de l'amour'.

Dans *New India*, le 26 janvier 1928, la voix de Mme Besant s'est fait entendre une fois de plus pour inciter le peuple indien à la révolution !

> Réveillez-vous ! Debout ! hommes et femmes de toutes les castes, classes et communautés. La voix de votre mère vous appelle à devenir la maîtresse de sa maison. Ne l'abandonnez pas dans son heure de besoin. Boycottez la Commission Simon — *ANNIE BESANT*'.

En tant que présidente de l'Association journalistique indienne, elle a exhorté les rédacteurs en chef des journaux nationalistes à boycotter tous les comptes rendus des travaux de la Commission Simon.

Dans *Freemasonry Universal*, l'organe officiel de la Maçonnerie Universelle de Mme Besant, Spring Equinox, 1929, il y a un article reproduit de *New India,* qui dit :

> "Au milieu d'une crise comme celle-ci, tous les efforts doivent être faits par ceux qui ont la connaissance intérieure pour mener à bien l'un des plus grands triomphes que le monde connaîtra jamais... Essayez de percevoir le Grand Plan comme un tout... C'est un seul plan, et chaque partie n'est qu'une partie, même si elle peut sembler être un tout en soi... L'Inde est la clé, l'Inde est le centre de cette grande tempête qui ouvrira la voie à *une Paix splendide*... Aucun vrai Théosophe, et certainement aucun de ceux qui travaillent pour le Gouvernement Intérieur du Monde, ne se souciera du bien-être de l'Inde... Aucun vrai Théosophe, et certainement aucun de ceux qui travaillent pour le *Gouvernement Intérieur du Monde*, ne se désintéressera du bien-être de l'Inde... La

Maçonnerie offre une opportunité très spéciale pour la pratique de la Fraternité... Il doit y avoir une sélection très soigneuse au début en ce qui concerne l'admission, et l'insistance sur l'observance la plus scrupuleuse des Obligations.-La Maçonnerie a été donnée à l'Inde pour qu'elle soit une force puissante et organisée au service de l'Inde".

Apparemment, l'Inde doit elle aussi être brisée, si nécessaire, par la "herse géante" de la révolution, afin qu'elle puisse partager cette même "paix splendide", sous le joug de laquelle la vraie Russie gémit et souffre maintenant — une paix qui doit inaugurer la Fraternité universelle et la Domination mondiale du Centre invisible du Grand Orient révolutionnaire, la Judéo-Franc-maçonnerie, à laquelle la Co-Maçonnerie de Mme Besant est alliée.

Elle enchaîne aux États-Unis, le 24 août 1929, comme le rapporte le *Chicago Tribune*, avec de fausses déclarations contre l'Empire britannique, diffusées aux quatre coins du monde.

Lors du congrès mondial des théosophes à l'hôtel Stevens, Mme Besant a déclaré qu'elle avait récemment essayé d'aider l'Inde à obtenir des mesures politiques permettant au pays de se débarrasser du "joug de l'Angleterre". On estime que 70.000.000 des 300.000.000 d'habitants de l'Inde meurent de faim... La domination de l'Angleterre a étouffé l'éducation de l'Inde et la belle civilisation qu'elle avait avant l'arrivée de l'Angleterre... Le problème a commencé lorsque le système des villages sous lequel l'Inde prospérait a été détruit...". Et elle a déclaré que les «impôts» étaient la cause de la famine généralisée *(Patriot,* 19 septembre 1929).

« J'ai essayé d'aider à obtenir le système de gouvernement de dominion pour l'Inde — son seul salut. J'espère que la révolution n'aura pas lieu... Si une révolte devait éclater, les Anglais, avec leurs bombes aériennes et leurs machines de guerre terrestres et aquatiques, les couperaient simplement comme du grain devant une faux. »

Elle avait précédemment annoncé qu'elle retournait en Inde pour renforcer le mouvement pour la liberté de l'Inde, ce qui pourrait signifier une guerre de couleur. Et qu'est-ce qui se cache derrière ce travail maléfique de Mme Besant ? Dans le *Theosophist* d'octobre 1928, on peut lire ce qui suit : "Les Maîtres lui ont assuré que le statut de Dominion pour l'Inde fait partie du Grand Plan, et elle sait qu'elle ne disparaîtra pas tant que cette liberté ne sera pas accomplie. Et elle a dit : « Si vous voyez l'un d'entre nous travailler pour un mouvement particulier dans le monde, vous pouvez savoir que cela fait partie du Plan mondial. » Et le Grand Plan est : "Un nouveau ciel et une nouvelle terre, construits sur les ruines de tous les anciens systèmes et civilisations."

CHAPITRE III

LA SOCIÉTÉ ANTHROPOSOPHIQUE

L es débuts de Rudolph Steiner sont quelque peu mystérieux, mais certains disent qu'il est né en 1861 à Krakjevic en Hongrie, d'autres qu'il était autrichien. En 1902, il devint membre de la Société Théosophique sous la direction de Mme Besant, et fut secrétaire général de la section allemande jusqu'en 1913, 'lorsqu'il se sépara de Mme Besant, nominalement à cause de l'affaire Krishnamurti et du procès de Madras ; cinquante-cinq des Loges allemandes firent sécession avec lui — environ 2.500 membres en tout. Il forma alors un nouveau groupe, sous le nom de "Société anthroposophique", un nom sans doute dérivé d'un ouvrage, *Anthroposophia Magica*, daté de 1650, du célèbre alchimiste et occultiste Thomas Vaughan.

Ses centres étaient Munich et Stuttgart, mais n'ayant pu obtenir le terrain nécessaire à Munich pour son projet de temple, il l'a finalement construit à Dornach, en Suisse. Le 'Johanneum', rebaptisé plus tard 'Goethenum', fut achevé en 1920 et, pour aider à couvrir les énormes dépenses, il forma une association appelée 'Société de Saint-Jean', faisant allusion, dit-on, à l'ancienne confrérie des maçons opératifs. Dans ce Goethcanum, il prétendait donner une nouvelle architecture, une nouvelle peinture et une nouvelle sculpture. Il s'agissait en fait d'un symbole de son enseignement, entièrement panthéiste et totalement dépourvu de beauté dans sa forme et sa conception. Il fut mystérieusement incendié une nuit à la fin de l'année 1922, mais fut reconstruit plus tard à une échelle plus petite et moins coûteuse. Steiner ne s'est apparemment jamais remis de la perte de son temple et il est mort à Dornach le 30 mars 1925, en restant jusqu'à la fin un instrument entre les mains de ses maîtres, enregistrant leurs enseignements et leurs instructions.

Dans un article paru dans *le Patriot* d'octobre 1922, une certaine autorité donne des informations intéressantes sur le Dr Steiner et son passé. L'article dit ceci :

'A ce stade de mon enquête, je peux me référer brièvement à l'existence d'une branche de la Société Théosophique, connue sous le nom de Société Anthroposophique. Elle a été créée à la suite d'un schisme dans les rangs des théosophes, par un homme de naissance juive, qui était lié à l'une des branches modernes des Carbonari. Non seulement cela, mais en association avec un autre théosophe, il est engagé dans l'organisation de certaines entreprises commerciales singulières qui ne sont pas sans rapport avec la propagande communiste, presque exactement de la même manière que le 'Comte St Germain' a organisé ses teintureries et d'autres entreprises commerciales dans un but similaire. Et ce groupe commercial étrange a des liens avec le mouvement républicain irlandais, avec les groupes allemands déjà mentionnés, et aussi avec un autre groupe mystérieux qui a été fondé par des 'intellectuels' juifs en France il y a environ quatre ans, et qui compte parmi ses membres de nombreux politiciens, scientifiques, professeurs d'université et hommes de lettres bien connus en France, en Allemagne, en Amérique et en Angleterre. Il s'agit d'une société secrète, mais on peut se faire une idée de ses véritables objectifs en constatant qu'elle a parrainé la 'Ligue des Anciens Combattants', dont le but semble être de saper la discipline des armées dans les pays alliés. Bien qu'il s'agisse nominalement d'une société de 'droite', elle est en contact direct avec des membres du gouvernement soviétique de Russie ; en Grande-Bretagne, elle est également liée à certains Fabiens et à l'Union of Democratic Control, qui s'oppose à la 'diplomatie secrète'. Enfin, il y a le vaste réseau souterrain des sectes arcaniques et des sociétés occultes qui, en Europe et en Amérique, sont représentées par les divers ordres continentaux des Rose-Croix et des Templiers, les Théosophes et les degrés supérieurs de la franc-maçonnerie orientale, dont le but réel est le renversement des idéaux occidentaux, de la civilisation occidentale et de la religion chrétienne. De ce système de sociétés secrètes complexes, les diverses organisations socialistes, communistes, syndicales et anarchistes sont les taupinières politiques qui indiquent la nature des souterrains qui sapent les fondations de notre civilisation occidentale... Il a été suggéré, et il y a peut-être une part de vérité dans cette idée, que derrière tous les mouvements subversifs, il y a encore une autre force sans nom, plus profondément dans l'ombre du monde souterrain des intrigues secrètes internationales — quelque chose de plus grand que tout, et qui dirige tout...'

Selon un dirigeant du *Morning Post* du 15 mai 1925, le Dr Steiner 'a établi un lien entre les bolchevistes et les sociétés pangermanistes et monarchistes, ainsi qu'avec les grades supérieurs de la maçonnerie du Grand Orient', et a également été associé au bolcheviste Tomsky.

Carl Unger, l'un des disciples les plus dévoués de Steiner, a écrit : 'L'anthroposophie est une connaissance produite par le Moi supérieur dans l'homme', c'est-à-dire l'homme dont les 'sens intérieurs' ont été éveillés par certains processus, etc. enseignés par le Dr Steiner dans sa soi-disant science spirituelle. Il s'agit de la construction d'un médium. Pour ses disciples, sa définition était la suivante : 'L'anthroposophie est un chemin de connaissance qui guide le spirituel de l'être humain vers le spirituel de l'univers'. Nous retrouvons ici l'axiome hermétique : 'Ce qui est en haut est en bas' ; l'union de la force vitale ou Kundalini à l'intérieur de l'homme avec la force vitale universelle à l'extérieur, formant 'l'homme déifié', connaissant tout ce qui a été, est et sera, lisant les enregistrements imprimés sur la lumière astrale, sous le contrôle de ces soi-disant êtres spirituels ou maîtres. C'est l'initiation.

Steiner parle de cette initiation dans sa conférence' Le Christ et le vingtième siècle" (voir *Anthroposophie*, Noël 1926) :

Les processus auxquels l'âme de l'homme était soumise dans les anciens Mystères étaient tels que, sous l'influence d'autres personnalités plus avancées (qui étaient elles-mêmes passées par cette « Initiation aux Mystères »), une sorte d'état de sommeil (transe) était induit... le corps était laissé derrière... mais l'âme (corps astral) était capable pendant une certaine période de regarder dans le monde spirituel (astral) de *manière consciente* ».

Après avoir été ramenée dans le corps, « cette âme, ayant participé à la vie spirituelle (astrale), pouvait alors se présenter comme prophète devant les peuples... » Selon cette science spirituelle, les anciens enseignements de la Sagesse « émanent des "Initiés" ». Il poursuit : « A l'époque du début de la chrétienté, l'âme de l'homme était devenue mûre pour l'auto-initiation, sous la direction de ceux qui connaissaient les expériences qu'il était nécessaire de faire, mais sans la coopération active des chefs des Temples ou des Mystères. Mais nous avons de bonnes raisons de savoir que les chefs des Mystères coopèrent encore sur le plan astral, façonnant, taillant et initiant leurs futurs instruments ou "prophètes".

Il nous dit aussi que les Mystères,

"Jésus de Nazareth a atteint le point où il a pu s'unir à un Être qui jusqu'alors n'avait été uni à aucun individu humain — à l'Être-Christ... Le Christ a imprégné l'être de Jésus de Nazareth" pendant trois ans. Le Christ a imprégné l'être de Jésus de Nazareth » pendant trois ans et « des forces puissantes jaillissent de cet événement comme une impulsion pour tout le développement humain ultérieur... Et le fait que l'impulsion du Christ ait pu pénétrer dans l'humanité a été rendu possible par le fait que l'ancien principe de l'initiation est devenu un *fait historique* ».

Après l'initiation, « à travers mon propre ego, Dieu me parle ». C'est-à-dire qu'il devient clairvoyant, clairaudient et intuitif, comme dans tous les groupes illuminés. Tout cela signifie que l'impulsion du Christ n'est que la force initiatrice du Serpent ou

Logos des gnostiques ! On nous dit par ailleurs que le Christ a été envoyé par les dieux du Soleil, de la Lune et de Saturne, la puissance du Serpent !

Le Dr F. W. Zeylmans van Emmichoven écrit, *dans Anthroposophie*, Pâques 1929 : « Au Goetheanum de Dornach se trouve un grand groupe sculpté par le Dr Rudolph Steiner. Il représente le Christ en tant que représentant de l'humanité, placé entre Lucifer et Ahriman. » De ce Christ, il dit : « Dans le visage, toutes les forces semblent se concentrer en un point du front, où la sagesse divine semble briller. » Il s'agit de la glande pinéale, où le pouvoir du serpent intérieur s'unit à celui de l'extérieur, produisant ainsi l'illumination et le contrôle. Dans ses conférences de Stuttgart, en 1919, Steiner a déclaré que pour sauver le monde du matérialisme, l'Orient est trop luciférien et l'Occident (anglo-américain) trop ahrimanique — la connaissance matérialiste. C'est la mission de l'Allemagne de se situer entre ces deux extrêmes et de sauver le monde ! En d'autres termes, l'Allemagne devait agir comme l'impulsion du Christ pour le monde !

Selon Mme Besant, Krishnamurti, en transe, fut initié par les « Grands » et devint ainsi le « véhicule » du Maître « Maitreya, le Christ, le Sauveur du Monde ». C'est en tant que tel qu'il a enseigné au monde dans son livre *Life in Freedom* : « De même que chaque être humain est divin, chaque individu dans le monde devrait être son propre maître, son propre dirigeant et guide absolu… Il n'y a pas d'autre Dieu que l'homme qui s'est purifié (par l'initiation) et qui a ainsi atteint la Vérité. Or, comme nous l'avons vu, l'individualité de Krishnamurti est en suspens, il n'est que le "prophète" de son "propriétaire" et maître "Maitreya".

Dans sa conférence sur le "Christianisme exotérique et ésotérique", donnée à Dornach en avril 1922, le Dr Steiner expose son culte de l'Illuminisme chrétien. Parlant des premières traditions chrétiennes, il dit :

"Tout au plus peut-on dire qu'elles existent sous forme de

notes historiques dans les archives de certaines sociétés secrètes, où elles ne sont pas comprises. Tout ce qui dépasse les indications fragmentaires relatives au Christ après le Mystère du Golgotha doit aujourd'hui être redécouvert par la Science spirituelle anthroposophique... Il est possible pour l'humanité d'avoir des maîtres divins... des êtres qui sont descendus sur Terre depuis le royaume des Hiérarchies, et qui... ont effectivement donné un enseignement spirituel. Les hommes qui ont reçu cet enseignement... ont pu induire en eux un état de conscience dans lequel leur âme (corps astral) s'est retirée de leur corps physique..."

Il s'agit du yoga, tel qu'il est enseigné dans tous les groupes illuminés. La nature des soi-disant "enseignants divins" est ainsi expliquée : "Les êtres des hiérarchies supérieures sont dotés de forces qui leur ont permis de créer Saturne, le Soleil, la Lune et, à partir de là, la Terre. Ensuite, pour l'évolution de l'homme, ils ont décrété que le développement de l'intellect était nécessaire, ce que ces Dieux eux-mêmes étaient incapables de faire, de sorte que 'les Dieux ont été contraints... de conclure un pacte avec Ahriman (le 'dieu noir des Manichéens, l'Ahriman des anciens idolâtres', selon Eliphas Levi)... Ils ont réalisé que si Ahriman était une fois admis comme Seigneur de la Mort, et par conséquent Seigneur de l'Intellect, la terre ne resterait plus sous leur garde...'. Pour éviter cela, les dieux eux-mêmes doivent acquérir la connaissance de la mort. Ils n'ont pu connaître la mort telle qu'elle se produit sur terre qu'en envoyant l'un d'entre eux — l'être christique — sur terre. Il était nécessaire qu'un Dieu meure sur terre..."

"Les êtres des hiérarchies appartenant à Saturne, au Soleil, à la Lune et à la Terre ont permis à Ahriman de jouer un rôle dans l'évolution terrestre, mais ils ont réussi à limiter sa domination, en l'utilisant pour les besoins de l'évolution terrestre. Sans Ahriman, les Dieux n'auraient jamais pu faire de l'homme un être intellectuel ; si la limite de son pouvoir n'avait pas été brisée au moment de l'événement christique, Ahriman aurait réussi à intellectualiser complètement la terre et à la réduire à un état de matérialisme total.

On ne peut manquer de voir au premier coup d'œil qu'il s'agit d'un autre culte panthéiste et illuminé de l'O.A.I. — le Soleil, la Lune et le Feu destructeur, le Pouvoir du Serpent ou la force vitale de toute la Nature — entrelacé avec la terre". C'est la "fixation de la lumière astrale dans une base matérielle", formant des outils illuminés. C'est le Dieu Pan une fois de plus ressuscité, jouant sur son vieux tuyau mystérieux, montrant les mystères des triangles entrelacés, de la génération, de la création. Par cette force, le monde devait être initié ou illuminé, mais Saturne devait d'abord désintégrer et détruire tous les anciens systèmes et religions établis, et des cendres, comme le Phénix de l'ancien temps, devait s'élever le nouveau royaume de Lucifer — la grande perversion ! Ce n'est pas par l'intellect et la raison, mais par la négation et la foi aveugle que cela devait être accompli.

Après avoir étudié la "Connaissance des Mondes Supérieurs" ou le "Chemin de l'Initiation" de Steiner, il devient de plus en plus clair qu'il s'agit en réalité d'une préparation à l'obsession de ces êtres cachés, dont Steiner a tant parlé, qui, travaillant sur le plan astral, sont partout à la recherche de dupes et d'outils grâce auxquels ils peuvent mener à bien une Révolution Mondiale conduisant à la Domination du Monde. Par ce moyen, ces êtres instruisent et orientent, construisant une "Science Spirituelle", par le biais d'un adepte illuminé et d'un enseignant tel que Steiner, par lequel beaucoup d'autres sont formés, instruits et rassemblés dans leur bercail d'utilité diabolique, en grande partie avec la croyance erronée que le plan est divinement inspiré pour "l'évolution supérieure du monde".

Bien que, comme nous le verrons, Steiner ait déclaré que l'anthroposophie est une société entièrement publique, il écrit : "Nous n'expliquerons ici que ce qui peut être transmis publiquement". Sa science est encore "occulte" et reste secrète et cachée dans tous les domaines. Son programme d'initiation comporte trois étapes :

(I) *Probation.* — L'éveil des sens intérieurs par la méditation. Pour cela, il faut de la dévotion, de la révérence, de l'humilité, la mise en sourdine de toute critique ou jugement défavorable ; le personnel doit être maîtrisé, la vision universelle doit être éveillée pour le service de "l'humanité". Il faut cultiver le calme, jusqu'à la passivité complète, et se fermer à toute impression du monde extérieur ; puis vient le "silence intérieur", dans lequel des "êtres cachés" lui parlent. Pour éveiller ces sens, il doit, si possible, vivre près de la nature, parmi les forêts parfumées de pins et les bois, ou contempler les sommets enneigés. Dans ces méditations, ses pensées doivent être orientées par les pensées des hommes avancés qui, selon Steiner, ont été inspirés à travers les âges par des êtres similaires — "la Bhagavad Gita, l'Evangile de Saint Jean, Thomas à Kempis, et la Science Spirituelle". Il s'agit ici du johannisme et d'une des méthodes bien connues de Weishaupt, plus ou moins universellement employée dans l'illuminisme. La Kundalini doit être éveillée en se concentrant sur la *sensation* produite par la croissance et la décroissance dans la nature, l'une s'apparentant à un "lever de soleil", la force vitale active, et l'autre à un "lever de lune", la force vitale passive, ce qui ouvre le "plan astral". Il ne doit jamais *intellectualiser*, mais seulement *ressentir*. Cela conduit à l'orientation : il commence à entendre. La passivité doit aller "jusqu'à écouter sans critiquer, même lorsqu'une opinion totalement contradictoire est émise, lorsque l'erreur la plus irrémédiable est commise devant lui ; alors il apprend peu à peu à se fondre dans l'être d'autrui et à s'identifier à lui". Cela l'entraînerait à laisser tomber sa propre personnalité et ses propres opinions, s'exposant ainsi à l'obsession d'un autre, ou même de ces êtres cachés » sur le plan astral, qui ne peuvent communiquer avec lui que dans de telles conditions, implantant leurs idées dans un « vase vide ».

(2) L'*illumination*. — En éveillant à nouveau ces forces positives et négatives de la Kundalini — la force unie qui doit finalement attirer les forces de contrôle des maîtres — il devient clairvoyant et voit les couleurs de ces forces : elles sont rouge-jaune et bleue, les pôles positif et négatif de l'OD des Juifs, la lumière astrale. Enfin, il éveille la force centrale et unificatrice, puis il rencontre ces êtres. En outre, toute peur doit être vaincue, car, comme le dit le rituel Stella Matutina,

« la peur est un échec », car sans la foi intrépide du sujet hypnotisé, de la part de l'adepte, ces êtres ne peuvent pas tenter en toute sécurité l'étape finale de cette obsession diabolique.

(3) L'*initiation*. — Il doit passer par des « épreuves » pour tester son endurance et sa foi. Au cours de ces épreuves, tous ses doutes sont levés, il agit instantanément sous l'inspiration de ces êtres, il cesse d'agir et de penser par lui-même, il est contrôlé — « ce qui est en haut est en bas ». Il devient alors un réceptacle de lumière, et ces maîtres lui enseignent comment appliquer les connaissances données et les utiliser pour « l'humanité », ou plus exactement, contre l'humanité. On lui dit qu'il « ne doit prêter la main à la destruction que s'il est également capable, par le biais de la destruction, de promouvoir une nouvelle vie » — l'ancien credo de l'Illuminisme, « le mal aide à faire avancer le bien ». C'est la perversion et la voie de la révolution mondiale, non pas vers le « salut et l'évolution supérieure de l'homme », mais menant à sa régression collective et à la mort de toute civilisation chrétienne, comme on le voit dans la Russie d'aujourd'hui.

Le texte suivant, extrait de l'article de M. Robert Kuentz, « Le Dr Rudolph Steiner et la Théosophie actuelle », paru dans *Le Feu*, décembre 1913, est intéressant parce qu'il est apparemment écrit de l'intérieur.

Il donne textuellement vingt-quatre questions qu'il a posées au représentant de Steiner en France, concernant la société de Steiner et ses liens avec la maçonnerie du Grand Orient et le rosicrucianisme, un questionnaire qui a été éludé par et auquel il n'a jamais été répondu. Voici quelques-unes des questions :

I. Y a-t-il, oui ou non, des similitudes entre les cérémonies occultes de Steiner et celles du Grand Orient ? Les formules sont-elles les mêmes ? Y retrouve-t-on l'histoire d'Hiram et les trois circumambulations dans l'obscurité, les yeux bandés (cette dernière formule doit être familière aux membres de la

Stella Matutina !) ?

4. Les exercices donnés par Steiner, de façon incomplète, dans son livre *Initiation* —exercices dont j'ai vu les détails et les développements occultes donnés par Steiner lui-même — ne conduisent-ils pas très sûrement à cet état d'esprit maçonnique que je connais si bien ?

5. Les exercices, par exemple, appelés « Foi », et celui qui développe la « Passivité », n'orientent-ils pas l'élève de telle manière, vers la *crédulité* d'une part et la terreur de tout esprit critique d'autre part, que l'esprit ainsi travaillé est prêt à digérer tout ce qui lui est proposé et à le trouver bon et beau même quand c'est laid et mauvais ?

6. Y a-t-il, en vérité, dans la maçonnerie du Dr Steiner, un grand nombre d'imbéciles ou d'esprits déséquilibrés et peu de personnes réellement intelligentes ?

8. Steiner ne dit-il pas dans ses livres que la Théosophie, qui n'a pas de credo, s'élève au-dessus des religions qui ont des credo et les domine ?

9. Steiner n'officie-t-il pas devant l'autel de son Temple de la Rose-Croix ?

10. N'est-il pas le grand prêtre de cet ordre ?

11. N'a-t-il pas les vêtements sacerdotaux, comme les prêtres catholiques ?

12. N'épouse-t-il pas les francs-maçons théosophes ?

14. Voulez-vous construire le « Temple », appelé « Voûte », à Munich, parce que, de plus, il représentera le symbole que ce mot exprime ?

16. Pourquoi, dans les écrits de Steiner, n'y a-t-il aucune trace de tout cela, de ce « Saint des Saints », de cette école

maçonnique où seuls les « élus » pénètrent, c'est-à-dire ceux qui ont étudié consciemment les livres de Steiner et qui ont fait les exercices indiqués dans le livre *Initiation ?*

17. Jurent-ils eux-mêmes (sous peine « d'errer dans l'espace pour l'éternité sans guide ») de garder secret ce qu'ils vont voir dans le Temple, avant de savoir quoi que ce soit de ce qu'ils promettent par ce serment, qui doit assurément terroriser les voyants et les faibles d'esprit (comme la prestation de serment dans la Stella Matutina !) ?

24. Le titre « Gnose luciférienne » de l'ancienne revue de Steiner n'est-il pas malheureux et inutilement troublant, s'il ne signifie pas une véritable initiation luciférienne (satanique) et gnostique ?

M. Robert Kuentz continue à donner l'équivoque qu'il a reçue en guise de réponse à son questionnaire :

« Voici le commandement de la maçonnerie. Répondre franchement à ces questions directes m'aurait simplement conféré l'initiation elle-même, sur-le-champ, sans les rites ordinaires et les conditions requises. L'initiation n'est rien d'autre que la réponse à ces questions, après la promesse sous serment du candidat de ne pas trahir ce secret, et lorsque le disciple a été suffisamment aliéné de son propre jugement libre pour supporter et accepter cette « vérité » sans horreur, ou sans plus comprendre la nature de celle-ci ou ce à quoi elle conduit. Cette pulvérisation des facultés mentales, ce traitement de l'esprit par le processus des « exercices occultes » auxquels est soumis le disciple, qui deviendra sans doute bientôt le « patient », explique dans le Steinerisme ces adeptes de bonne foi à la moralité incontestable qui sont des victimes suivant une fin et des maîtres dont ils ignorent tout, sous l'illusion de l'idéalisme. (Ceci s'applique à tous les Ordres de ce type.)

La réponse du représentant de Steiner fut « d'avouer que ce sont de tels doutes qui forment un tamis autour des enseignements de Steiner, qui éloignent tous les esprits faibles de son ésotérisme »… De plus, il ne donna pas d'autres informations que celles contenues dans les documents que je possédais déjà, afin que « ma croyance en ses explications ne prenne pas la place que mon propre jugement libre et absolu devrait inspirer » !

Parlant de son propre questionnaire, M. Kuentz remarque :

« N'était-ce pas un geste chevaleresque de confiance que de demander, non pas des preuves, mais une parole d'honneur niant les faits incriminés. *Nous sommes donc obligés d'accepter les faits* ! »

Décrivant ces exercices de manipulation de l'esprit de l'initiation de Steiner, M. Kuentz écrit :

Mais sans aller plus loin, on devine aisément qu'il ne s'agit pas de « Foi » mais de « Crédulité », et d'une « passivité » rare et dévastatrice, si l'on veut pouvoir accepter avec sérénité les monstruosités religieuses et historiques incarnées dans la première partie de cette étude. Néanmoins, Steiner appelle cette « passivité, équilibre » et je lui cède volontiers l'originalité de son expression. En décrivant une qualité qui permet d'accepter avec confiance que « l'horloge de l'église voisine s'est, pendant la nuit, soudainement placée en position horizontale ». Le disciple, dit Steiner, dans le cinquième exercice, ne doit pas rejeter le bizarre comme absurde. Toutes les choses étonnantes qui vous sont présentées doivent être mises de côté sans être rejetées. Pour en arriver là, il faut un entraînement complet, un régime déprimant auquel il faut se soumettre, variant selon le candidat ; ce sont les étapes de la prostitution de l'esprit.

Dès le premier exercice qui consiste à « se concentrer sur une pensée » (banale au départ), l'élève est habitué à perdre le sens du concret et du réel ; le deuxième lui inculque une routine folle, indispensable au perfectionnement de son dérèglement intérieur. Le troisième exercice est en vérité la « passivité ». … C'est celle qui émousse la puissance du sentiment et de la souffrance, qui éteint mécaniquement l'enthousiasme, l'horreur et toute sensation forte et saine, qui souffle sur l'esprit au nom du « tempérament équitable » comme un sirocco d'indifférence. On est alors prêt pour la « positivité » — exercice d'érosion quadruple de la faculté critique... On dit que l'élève ésotérique sait bien que s'il conserve encore l'esprit critique, il doit renoncer à tout espoir de développement occulte, et qu'il doit plutôt contribuer à s'en guérir ! Ce n'est qu'alors qu'il est capable de faire le cinquième exercice : « pour développer un certain sentiment de foi, il ne doit plus rejeter d'emblée tout ce qui se présente à son esprit, quel qu'il soit ».

"C'est le terrible noviciat auquel il faut longtemps se soumettre pour devenir un initié apte ! On y voit la formation systématique de l'esprit maçonnique ; ainsi que l'inspiration insinuante et subtilement trompeuse d'une sorte d'hallucination (ou d'hypnose) qui assure sa docilité. Ces exercices occupent toutes les facultés et ont de curieuses précisions.

Lisez ceci !

'Les exercices intérieurs se font soir et matin au lit. Il faut s'imaginer être dans des mers de lumière d'où les ondes de feu pénètrent dans le corps. Ensuite, la tête, le milieu du corps et le corps entier doivent successivement vivre séparément : par le front (glande pinéale), la lumière entre, et vous entendez une voix à la racine du nez qui dit : 'Les purs rayons du divin sont en toi : "Les purs rayons du divin sont en toi. Le cœur, à son tour, entend quelque chose de semblable, mais les rayons le traversent. Ensuite, l'abdomen parle (ne riez pas !), de sorte que la force du monde peut sortir par le nombril"

Nous savons maintenant que le mouvement de Steiner n'est pas seulement allié à la franc-maçonnerie du Grand Orient, mais qu'il est aussi rosicrucien ; sur ce dernier point, ils sont obligés de garder le silence car, comme pour les Illuminati de Weishaupt, aucun rosicrucien ne peut admettre qu'il est rosicrucien. M. Robert Kuentz décrit ainsi « l'initiation au grade d'apprenti rosicrucien » de Steiner :

> 'Le soir, on commence par réunir tous les nouveaux adhérents, et après un petit sermon de Steiner, vague et fraternel, on vous dit de signer un papier par lequel vous reconnaissez que Steiner est le *Grand Maître de l'Ordre de la Rose-Croix* ; on ajoute que vous devez souscrire aux dépenses de l'Ordre, que vous devez considérer vos inférieurs comme vos égaux, et on termine par la formule du serment indiqué dans mon questionnaire... On vous dit à l'avance de vous vêtir de préférence en blanc. Vous entrez, vous reconnaissez les théosophes ; il y a un air de mystère ; tous parlent bas... On vous bande les yeux, on vous enlève tout le métal — chaînes, bagues, etc. Un officier derrière vous pose ses mains sur vos épaules, puis la procession commence.
>
> Le premier dialogue a lieu devant la porte du Temple... La porte du Temple s'ouvre, vous entrez, vous faites trois fois le tour de la salle, vous vous asseyez trois fois, pendant que le « Maître des Cérémonies » déclame d'une voix religieuse, mystérieuse et sphinx, les formules bien connues du rite utilisé par le Grand Orient... Vous vous asseyez enfin, les yeux toujours bandés, et vous sentez qu'il se passe quelque chose au niveau de votre taille et de votre cou. Soudain, le guide soulève le bandage et vous voyez devant vous un crâne que Steiner tient sous votre nez. Steiner est accompagné d'un diacre et d'un vice-diacre (comme dans la messe catholique libérale !) qui portent des bougies de cire : le tout dans une épaisse obscurité. Le pansement retombe : au bout d'un certain temps, on l'enlève complètement, on est... *initié* : on commence à voir la lumière. Cette lumière provient de bougies de cire placées sur trois autels ; des draperies noires pendent partout, symbolisant l'obscurité toujours proche... Steiner, le Grand Prêtre, est entièrement vêtu de rouge, avec une longue queue méphistophélique et un bonnet rouge ; il est devant un autel, en forme de cube, sur lequel se trouvent un crucifix, une coupe et un cierge ; les deux servants, portant des tabliers maçonniques, sont devant un autre cube tenant des cierges ; le Grand Maître des Cérémonies est près de Steiner (une femme de haute noblesse bavaroise, bien connue

des théosophes, assumait parfois cette fonction ; elle avait une sorte d'aube et de chasuble). Vous vous regardez et voyez le tablier maçonnique devant avec le triangle et la truelle. Vous posez votre main sur l'Évangile de Saint-Jean (johannisme) ; on vous dit alors le mot de passe, le signe de l'apprenti et le nom sacré que vous ne pouvez que balbutier ; c'est YAKIM. Ensuite, avec deux épées tendues, de curieux signes sont faits devant vous. Puis un sermon de Steiner sur la légende d'Hiram et de Salomon... Puis le Repas, au cours duquel on cherche le Temple souterrain, la Voûte, alors en construction à Munich (sans doute le Repas panthéiste de l'illuminisme). Deuxième discours de Steiner, il a enlevé la robe rouge et porte maintenant une aube de dentelle ; il parle du Triangle et de l'œil de Dieu, qui est au centre du Triangle et de l'être de l'homme. (C'est le Triangle de la manifestation, et l'œil est la puissance manifestée — le Principe Créatif Universel, la lumière astrale de l'Illuminisme, car tel est le Steinerisme). Clôture de la cérémonie, qui a duré quatre heures : coups de maillet rituels sur les trois cubes ; bougies éteintes et rallumées, les draperies noires de l'enterrement sont enlevées ; vous êtes entourés du rouge du sang de taureau (rubis, couleur de l'unité) ; c'est enfin la lumière ! ... Ite missa est ! ... Tu es *initié* !

'Je ne connais pas de forme plus précise et plus insidieuse que l'occultisme de Steiner (de ce satanisme du XXe siècle).

Steiner s'attaque d'abord à l'individu dont il dérègle les facultés ; il ruine ensuite la société en y puisant ses adeptes ; enfin et surtout, en faisant de l'homme un Dieu (l'"Homme déifié"), son rituel laïque défie et brûle la religion avec l'anarchie de Lucifer'. Pour justifier et conclure cette étude, nous ne pouvons que citer M. Ferrand : 'Connaître les Théosophes est un devoir social, les démasquer un devoir politique, les combattre un devoir religieux !

« Ajoutons que l'Apprenti-Rosicrucien n'est que la frange de l'Ordre de la Rose-Croix. Il existe des Ordres mineurs et des Ordres sacrés dans lesquels l'initiation va plus loin, très loin !

Robert Kuentz parle du « Temple souterrain », le « Saint des Saints » que Steiner construisait alors à Munich. Je présume qu'il contenait la « Voûte » ou le Tombeau des Adeptes, qui figure dans tous les grades et cérémonies rosicruciens supérieurs.

Malgré la nature secrète et « occulte » des enseignements de Steiner, qui conduisent à l'initiation finale et à la perte de la personnalité sous le contrôle de ces soi-disant êtres spirituels ou maîtres de l'astral, et malgré ses grades maçonniques et rosicruciens secrets, Steiner, dans sa *feuille d'information de Noël 1923*, a écrit :

'La Société anthroposophique est une organisation entièrement publique : la politique ne fait pas partie de ses tâches. (Toutes les publications de la Société seront ouvertes au public, comme le sont celles des autres sociétés publiques. Il en sera de même pour les publications de l'Ecole de Science de l'esprit ; mais à l'égard de ces ouvrages, les responsables de l'école se réservent d'emblée le droit de refuser la validité des opinions qui ne seraient pas étayées par les qualifications appropriées, c'est-à-dire par la formation dont les ouvrages eux-mêmes sont l'aboutissement. En ce sens, et comme il est d'usage dans le monde scientifique reconnu, ils n'admettront la validité d'aucun jugement qui ne serait pas fondé sur les études préalables requises. Les publications de l'Ecole de Science Spirituelle contiendront donc la mention suivante :

'Imprimé en manuscrit pour les membres de l'Ecole de Science Spirituelle, classe « Goetheanum »... nul n'est considéré comme qualifié pour porter un jugement sur le contenu de ces ouvrages s'il n'a pas acquis par l'école elle-même ou d'une manière équivalente reconnue par l'école — les connaissances préalables nécessaires ; les autres opinions ne seront pas prises en considération : les auteurs refusent de les prendre comme base de discussion ».

L'investigateur de cette science spirituelle fiable acquiert ainsi sa connaissance :

'Par les facultés qui sont en lui (ses sens intérieurs éveillés !), il pénètre consciemment dans les mondes où habitent des êtres spirituels et où se déroulent des processus spirituels. Il voit des êtres et des processus spirituels, et il voit aussi comment les êtres et les processus du monde physique naissent du spirituel. L'école conduira ses membres dans les régions du monde spirituel qui ne peuvent être révélées par des idées — là où il est nécessaire de trouver les moyens d'exprimer l'imagination, l'inspiration et l'intuition. Ici aussi, les différents départements de la vie — artistique, éducatif, éthique, etc. — seront poursuivis dans ces régions où ils reçoivent la lumière ésotérique et l'impulsion pour un travail créatif'.

Si nous remplaçons « astral » par « spirituel » et les hommes de chair et de sang travaillant sur le plan astral « par des êtres spirituels », nous arrivons à nouveau au jeu séculaire de ces Juifs cabalistiques, qui cherchent à dominer le monde par l'intermédiaire de dupes crédules et d'outils illuminés, imprégnant ainsi tous les départements de la vie nationale, sociale et religieuse de leurs idées de désintégration et de leurs systèmes de perversion.

Une autre méthode mise au point par le Dr Steiner pour provoquer cet illuminisme destructeur de l'esprit est l'« eurythmie », construite, comme dans d'autres ordres occultes, à partir d'inspirations mystiques et magiques. Ici, nous jouons avec les forces cachées de la nature, et cela devient de la magie, noire ou blanche, selon la source d'inspiration. Il existe aujourd'hui de nombreuses formes simples de danses eurythmiques, suédoises et folkloriques tout à fait inoffensives et même bénéfiques pour la santé. La plupart de ces Ordres ont été constitués grâce à des communications de maîtres cachés, en grande partie ou entièrement à des fins sub versives ; par conséquent, l'eurythmie inspirée par ces Ordres serait un danger non seulement pour l'individu, mais aussi pour le pays dans lequel elle est enseignée, car Eliphas Levi nous dit : « La magie noire est une contagion de vertige et une épidémie de déraison » ; même ce dont notre pays souffre aujourd'hui.

Nous devons d'abord comprendre que l'homme lui-même est un petit univers — le *microcosme* — au sein du grand univers — le *macrocosme* — lié par les mêmes lois et constitué des mêmes forces. L'éther imprègne tout et relie tout — « ce qui est en haut est en bas ». Dans son « Eurhythmie », Steiner utilise les voyelles comme représentant les activités planétaires, et les consonnes celles du Zodiaque. Au XVIe siècle, Cornelius Agrippa attribuait les cinq voyelles et les consonnes j et v aux sept planètes ; les consonnes *b, c, d, f, g, l, m, n, p, r, s, t,* aux douze signes du zodiaque ; *k, q, x, z,* aux quatre éléments, et h, l'aspiration, à l'esprit du monde — l'éther.

De plus, Arthur Avalon, dans sa traduction du Sanskrit *du Tantra de la Grande Libération,* dit :

> « Un mantra est composé de certaines lettres disposées dans une séquence définie de sons, dont les lettres sont les signes représentatifs. Pour produire l'effet désiré, le mantra doit être entonné de la manière appropriée, selon le rythme et le son... un mantra est *une force puissante,* un mot de pouvoir ».

Dans l'un des Tantras, il est dit : « Je crains, ô Seigneur, que même ce que Tu as ordonné pour le bien des hommes ne tourne au mal à cause d'eux ». L'eurythmie du Dr. Steiner est-elle donc pour le « grand bien ou pour le grand mal » ?

Son eurythmie semble être magique, éveillant et réveillant les forces correspondantes dans l'homme et dans l'univers, comme nous savons que cela se produit dans toutes les cérémonies de ces ordres occultes. Les vibrations sont mises en mouvement par le son, le rythme, la couleur et le mouvement, attirant par polarité les forces magnétiques les plus fines de la nature, créant des liens non seulement avec des forces universelles similaires, mais avec d'autres esprits travaillant avec le même ensemble de vibrations, ayant la même tonalité, sans aucun doute, avec ceux qui ont inspiré l'eurythmie ! En *Anthroposophie,* on dit 'L'eurythmie est en effet l'expression du chant des étoiles, du discours des dieux à l'homme. Il s'agit du calumet du dieu païen Pan, des vibrations de l'harmonie à sept voix des planètes. Les dieux étant les forces de la nature, chez les anciens Égyptiens Osiris représentait le soleil, Isis la lune, Apophis le feu destructeur — le soleil, la lune et le feu du pouvoir du serpent, la lumière astrale dont Eliphas Levi nous dit qu'elle est en elle-même une force aveugle, mais que, sous l'impulsion de volontés puissantes, elle est à la base de toute magie, noire ou blanche. L'*anthroposophie* dit encore : « Le mouvement de l'eurythmie passe dans la *lumière* sous une forme plastique visible et est vu par l'œil ». Ces mouvements attirent donc et font descendre cette même lumière astrale, et ces forces sont attirées dans l'individu qui "devient le porteur du moi spirituel", ou n'est-ce pas l'esprit d'un autre esprit obsédant !

Nous posons donc la question : Steiner a-t-il, par la clairvoyance, la clairaudience et les enseignements impressionnants, inspirés par les maîtres ou "êtres spirituels", évolué et construit son eurythmie ? Ces maîtres n'étaient-ils pas la même puissance invisible qui dirige et instruit tous ces groupes occultes pour l'accomplissement de leurs projets mondiaux ? Si c'est le cas, cette eurythmie n'est-elle pas simplement un moyen de créer des "vaisseaux de lumière", récepteurs et transmetteurs de ces forces, contrôlés hypnotiquement par ces maîtres, obéissant aveuglément à toutes leurs suggestions subtiles et secrètes ? Ne s'agit-il pas simplement de mantras eurythmiques, de puissantes forces contraignantes, éveillant la Kundalini, créant l'illuminisme, provoqués par la puissance de la volonté de ces maîtres de l'extérieur ?

Dans The *Socialist Network*, citant le récit de Walter Pahl sur la religion du "Mouvement de la jeunesse d'Allemagne", Mme Webster écrit :

> 'Ils n'étaient plus chrétiens, ils ont donc libéré le corps et se sont lancés dans « *la danse de la terre et des étoiles en nous* », afin de restaurer la grande harmonie et la sainteté dans nos vies. *La danse, en fait, offre la plus grande émotion religieuse à une grande partie de notre jeunesse allemande*'. C'est ici que l'on peut trouver l'inspiration de la danse eurythmique pratiquée par les Steinerites d'Allemagne, etc.'

Dans *Anthroposophie,* le premier numéro de ce trimestriel steineriste, nous trouvons un article sur l'eurythmie, dans lequel il est dit que 'l'eurythmie est née de l'essence de la science spirituelle anthroposophique : "L'eurythmie est née de l'essence de la science spirituelle anthroposophique et se fonde sur la compréhension de *la véritable nature de l'homme et de sa relation avec la terre, ainsi qu'avec les mystères planétaires et zodiacaux du cosmos.* N'est-ce pas « la terre et les étoiles en nous » du 'Mouvement de jeunesse' ?

Encore une fois, pour citer les Steinerites :

> 'Le corps éthérique tire sa mobilité intérieure des forces planétaires et zodiacales (les mondes étoilés !), donc des forces cosmiques... En eurythmie, la mobilité est reportée par le moi consciemment dans le corps physique (la terre)... (le moi peut attirer ces forces dans les différents corps). L'esprit de vie s'exprime.

C'est la fixation de la lumière astrale dans un corps matériel ; c'est l'illumination ou l'illuminisme tel qu'il est représenté dans le dessin 'Anthropos', — comme en haut, comme en bas — au début du deuxième numéro de leur trimestriel. Cette danse émotionnelle du 'Youth Movement' en Allemagne n'éveille-t-elle pas la Kundalini de la même manière et dans le même but ? Et en fait, les deux mouvements sont entièrement panthéistes !

Pour tenter d'expliquer la *raison d'être* du culte Steiner et de son eurythmie, qui pénètre aujourd'hui encore dans l'éducation et les écoles — comme le disent les 'Protocoles' : 'Rééducation de la jeunesse par de nouvelles religions temporaires' — il peut être utile de les comparer aux danses rythmiques et au culte de la secte russe primitive, les 'Khlysty', ou 'Peuple de Dieu', à laquelle appartenait Raspoutine, ce génie licencieux et malfaisant de la Russie.

Le culte du Dr Rudolph Steiner est, comme nous l'avons vu, largement gnostique, et c'est le manichéisme, qui suppose le dualisme dans la Déité, l'inégalité dans l'Absolu, l'infériorité dans le Pouvoir Suprême. Il est luciférien. Il a pour but la déification panthéiste de l'homme.

Le Khlysty — une secte dirigée par des Christs ou des hommes déifiés — est généralement daté du milieu du XVIIe siècle. Le fondateur serait un soldat fugitif de, Danila Philippovitch, qui aurait jeté ses nombreux livres de piété dans la Volga, déclarant qu'il était une réincarnation de 'Dieu le Père', qu'il n'y avait pas d'autre Dieu que lui-même, que le seul et unique 'Livre d'or' de l'inspiration était en chacun de nous ; ne s'agit-il pas tout simplement de 'l'intuition', le dieu de Krishnamurti, le 'Génie supérieur' des Rose-Croix, le 'Dieu intérieur' de Mme Blavatsky ? Avec Ivan Timothéévitch Souslov, son 'Christ', il parcourt la Russie, propageant son culte, qui serait une forme de gnosticisme, en particulier le manichéisme et le montanisme. Montanus s'adonnait à une licence sans limite, à la frénésie et à l'extase, comme on peut le voir chez les Khlysty ; ils prétendent spiritualiser la matière, mais en fait ils matérialisent l'esprit, et le culte des Khlysty montre une conception panthéiste de la Déité. La secte était plus ou moins secrète et le nouvel affilié jurait de garder secret tout ce qu'il voyait et entendait pendant les cérémonies, de souffrir le feu, le knout, la torture et la mort plutôt que de renier sa foi. Il était en outre tenu au célibat — en dehors de sa secte !

Dans leur culte, le Père, la Mère, les Prophètes et les Prophétesses officiaient, et sa forme principale et la plus populaire était la 'ferveur'. La ferveur consistait en de nombreuses figures rythmiques de danses circulaires, toujours en mouvement avec le soleil, toujours plus rapides, et accompagnées de chants et d'exclamations, parfois 'Eva Evo ! — le cri des Bacchantes du dieu Dionysos, l'I.A.O. des Rose-Croix — les chants marquant le rythme de la ferveur. Elle donnait l'illusion de se déplacer comme sur des ailes et durait généralement plusieurs heures — elle se terminait parfois par la prononciation du 'mot' ou de prophéties, ou bien la lumière s'éteignait, suivie d'une orgie sexuelle. Très vite, ils constatent qu'ils ne peuvent pas vivre sans cette ferveur ; ils renonceraient plus facilement à un point de dogme ou à une règle morale. Le but de cette ferveur était la descente de l'"Esprit' ou de la lumière astrale, la déification et la création de 'Christs' — l'Illuminisme !

Dans son livre, *The Russian Sect, the People of God*, or the Khlysty, M. J. B. Severac cite ce qui suit comme explication de cette ferveur :

> 'L'histoire de tous les temps, écrit M. Ribot, abonde en procédés physiologiques, employés pour produire une extase artificielle… c'est-à-dire pour avoir la divinité en soi. Il y a des formes inférieures, l'ivresse mécanique produite par la danse, la musique rythmée des primitifs, qui les excite et les met en état d'inspiration ; le soma, le vin, la dionysia, les orgies des Ménades, l'effusion du sang si répandue dans les cultes de l'Asie Mineure, la déesse Atys, les Corybants, les Gaulois, se mutilant et se tranchant avec des épées ; au moyen âge les Flagellants, et de nos jours les fakirs et derviches, etc…'."

M. Séverac dit :

> "La ferveur du peuple de Dieu a sa place à côté de ces exemples de processus physiologiques de forme inférieure destinés à atteindre cette divinité".

Cette eurythmie du Dr. Steiner, qui s'accompagne également de musique rythmique, aussi savamment, scientifiquement et occultement pensée et appliquée soit-elle, n'atteint ni plus ni moins que la ferveur de ces gnostiques primitifs, les Khlysty. Leur dieu n'est ni plus ni moins que le dieu de tout l'Illuminisme, le principe créateur de toute la Nature, et dans les deux groupes, ils cherchent à éveiller le Kundalini, le serpent intérieur, afin d'être, selon les deux croyances, "pénétrés" par l'"esprit» universel de la Nature de l'extérieur, afin de provoquer l'état connu sous le nom de « déification », un Illuminisme qui peut les unir, à leur insu, avec leurs « maîtres », le Juif Cabalistique, l'initiateur du mysticisme Gnostique. Ainsi, ils ne sont devenus qu'un oracle ou un instrument.

Dmitry Merejkovsky, l'écrivain historique russe, fait décrire à l'un de ses personnages dans « Pierre le Grand » le credo des Khlysty, un credo applicable à de nombreux mouvements plus ou moins dégradants et déséquilibrés d'aujourd'hui :

> « Je vais t'expliquer un grand mystère : si tu veux vivre, mortifie, pour la gloire de Dieu, non seulement ton corps, mais ton âme, ta raison et même ta conscience. *Libère-toi de toutes les règles et de toutes les lois, de toutes les vertus de jeûne, d'abstinence et de virginité.* Libère-toi de la sainteté. Descends en toi-même comme dans un tombeau. Alors, mort mystérieusement, tu ressusciteras, et en toi habitera l'Esprit Saint, et tu ne le perdras jamais, quoi que tu fasses. » « Il croyait voler sans savoir où il volait, que ce soit vers le ciel ou vers l'abîme, vers Dieu ou vers le diable !

C'est le chemin de croix de l'illuminisme, qui mène sans aucun doute à l'abîme et à la dégradation morale.

Les conférences de Steiner, données à Stuttgart en 1918, nous donnent une idée très claire de sa vision politique de l'époque, et force est de constater qu'elle n'était pas celle d'un maître spirituel de haut niveau. Voici un résumé authentique :

> "Il parle de la guerre en tant qu'Allemand et donne l'impression que l'Allemagne aurait dû gagner et que cela lui aurait fait plaisir. Il parle longuement de la violation de la Belgique, mais ne dit pas un mot de condamnation. Il explique le système bolcheviste ; il l'approuve apparemment, car il donne comme opinion personnelle que seuls les travailleurs doivent avoir des droits, que le capital est mauvais et doit disparaître, que les moyens d'existence ne doivent pas dépendre du travail, etc. Lorsque vous achetez, par exemple, un manteau, vous achetez avec votre argent le travail des hommes, et il le condamne ! L'argent ne devrait pouvoir acheter que des biens. (Il n'explique pas les contradictions).

Une œuvre d'art se trouve, disons, à Rome ; un « bourgeois » (capitaliste) peut s'y rendre pour la voir ; son argent commandera le travail de nombreux cheminots, etc... pour lui permettre de jouir de la vue de cette œuvre d'art. Pourquoi le pauvre ouvrier, à qui elle appartient aussi bien qu'au bourgeois, ne la verrait-il pas ? Les œuvres d'art devraient être portées partout à la connaissance des travailleurs. L'argent laissé à intérêt composé dans une banque doublera en quatorze ans, et pourtant le capitaliste sera resté oisif. L'argent, c'est le pouvoir de réquisitionner le travail d'autrui !

'Il existe en Angleterre des sociétés occultes qui inspirent la politique anglaise. Elles connaissent le cours de l'évolution pour les prochaines décennies et utilisent leurs connaissances pour l'avantage matériel de l'Angleterre. Les Anglais essaieront de maintenir les peuples à l'est du Rhin (Europe moyenne et Russie) dans un état de faiblesse en entretenant parmi eux des institutions socialistes, afin d'exploiter leur travail en tant qu'esclaves, au profit de l'Empire britannique en tant que maître.

'Ce sont les occultistes anglais qui ont provoqué le renversement du tsar et la montée en puissance du bolchevisme. Ils font des expériences socialistes aux dépens de la Russie et de l'Europe centrale. Mais comme les peuples de langue anglaise (Angleterre et Amérique) ne pourront développer qu'un occultisme matérialiste qui finirait par détruire leur évolution, ils utiliseront à leur profit les autres types d'occultisme que leurs victimes développeront — l'occultisme hygiénique de l'Allemand et l'occultisme eugénique du Russe et de l'Asiatique.

'Les occultistes anglais sont déjà en possession de connaissances qui permettront bientôt aux employeurs de faire fonctionner leurs machines par une force qui éliminera la plupart des ouvriers. Les masses d'ouvriers oisifs se révolteront, mais les occultistes anglais connaissent les moyens de les soumettre. (Steiner n'explique pas les moyens !). La cause de l'agitation actuelle en Europe est le genre de choses qu'un clergé « paresseux » prêche depuis longtemps dans les églises, parce que ses prêches n'ont aucun rapport avec les hommes et la vie. Steiner explique longuement ce que veulent les bolcheviques et ce qu'ils ont fait. S'il ne manque jamais une occasion d'insulter les églises, il reste très poli à l'égard des bolcheviques et prend même soin de dire qu'il ne les critique pas. Lorsqu'il explique ce qu'ils ont fait de leurs opposants, il n'utilise pas le mot « meurtre » ou même « exécution » ; il dit qu'ils les ont « chassés » ou qu'ils se sont débarrassés d'eux.

Au sujet de la politique britannique, il dit qu'ils sont très puissants et qu'ils parviendront à diriger le monde parce qu'ils sont essentiellement égoïstes ; il dit que l'égoïsme ne doit pas être critiqué, car il fait partie de l'évolution, du développement de la conscience de soi. Les Français sont finis, car leurs qualités de logique, d'intellect, de raison, etc. ne sont que le perfectionnement de la civilisation romaine. La seule nation au monde qui sait distinguer le bien du mal est la nation allemande (1918) ! Steiner est apparemment si soucieux de montrer qu'il pense ce qu'il dit, qu'il ajoute : « Les autres nations n'y comprennent rien du tout ». La politique allemande est toujours idéaliste !

'Le téléphone, la radio, les trains express et autres commodités modernes ont été mis à notre service au prix de la misère de millions de travailleurs. Il était très facile pour les premiers théosophes anglais de la seconde moitié du dix-neuvième siècle d'accueillir avec bienveillance le nouvel enseignement dans leurs chambres confortables chauffées au charbon extrait dans les terribles conditions auxquelles ils n'avaient jamais songé. L'humanité dans son ensemble est sur le point de franchir le seuil plus ou moins consciemment, et ce pas décisif sera fait par le prolétariat. Si la pensée du prolétariat est encore chaotique et erronée, c'est parce qu'elle imite encore la mentalité bourgeoise.

« Dès 1880, les dirigeants occultes anglo-américains, guidant les dirigeants politiques, étaient au courant de la guerre mondiale à venir et s'y sont préparés. Les dirigeants allemands ne savaient rien et n'ont pas voulu prendre garde, c'est pourquoi ils ont perdu ! La guerre physique a été facilement gagnée par l'Angleterre, mais elle sera suivie d'une guerre spirituelle entre l'Est et l'Ouest (Est-Inde, Russie et Allemagne ; Ouest-Anglo-Amérique), qui sera beaucoup plus dangereuse pour l'Ouest. Par exemple, l'Inde, qui est à moitié affamée L'Inde, qui est à moitié affamée (selon Mme Besant !), se rebellera et sera aidée par de puissantes forces spirituelles issues de son passé. L'Allemagne doit remplir sa mission, sinon la civilisation européenne sera ruinée.

Remarques. — Du début à la fin de ce cours d'environ huit conférences, Steiner abuse presque continuellement de tout et de tous, sauf de lui-même et de ses enseignements. Il tire à plusieurs reprises des conclusions générales et même cosmiques des conditions allemandes purement locales (par exemple, l'emprise autocratique du gouvernement sur l'éducation, la religion et la presse), et menace le monde entier de terribles catastrophes si ces conditions ne sont pas modifiées. Son état d'esprit est manifestement que, dans toute l'évolution cosmique, l'Allemagne est LÀ et le reste nulle part.

Lorsqu'on lui a demandé ce qu'il adviendrait de l'argent et du capital dans le cadre de son « triple programme », il a répondu qu'il n'avait pas à se préoccuper de ces détails, car son programme étant si clairement fondé sur une base pratique, chaque détail s'arrangerait de lui-même dans la bonne direction !

Dans ce projet fou et communiste d'un « État triple », encore une fois issu de cette dangereuse « Science spirituelle », sous la direction d'êtres inconnus de l'astral, Steiner préconisait que toutes les nations, tous les peuples et toutes les races soient divisés en *trois* corporations *internationales*, indépendantes et autonomes (sans tête, comme quelqu'un l'a fait remarquer !) — spirituelle (religion et éducation), politique et économique. Pour couvrir les dépenses énormes de ce projet de désintégration, il créa une société anonyme appelée « Der Kommende Tag Act » - « The Coming Day, Ltd. » ou, comme on l'appelle en Angleterre, « Futurum, Ltd. », mais elle fut bientôt jugée trop communiste pour les idées anglaises et fut fermée. Carl Unger et Arensohn, aujourd'hui décédés, comptaient parmi ses partisans.

Une autre expérimentation de Steiner, basée sur cette « science spirituelle », est sa « nouvelle thérapie », et pour distribuer les résultats de cette soi-disant « recherche médicale anthroposophique », la British Weleda Co. a été constituée le 19 janvier 1925, avec un capital de 2.000 livres sterling en actions de 1 livre sterling. Les premiers directeurs étaient Daniel Nicol Dunlop, Heinrich Dank, un Autrichien, et Josef Emanuel Van Leer, un Hollandais. L'International Laboratorien d'Arlesheim, Suisse, détenait 1 050 actions le 5 mars 1925, reçues pour des droits vendus dans l'Empire britannique (à l'exception du Canada) pour certains remèdes médicinaux. L'activité est décrite comme celle de chimistes et de droguistes ; le bureau se trouve au 21 Bloomsbury Square.

Dans ses laboratoires, il menait ses « recherches pour la médecine future — l'art de guérir par la connaissance spirituelle ». Il n'avait pas de diplôme de médecine, mais fondait apparemment sa « nouvelle thérapie » sur des recherches psychiques, par lesquelles il prétendait voir les processus extérieurs de la nature et leurs relations avec les processus à l'intérieur du corps humain, prétendant pouvoir, par des procédés spéciaux, arrêter l'activité végétale nécessaire et la libérer dans l'organisme humain sous forme d'énergie cinétique, piégeant l'énergie cosmique ! Nous laissons à ceux qui se sont encore libérés de cette « science spirituelle » destructrice de l'esprit le soin de prendre conscience du danger qu'il peut y avoir à soumettre leur esprit et leur corps à cette nouvelle thérapie psychique.

Steiner lui-même a déclaré que « toutes les publications de la Société seront ouvertes au public comme le sont celles des autres sociétés publiques », nous conseillons vivement à tous les membres de la Société anthroposophique et à tous ceux qui s'intéressent aux enseignements du Dr Steiner de se procurer non seulement ces quelque huit conférences de Stuttgart, mais aussi l'*Apologia Germanica de* Steiner, écrite à la fin de la guerre, et, qu'ils aient ou non reçu la formation jugée essentielle par le Dr Steiner pour une véritable compréhension de ces enseignements, de juger par eux-mêmes s'il s'agit, comme M. Dunlop voudrait nous le faire croire, d'un chef spirituel dont l'objectif est de « tourner la vie et l'esprit de l'homme vers l'homme ». Steiner pour une véritable compréhension de ces enseignements, de juger par eux-mêmes si, comme M. Dunlop voudrait nous le faire croire, il s'agit des enseignements d'un chef spirituel dont l'objectif est de « tourner la vie et l'esprit de l'homme vers les vraies choses de l'esprit », ou d'un Illuminatus, subversif et révolutionnaire, visant à la destruction de toute vie nationale, des anciens systèmes établis, et du christianisme lui-même.

CHAPITRE IV

LA STELLA MATUTINA ET LES ROSAE-RUBEAE ET AUREAE CRUCIS

Nous avons en notre possession l'un des exemplaires originaux d'une brève histoire de la Stella Matutina, rédigée par le Dr Felkin en 1912, avant de partir pour la première fois en Nouvelle-Zélande. Il s'y rendit pour fonder un temple à Havelock North, en grande partie à la suggestion d'un membre londonien, père de la Communauté de la Résurrection et de Mirfield, un collège de formation pour jeunes clercs, qui avait fait du travail missionnaire en Nouvelle-Zélande, et en même temps un peu de propagande pour la Stella Matutina. En 1921, lorsque deux des chefs londoniens, qui avaient des raisons de soupçonner que l'Ordre était subversif, se sont opposés au Dr Felkin, exigeant des informations plus précises et des enquêtes sur la véritable nature de la S.M. et sur ses liens allemands plus récents, cette histoire, à leur demande, a été revue et annotée par l'un des premiers chefs, le Dr Wynn Westcott, qui a écrit à la fin de l'ouvrage : 'Je donne un assentiment général à tout ce que je n'ai pas marqué — *(signé)* Sapere Aude 5-6 ; Non Omnis Moriar 7-4', qui sont ses devises extérieure et intérieure. Il déconseilla en outre aux deux chefs de remettre au Dr Felkin ou à ses délégués les documents de l'Ordre alors en leur possession, tant qu'ils n'auraient pas obtenu d'informations précises et satisfaisantes. Aucune information satisfaisante n'a jamais été fournie et, depuis 1919, date à laquelle les soupçons ont été définitivement éveillés, jusqu'à aujourd'hui, des enquêtes ont été menées par un petit groupe et, peu à peu, les soupçons se sont transformés en certitude.

L'Ordre de la « Stella Matutina » ou, comme il est appelé dans les textes originaux, « *l'Ordre des Compagnons de la Lumière Montante du Matin — l'Aube Dorée dans l'Extérieur* », a été construit à partir de certains textes chiffrés trouvés par un ecclésiastique, le Révérend A. F. A. Woodford, en 1884, dans un vieux comptoir de livres de Farringdon Street. Woodman et Wynn Westcott, tous deux francs-maçons réputés et érudits dans le domaine de la Kabbale ; les MSS consistaient en des notes et des diagrammes approximatifs pour les cinq rituels de l'Ordre Extérieur — O-O à 4-7 — ainsi que certaines conférences sur les connaissances occultes et cabalistiques élémentaires. Ces MSS étaient accompagnés d'une lettre en allemand disant que si quelqu'un voulait déchiffrer ces MSS et communiquer avec « Sapiens Dominabitur Astris », c/o Fräulein Anna Sprengel, vivant à Hanovre, il recevrait des informations intéressantes. Après avoir déchiffré les MSS, la S.D.A. leur demanda d'élaborer les rituels, ce qui fut fait par un franc-maçon, MacGregor Mathers, assisté du Dr Wynn Westcott. On leur dit alors que s'ils étaient diligents, ils seraient autorisés à former une branche élémentaire de l'Ordre Rosicrucien en Angleterre, et finalement S.D.A. écrivit à Wynn Westcott et l'autorisa à signer son nom sur tout mandat ou document nécessaire à la constitution d'un Ordre, et promit plus tard d'autres rituels et enseignements avancés si l'Ordre préliminaire était couronné de succès. Woodman, MacGregor Mathers et, pour la S.D.A., Wynn Westcott, qui reçurent tous les trois le grade honorifique de 7-4 de la S.D.A., afin de leur permettre d'agir en tant que chefs dans le nouveau Temple.

Plusieurs lettres ont été échangées entre ces hommes et S.D.A., c/o Fräulein Anna Sprengel, mais aucun d'entre eux ne l'a jamais rencontrée, et rien n'a jamais été connu, si ce n'est qu'Anna Sprengel est décédée dans un obscur village allemand en 1893. Ces manuscrits ne portent ni date, ni adresse, et ne sont signés par aucun adepte, à l'exception de la lettre qui les accompagne. Lorsqu'on les a déchiffrés, on a constaté qu'ils étaient rédigés en anglais, bien que les lettres reçues aient été rédigées en allemand. Nous sommes donc amenés à penser que ces MSS n'étaient pas l'œuvre de la S.D.A., et qu'ils étaient sans aucun doute destinés à l'usage de personnes de langue anglaise, peut-être dans le but de pénétrer l'Angleterre et la Maçonnerie anglaise, et qu'ils ont été déposés à dessein dans la librairie par quelque membre en visite en Angleterre.

Parmi les autres instructions données dans les MSS, nous trouvons : « Évitez les catholiques romains, mais avec pitié » ; et l'obligation à prendre lors de l'initiation était : « Le candidat demandant la Lumière est conduit à l'autel et forcé de prendre une obligation de secret sous peine d'expulsion et de mort ou de paralysie à cause d'un courant de volonté hostile ». Dans la version élaborée, cette obligation est devenue : « En outre (à l'expulsion) sous la terrible peine de me soumettre volontairement à un courant de volonté mortel et hostile mis en mouvement par les Chefs de l'Ordre, par lequel je tombe tué ou paralysé sans arme visible, comme foudroyé par un éclair. »

A.E. Waite, dans son ouvrage *Brotherhood of the Rosy Cross*, 1924, citant les *Transactions and History* of the « Societas Rosicruciana in Anglia », récapitule une grande partie des informations ci-dessus concernant le « Temple d'Isis Urania des étudiants hermétiques de la Golden Dawn », dont le nom hébreu est « Chabreth Zerech Aur Bokher ». Waite conclut que ces MSS codés sont postérieurs à 1880 (mais il est possible qu'ils aient fait partie de la réorganisation des Illuminati de Weishaupt en 1880). « Les grades, en plus du *Néophyte*, étaient au nombre de quatre (les quatre éléments ou le Tetragrammaton) — *Zelator, Theoricus, Practicus, et Philosophus* ; il y avait aussi un sous-grade, le Portail, qui menait de la Golden Dawn » à la *Rosœ Rubeae* et *Aureae Crucis*, l'Ordre Intérieur. Mis à part les MSS et MSS cypher, trouvés dans les bibliothèques par MacGregor Mathers, la plupart des premiers enseignements — toujours utilisés dans la Stella Matutina — ont été reçus par clairvoyance par Mme Mathers, une sœur de M. Henri Bergson, l'écrivain juif français, de la part des « Chefs cachés et secrets du Troisième Ordre » ; contre son gré, elle fut amenée à prêter serment de secret avant que l'enseignement ne soit donné, et il fut dit plus tard par ces Chefs inconnus : « Dans le cas de Mathers, l'ancien

Chef, il y avait un adepte humain (comme intermédiaire ou lien éthérique), et la communication lui fut également donnée par clairvoyance, clairaudience, et enseignement impressionnel, par lequel la véritable interprétation des MSS existants lui a été donnée ». lui a été donnée. Nous constatons également que Mathers effectuait des travaux politiques sous la direction de ces chefs secrets et qu'il était mêlé à des questions militaires et de guerre.

En 1897, le Dr Wynn Westcott démissionna de l'Ordre et cessa dès lors de prendre une part active ou officielle aux travaux. Il en explique lui-même la raison : le président de la Coroners' Society de Londres a appris qu'il enseignait la magie et l'a poussé à démissionner de l'Ordre.

René Guénon, dans *Le Théosophisme*, 1921, dit : « La société secrète anglaise de "The Order of the Golden Dawn in the Outer" est une société d'occultistes étudiant la magie pratique la plus élevée, quelque peu apparentée au rosicrucianisme. Les hommes et les femmes sont admis sur un pied d'égalité. Il y a trois officiers principaux. *Imperator, Praemonstrator* et *Cancellarius* ». Il dit encore, MacGregor Mathers écrit dans une lettre, *Lucifer* juillet 1889 : « Cette société étudie les traditions occidentales… La Société Théosophique est en relation amicale avec elle. La lettre porte les devises suivantes : "Sapiens dominabitur astris (l'adepte continental), Deo duce comite ferro (Mathers), Non omnis moriar (Westcott), Vincit omnia veritas (Woodman)". Il se termine par ces mots : "Publié par ordre du Supérieur, 'Sapere Aude' (Westcott), Cancellarius à Londres." René Guénon poursuit en disant que la tentative de M. et Mme MacGregor (Mathers) de restaurer le culte d'Isis a suscité beaucoup d'émoi à Paris en 1899 et 1903. M. MacGregor Mathers représentait le G. D. à Paris et était membre de la Société Théosophique.

Un compte rendu de cette tentative a été publié dans *le Chronicle* du 19 mars 1899 :

"M. Jules Bois, le littérateur... a récemment découvert ici un grand prêtre et une grande prêtresse d'Isis... et les a incités à faire leurs 'dévotions' en public, au théâtre de la Bodinière... Ce couple de dévots d'anciennes divinités professe avoir été converti au mysticisme étrange et passionné du culte d'Isis au cours de leurs voyages en Égypte. Ils prétendent qu'ils ont constitué les rites et les cérémonies de la religion, et depuis quelque temps ils pratiquent leurs dévotions dans une chapelle souterraine qu'ils ont établie à leur résidence... Après des prières préliminaires, la grande prêtresse a effectué la cérémonie du 'dévoilement des dieux', puis elle a invoqué Isis avec une telle passion et une telle force... qu'elle sauva tout à fait la situation... qui autrement aurait pu tourner au ridicule... en conclusion... les hommes (dans l'assistance) reçurent quelques grains de maïs qui, déposés sur l'" autel », apporteraient le succès dans l'entreprise qu'ils avaient en main, même si elle était de nature politique et mondaine. »

A. E. Waite fut l'un des premiers membres de la « Golden Dawn », mais lors d'une réunion tenue à la résidence du Dr. Felkin en 1903, selon l'histoire du Dr. Felkin, « une scission se produisit, car Waite et ses disciples nièrent l'existence du Troisième Ordre, refusèrent de faire passer des examens à l'intérieur, s'opposèrent à tout travail occulte, et dirent qu'ils devaient travailler sur des lignes purement mystiques ». Un Concordat fut établi entre les deux Temples, mais il prit fin en 1912, car il s'avérait impossible à mettre en œuvre par les deux parties. Lorsque Waite et ceux qui ont fait sécession avec lui sont partis, ils ont emporté avec eux certaines propriétés et ont conservé le nom de « Golden Dawn », et le Dr Felkin et ses partisans sont finalement devenus la « Stella Matutina », un temple médiumnique politico-pseudo-religieux. Waite utilisait toujours les mêmes rituels magiques, quelque peu modifiés, pour s'adapter à ses idées mystiques. Il cessa d'être le chef de la « Golden Dawn » vers 1915, et peu de temps après, celle-ci tomba en désuétude. Il forma cependant un nouveau temple, qu'il appela la « Rosy Cross » et qui, nous avons des raisons de le croire, utilisait toujours les anciens rituels du Cypher MSS, conservant ainsi le lien avec ces Rose-Croix et Illuminati continentaux inconnus.

Depuis le début des années 90, la « Stella Matutina » (alors connue sous le nom de « Golden Dawn ») a été dirigée et instruite par des chefs inconnus, agissant sous divers pseudonymes. Curieusement, il a été suggéré à un moment donné que le Dr Falk, le juif cabalistique qui est venu à Londres en 1742, était l'auteur des MSS originaux, mais cela ne peut pas être prouvé. Dans cet Ordre, nous entendons parler d'eux pour la première fois en tant que « The Hidden and Secret Chiefs of the Third Order » (les chefs cachés et secrets du troisième Ordre), sous lesquels Mathers et sa femme ont travaillé. En 1900, le Temple de Londres s'est révolté contre Mathers, qui avait « publié un manifeste à l'intention des membres du T.A.M. (intérieur), exigeant une allégeance personnelle à son égard… et ce manifeste a été très mal perçu par les membres supérieurs de Londres ». Une réunion fut organisée et il fut destitué. Dans un document intéressant, imprimé à Londres pendant cette révolte, Mathers est décrit comme « le comte de Glenstrae, autrement dit le comte MacGregor », et son émissaire, envoyé de Paris pour prendre possession, au nom de Mathers, du Temple de Londres et de ses biens, diversement connus sous les noms de « E. A. Crowley, Aleister MacGregor, Count Svareff… est arrivé en costume des Highlands, un masque noir sur le visage, un plaid sur la tête et les épaules, une énorme croix en or ou en vermeil sur la poitrine, et un poignard au côté ! Inutile de dire que le bluff a été suivi d'effet et qu'après quelques problèmes, Crowley a été renvoyé et expulsé. Au cours de cette révolte, Mathers écrit aux "rebelles" le 2 avril 1900 :

« Je sais donc… que les Grands Adeptes de cette Planète, encore dans le corps de chair, les Chefs Secrets de notre Ordre sont avec moi… et je vous dis clairement que s'il était *possible* de me retirer de ma place de Chef Visible de notre Ordre — ce qui ne peut se faire sans mon consentement, en raison de certains liens magiques — vous ne verriez que perturbations et ennuis s'abattre sur vous tous jusqu'à ce que vous ayez expié un Karma aussi sévère que celui de s'opposer à un courant envoyé à la fin d'un siècle pour régénérer une

Planète. Et pour la première fois depuis que je suis lié à l'Ordre, je vais formuler ma demande aux Chefs les plus élevés pour que *le courant punitif* soit préparé pour être dirigé contre ceux qui se rebellent, s'ils le jugent souhaitable. »

De nouveau, en 1902, le Dr Felkin et le chef du Temple d'Edimbourg, «Amen Ra», entraient en contact avec ce Troisième Ordre par l'intermédiaire des «Maîtres du Soleil». Il s'agissait des maîtres cachés d'un Ordre du Soleil qui existe toujours, nous dit-on, et auquel ces chefs appartenaient, qui était étroitement lié à la «Golden Dawn» et l'influençait, et qui avait été créé à Édimbourg au début des années quatre-vingt-dix. L'histoire nous apprend qu'après la révolte de 1900, « il fut alors décidé que l'Ordre serait dirigé par un comité de dix personnes ». Cela a duré pendant un an, mais n'a pas été très satisfaisant, et il a alors été décidé de revenir à la règle des trois chefs, et les Fratres L.O., F. R. (Dr. Felkin), et S.S. (Edinburgh), ont été nommés chefs (3 mai 1902)». Le 28 mai 1902, nous trouvons le Dr. Felkin en train de dire :

> « Nous vous assurons que nous sommes entièrement d'accord avec l'idée que si l'Ordre est privé de la direction et de l'inspiration d'intelligences supérieures, sa raison d'être n'existe plus. Certains membres ont cependant pensé qu'il serait possible, en revenant à la constitution d'origine, de rétablir un lien avec le Troisième Ordre. Il y a maintenant des raisons tangibles de croire que ce pas n'a pas été fait en vain, et bien que nous, en tant que chefs nominaux, ne céderons pas à la légère notre allégeance à une force, un pouvoir ou un être prétendant agir en tant que Troisième Ordre, les perspectives nous semblent suffisamment encourageantes pour justifier la poursuite de notre activité au sein de l'Ordre, et nous vous suggérons également votre coopération. »

Ces maîtres ont contrôlé et dirigé l'Ordre extérieur et l'Ordre intérieur de cette manière au moins jusqu'en 1911-13, y compris les instructions concernant les rituels et les règlements du Temple, et même leur attitude à l'égard de Waite, qui s'était séparé d'eux.

En 1909, un engagement a été demandé et devait être signé avant que ces maîtres ne donnent aux chefs des enseignements plus approfondis et plus élevés ; il les engageait à une croyance absolue dans les messages, les enseignements et les rituels donnés par ces êtres inconnus, et disait :

« Frater F.R. (Dr. Felkin) — Votre communication a été soumise aux chefs intérieurs et secrets qui dirigent l'Ordre des R.R. et A.C., et en réponse ils disent — les communications avec le Troisième Ordre (secret) sont reprises, mais seulement par les moyens actuels, et vous devez prendre l'engagement par tout ce que vous avez de plus terrible et de plus sacré de ne jamais trahir ce moyen à un mortel... Il y a toujours eu un lien entre le Deuxième et le Troisième Ordre dans chaque Temple recevant un enseignement, par lequel cet enseignement est donné... Un membre de notre Conseil, étant également un adepte du Troisième Ordre des RR et A.C., croyant qu'il y avait dans le Temple d'Amoun des étudiants sérieux, pleins de foi et désireux de progresser, a accepté de servir d'intermédiaire et de permettre le passage des communications et des enseignements. Tu dois comprendre que c'est la voie autorisée et qu'il n'y en a pas d'autre... Un petit groupe fidèle est bien plus puissant qu'un grand corps divisé contre lui-même. Courage donc... si l'engagement suivant... est écrit et signé par chaque membre de l'Ordre habilité et désireux de recevoir d'autres enseignements dans le R.R. et A.C., l'Adepte que j'ai mentionné demandera l'autorisation de rouvrir les communications : Je déclare, en présence et au nom de tout ce que j'ai de plus terrible et de plus sacré, que je crois pleinement à l'authenticité des messages et des communications, des enseignements et des rituels de l'Ordre des... Je ne sais pas, et je ne chercherai pas à savoir, comment ils sont transmis ou reçus, mais je les recevrai sans poser de questions de la part de leur médium désigné, et si par la suite je suis assailli par le doute, je ne révélerai ce doute qu'aux Maîtres. Je n'essaierai jamais, directement ou indirectement, de détruire ou d'affaiblir la foi d'autrui, mais au contraire, j'essaierai de lever les doutes et de confirmer la foi. Je n'apporterai, ni n'apporterai. Je n'écouterai aucune accusation ou imputation de mauvaise foi à l'encontre de l'un ou l'autre de mes frères ou sœurs de l'Ordre, mais je réprouverai quiconque tentera de le faire devant moi et leur rappellerai leur promesse de fraternité. Et si, dans le passé, j'ai transgressé ce serment, je promets de faire de mon mieux. Et ceci s'appliquera également à toutes les communications du Tiers Ordre du R.R. et A.C. dont les Maîtres de l'Ordre (du Soleil) se porteront garants par l'intermédiaire de leur médium désigné. Enfin, si je me trouve à un moment donné dans l'impossibilité de tenir cet engagement, je ne dirai rien à mes frères et sœurs de l'Ordre pour affaiblir leur foi, mais je me mettrai discrètement en veilleuse ».

Nous avons des raisons de croire que ce document a été pris et signé, car le chef susmentionné écrit le II avril 1911 :

« Jusqu'à présent, j'ai parfaitement respecté les maîtres et j'ai suivi leurs conseils.

Voici une autre communication curieuse et intéressante reçue de ce troisième ordre par le Dr Felkin :

Ordo R.R. et A.C.

"Les Chefs Intérieurs et Secrets du Troisième Ordre, au V. H. Frater F. R. Imperator du Temple d'Amoun, saluent.

"Par la main de Q.M., notre scribe, nous sanctionnons et approuvons l'usage général du rituel 5-6 envoyé pour approbation et que nous renvoyons par la présente. Le retard dans la sanction était inévitable, car aucun mot, lettre ou symbole d'un rituel ne peut légalement, selon la constitution de l'Ordre, être modifié après avoir été sanctionné, sauf avec le consentement d'un conseil du Troisième Ordre, qui ne se réunit qu'occasionnellement, ou en vertu des pouvoirs qu'il confère à certains adeptes. Cependant, vous ne devez pas vous débarrasser complètement du rituel en usage, mais vous devez le conserver, ainsi que les copies que vous possédez, pour référence et pour utilisation lors d'occasions spéciales si cela est ordonné, mais vous n'avez pas besoin de faire de nouvelles copies.

"Le mot de passe pour les six mois à venir sera Osiris Onophris-Osiris le Justifié, signifiant que votre zèle et les progrès de votre Temple ont trouvé grâce auprès des Chefs Intérieurs du Troisième Ordre, et que vous êtes ainsi justifiés, et signifiant aussi que vos espoirs et votre confiance doivent être en celui que le Seigneur de l'Univers (I.A.O. — le Principe Créateur) a justifié par quelque nom que les hommes l'appellent. Bonne chance !".

En outre, ce qui suit montre comment des adeptes sans méfiance sont contrôlés et utilisés par ces Maîtres, 19 mai 1902 :

> "En venant à toi, il ne l'a pas fait de sa propre initiative, mais en obéissant à une impulsion des chefs du Troisième Ordre, qui souhaitaient utiliser son aura comme véhicule pour te tester et t'examiner. Mais cela était totalement inconnu de lui, qui était utilisé inconsciemment."

Vers 1908, un autre maître astral apparut soudainement, un Ara Ben Shemesh ; il déclara, le 26 janvier 1909, qu'il était venu

> Les membres de l'Ordre sont les "Fils du Feu", c'est-à-dire le "Temple dans le Désert", et ceux qui y vivent sont les "Fils du Feu". Il y a trois rangs : les *néophytes ou catéchumènes, les acceptés* et les *éprouvés*, et les *clandestins*. Les derniers sont ceux que nous appelons les Maîtres. Ils vivent en communion personnelle avec le Divin (déifiés), et n'étant plus liés par la chair (libérés), leur vie matérielle est entièrement une question de volonté. Tant qu'on a besoin d'eux en tant qu'enseignants, ils peuvent continuer à habiter le tabernacle terrestre. Une fois leur tâche accomplie, ils n'ont plus qu'à cesser de vouloir et ils se dématérialisent. Christian Rosenkreutz est venu chez nous et a beaucoup appris. C'est de nous qu'il a reçu les lettres C. R., dont la véritable interprétation est l'un des grands mystères de l'univers ».

Le Temple, disait-il, se trouvait au Proche-Orient — en Mésopotamie — et il professait être un enseignant personnel des Felkins, mais progressivement et insidieusement, il dominait et contrôlait l'Ordre, et non seulement en Angleterre, mais aussi en Nouvelle-Zélande, il préparait l'Ordre et ses membres au rôle qu'ils étaient censés jouer dans le drame de ce Grand Mouvement Mondial, qui, disait-il, devait réaliser « l'Union de l'Orient et de l'Occident ». Vers la fin de 1918, ce travail fut accompli à sa satisfaction en Nouvelle-Zélande, mais de nouveaux enseignements, disait-il, allaient être donnés au Temple de Londres, Amoun, qu'ils auraient du mal à assimiler. Puis, en 1917-19, le Lord of Light — le « Prince des Compensations » cabalistique, le transmetteur de lumière — et ses Douze Frères tentèrent de prendre possession et de contrôler ce Temple par l'intermédiaire d'un Triangle d'adeptes, comme nous l'expliquerons plus loin.

De plus, Christian Rosenkreutz, le chef mystique et peut-être totalement mythique des Rose-Croix, aurait été contacté dans la chambre forte des R.R. et A.C., et on aurait dit qu'il se réincarnerait vers 1926-1933 en se possédant lui-même un corps d'adulte — ce qui ressemble étrangement à une obsession, et il a également été dit qu'il devait se réincarner vers 1926-1933 en se dotant d'un corps d'adulte — ce qui ressemble étrangement à une obsession ; enfin, nous trouvons ces maîtres se faisant passer pour un Christ (solaire) avec une croix de lumière et des roses rouges — symbole de ce qui est attendu de tous les adeptes ainsi contrôlés — la crucifixion par la souffrance et le sacrifice absolu de leur propre individualité, sur la croix de l'Illuminisme — un véritable Christian Rosenkreutz !

Revenons au Dr Felkin et à l'histoire de sa chefferie. Plus tard, il devint insatisfait du statut de l'Ordre, et il nous raconte dans son histoire qu'au cours de ses voyages en Allemagne, il a fait de nombreux efforts pour contacter les Rosicruciens, et qu'il n'a pas été en mesure de les contacter.

"... rencontra finalement un professeur, sa fille adoptive et un autre gentleman près de Hanovre, qui, selon lui, étaient sans aucun doute des rosicruciens. Ils étaient cependant très secrets et ne voulaient pas donner beaucoup d'informations, car ils disaient que bien qu'ils le connaissaient en tant qu'homme scientifique, il n'était pas franc-maçon et n'appartenait à aucune société occulte qu'ils connaissaient. Pour cette raison, le Frater F.R. s'est immédiatement adressé à son vieil ami... d'Edimbourg, et a été initié comme franc-maçon dans la chapelle de Mary, Edinburgh Lodge, No. I., le 8 janvier 1907.

« En 1908, le Frère F.R. et Soror Q.L (son épouse) sont enfin entrés en contact... avec plusieurs membres du Troisième Ordre en Allemagne.

Pourtant, comme nous l'avons vu précédemment, le Dr. Felkin a apparemment signé un engagement en 1909, donné au mystérieux Troisième Ordre astral ! Encore une fois :

« En juin et juillet 1912, Frater F. R. et Soror Q. L. ont pu se rendre en Allemagne et ont visité cinq temples rosicruciens dans différentes parties du continent, et ont été initiés eux-mêmes, Soror Q. L. obtenant des grades équivalents à notre 7-4 et Frater F. R. 8-3… Les rituels n'étant pas sous forme de MS, ils sont mémorisés. »

Ils rapportèrent des notes de ces cérémonies 6-5 à 8-3, et les élaborèrent, utilisant à cette fin le « Livre des Morts » égyptien, quelques extraits des écrits de Mabel Collins, ainsi que « l'Hymne d'Hermès » et un mantra — une force contraignante — qui leur fut donné par l'Arabe du « Temple dans le Désert », et qui devinrent les Grades Supérieurs du R.R. et de l'A.C. ! Ceux-ci, au fur et à mesure qu'ils progressent en grade, sont de plus en plus donnés sur le plan astral par les chefs cachés, alors que l'adepte est en état de transe ou de semi-transe, provoqué par la préparation et la cérémonie d'ouverture, ou par ces chefs cachés eux-mêmes. Le dernier grade, 10-1, n'est jamais donné sur le plan matériel, mais entièrement sur le plan astral ; l'adepte est en transe et complètement sous contrôle hypnotique, et à partir de ce moment-là, il n'est plus que l'oracle et le véhicule de ces Maîtres ! C'est l'Illuminisme !

L'histoire se poursuit :

"Mais un arrangement a été conclu selon lequel toute personne connaissant l'allemand, le français, l'italien ou le hollandais, qui a 5-6 ans, peut être envoyée à l'étranger avec une introduction signée par F.R., et si l'on considère qu'un candidat est suffisamment développé, un ou plusieurs grades peuvent lui être attribués. Ceci n'est pas indispensable, car si les nouvelles méthodes sont introduites avec soin dans notre programme (processus psychiques menant à l'Illuminisme), les candidats progresseront tout aussi bien sans qu'il soit nécessaire d'aller à l'étranger".

On sait que certains membres des R.R. et A.C. ont reçu une formation et des grades sous Steiner, et que certains Steinerites ont été membres des R.R. et A.C. De nouveau, l'histoire dit : "F. R. a reçu la commission de représenter l'Ordre (Continental) en Grande-Bretagne et en Irlande, et aussi dans l'hémisphère sud".

Le Dr Steiner a été interrogé en mars 1921 et son rapport a été publié :

"Le Dr Felkin était impatient d'obtenir une charte du Dr Steiner, et a fait de nombreuses tentatives pour l'obtenir et être nommé son seul représentant en Angleterre. Steiner, dans une lettre adressée au Dr. Felkin, dont j'étais porteur (notre informateur) et que j'ai lue, a déclaré qu'il n'était pas en mesure d'accéder à sa demande, car bien que prêt à admettre que l'Ordre du Dr. Felkin était bénéfique et utile, sa façon de travailler était tout à fait différente… Le Dr. Steiner ne lui a donné aucune note, aucune note ne lui a été donnée à Munich, mais le Dr. Steiner a donné au Dr. Felkin beaucoup d'instruction, comme il en donne à d'autres élèves qui le désirent".

De plus, son professeur d'arabe a dit au Dr Felkin :

> « Continuez avec Steiner, qui n'est pas le but ultime de la
> recherche, et nous entrerons en contact avec de nombreux
> étudiants sérieux qui nous conduiront au véritable Maître de
> l'Ordre, qui sera si impressionnant qu'il ne laissera aucune
> place au doute ».

En 1914, le Dr et Mme Felkin se rendirent jusqu'à Pyrmont, dans
le Hanovre, dans l'intention de reprendre contact et de recevoir
d'autres grades et instructions, mais la guerre intervint et ils
furent contraints de retourner en Angleterre vers la fin du mois
d'août. Nous pensons que c'est principalement grâce à l'aide
apportée par les francs-maçons de Hanovre et d'Amsterdam que
Q.L. et lui purent enfin quitter l'Allemagne. Lorsqu'ils
interrogèrent leur maître astral, l'Arabe, le 9 août, celui-ci
« répéta que notre travail n'était pas encore terminé, et que
jusqu'à ce qu'il le soit, nous étions en sécurité... C'est avec
regret que cela s'est produit maintenant, car *on ne s'y attendait
pas avant plusieurs mois* ». Le plan n'a apparemment pas
fonctionné jusqu'à présent !

Le 9 juin 1918, F. R. écrit :

> "D'après ce qu'on m'a dit à l'étranger, j'ai eu l'impression...
> qu'un petit nombre, on m'a dit DOUZE, devaient être choisis
> dans tous les Temples pour être formés afin d'être prêts à
> aider le C.R.C. lorsqu'il se manifesterait à nouveau vers
> 1926-1933 ou 35. Tout cela devait m'être dit face à face en
> 1914, lorsque nous sommes allés en Allemagne. Nous avions
> alors les billets qui nous conduisaient à un endroit situé au
> sud-sud-est de l'Autriche, où nous devions être accueillis et
> conduits à l'Ancienne Voûte, et où nous devions également
> rencontrer plusieurs Chefs cachés. La raison pour laquelle on
> ne nous a pas dit d'y aller plus tôt dans l'année est un mystère,
> car nous aurions pu le faire si on nous l'avait dit. Ils savaient
> quand nous avions l'intention de partir.

La guerre « n'était pas attendue » si tôt ! Dans ses « Suggestions » pour le fonctionnement futur de l'Ordre, le Dr. Felkin a déclaré en 1916 :

> 'En plus de C.R.C. (Christian Rosenkreutz), il y a certains membres qui fonctionnent encore sur le plan matériel ; la plupart d'entre eux vivent très retirés (on dit que tous ceux qui ont un grade égal à 9-2 se retirent du monde !), et on ne peut les rencontrer qu'après avoir surmonté beaucoup de difficultés... Q.L. et moi-même les avons également rencontrés à plusieurs reprises, et nous avons reçu des instructions et de l'aide...'

En lisant ce qui précède, nous devons nous rendre compte que le Dr Felkin n'était qu'un simple outil entre les mains de certains hommes subversifs, qui l'informaient comme ils le jugeaient bon pour leur jeu.

Quelle est donc la vérité sur ce mystérieux Troisième Ordre, et sur la prétention du Dr Felkin à être la « seule autorité allemande » ?

De nombreuses preuves montrent que la Stella Matutina et la R.R. et A.C. ne sont, constitutionnellement, en rien apparentées à la Maçonnerie britannique, mais sont liées aux Maçons continentaux et aux Rose-Croix — subtilement et secrètement subversifs et contrôlés par ces « Chefs Inconnus » , *tous* fonctionnant *encore* « sur le plan matériel ».

Pour poursuivre l'histoire du Dr Felkin :

> 'Les méthodes que (S.D.A., c/o) Fräulein Anna Sprengel, sanctionnait étaient (selon ces Allemands) totalement contraires aux méthodes qui étaient et avaient toujours été en vogue en Allemagne, et il peut être mentionné maintenant que les trois premiers grades étaient très semblables aux trois premiers grades de la Maçonnerie ordinaire (pourtant Steiner les approuvait comme utiles !), et, en fait, jusqu'à une date qui ne peut être donnée avec précision, la Maçonnerie et le Rosicrucianisme allaient main dans la main. C'est vers 1597

que les francs-maçons se séparèrent entièrement des rosicruciens et décidèrent de modifier leur procédure, refusant désormais d'admettre les femmes à leurs cérémonies. Les loges maçonniques devinrent des agences politiques très actives, alors que les branches rosicruciennes étaient plus secrètes dans leurs opérations, et c'était, et c'est toujours, une règle absolue que personne ne doit confesser être un rosicrucien. Cette règle était si stricte que les Rosicruciens qui se connaissaient n'étaient pas autorisés à parler ou à discuter des questions liées à leur société dans les limites d'une ville ou d'un village. Des règles précises s'appliquaient lorsqu'un membre de la Fraternité se rendait dans un nouvel endroit et rencontrait un Frère ou une Soror. Ils fixaient un moment pour se rencontrer en dehors de la ville en se référant à certains points cardinaux. Il est vrai qu'à plusieurs reprises, des fuites de MSS se sont produites. L'une d'elles était due à l'action d'un certain nombre de prêtres catholiques romains qui appartenaient à l'Ordre ; et encore en 1777, une fuite de rituels a eu lieu à Paris, ce qui a rendu nos Fratres et Sorores continentaux encore plus stricts dans leurs méthodes... F.R. avait reçu la promesse que le Conseil enquêterait sur la situation de la branche de l'Ordre à Londres à laquelle il était lié, et entrerait si possible dans des relations définies avec lui... Un accord définitif fut alors conclu entre E.O.L. (dont nous reparlerons plus tard) au nom de F.R., et les dirigeants de la société rosicrucienne en Allemagne, pour qu'il apporte les "processus" nécessaires au développement psychique à F.R., qui est le seul autorisé à les transmettre (à ses membres dans le but d'éveiller la Kundalini et d'amener l'Illuminisme)'.

En 1916, le chef d'Amen Ra, à Édimbourg, écrit au Dr Felkin au sujet de ce prétendu lien avec l'Allemagne :

Quelle que soit l'origine des rituels et des enseignements (Stella Matutina et R.R. et A.C.), ils nous sont indubitablement parvenus de Mathers, qui était, comme je le sais avec certitude, l'intermédiaire d'Autorités Supérieures (Chefs Cachés)... Votre Temple a poursuivi, et poursuit encore, cela jusqu'à un certain point — lorsque vous êtes entrés en contact avec les Allemands. Puis vint l'engagement (exigé par ces Allemands, de ne pas travailler avec Mathers !), dont l'effet fut d'utiliser tout le travail de Mathers et de le répudier, ainsi que d'affirmer que l'enseignement et l'aide devaient se poursuivre sur d'autres bases... données à des membres choisis apparemment en récompense de l'acceptation de la position allemande, tout le temps, comme je l'ai dit, en utilisant et en se basant sur le travail de Mathers. Cela aussi ne pouvait émaner que de sources allemandes... la voie honnête serait d'abandonner tous les rituels et les enseignements, et de recommencer à *zéro* sur le système supérieur.

Un autre membre écrit à nouveau au Dr Felkin à ce sujet :

"Vous ne pouvez évidemment pas accepter sa proposition, car vous avez accepté la *seule autorité de* l'Allemagne, mais cela, il ne le sait pas !

Malgré cette revendication d'une « autorité unique » en provenance d'Allemagne, le Dr. Felkin avait cruellement besoin d'un enseignement plus avancé pour ses adeptes, qui le réclamaient à cor et à cri ; n'ayant apparemment rien reçu ou presque de ses relations allemandes, il écrivit en 1913 au chef d'Amen Ra à Édimbourg, cherchant à puiser dans son puits de connaissances cachées. En réponse, le chef écrivit

'Pour moi, cela n'a que peu d'importance sur le plan personnel : J'ai des piles de MSS et des enseignements qui vont bien plus loin que je ne le pensais possible... Tout l'enseignement que j'ai reçu, je vous le transmettrai volontiers dans les mêmes conditions que je l'ai reçu... J'ai reçu les MSS en tant qu'Archonte Basileus Adjoint dans ce pays. (5 août 1913). Ma commission en tant que telle vient du Troisième Ordre — ou pour ne pas faire d'ambiguïté de ces mots de ces Adeptes Supérieurs que j'appelle ainsi — et je peux les transmettre à ceux qui reconnaissent mon autorité et ma position. Cela implique bien sûr la reconnaissance de Mathers, qui m'a confié son autorité'.

En dépit de l'engagement susmentionné de ne pas travailler avec Mathers ou l'un de ses disciples, certains de ces MSS sont devenus l'enseignement 6-5 sous la direction du Dr Felkin.

La lettre suivante, écrite à un membre allemand par l'adepte E.O.L. susmentionné, qui a été formé pendant un certain temps par la connexion allemande, est intéressante, car elle montre la méthode proposée pour la pénétration de l'Angleterre et de la franc-maçonnerie britannique par l'Illuminisme continental et du Grand Orient, 1912.

'Chers SIR et FRÈRE (Baron C.A.W.),...

'J'ai entendu le Dr F. parler du projet de Bund international, qui semble à bien des égards un excellent projet auquel je souhaite beaucoup de succès. Comme le nom du Dr. S— est si puissant sur le continent, il ne peut qu'y prospérer. En Angleterre, il a un groupe d'admirateurs, mais son nom n'est pas aussi généralement connu. Les conditions en Angleterre sont également particulières. Le Dr S. lui-même m'a dit qu'il reconnaissait la différence. C'est pourquoi je vous écris, car nous avons un double lien — la Fraternité Rose-Croix sur le continent et en Angleterre — et nous pouvons parler librement. Ce que je dis maintenant, je souhaite que vous le présentiez au Dr S., et c'est à moi d'en prendre le risque. Car si je ne parle pas sans crainte ni faveur, personne d'autre ne pourra le faire.

'Le Dr S. est un homme d'État dans ses projets. Mais un homme d'État, lorsqu'il s'enquiert des conditions d'un pays qu'il ne connaît pas, ne s'adresse pas uniquement aux membres d'un seul parti. Pour la politique autrichienne, on ne consulterait pas seulement les Magyars, ni pour l'Allemagne, les seuls membres du bloc catholique. En Angleterre, les quelques membres de l'Ordre Continental sont tous des théosophes, c'est-à-dire des membres de la S. T. Ils ne sont en aucun cas membres des francs-maçons anglais. Ils voient les choses du point de vue de la T.S. et doivent utiliser leurs lunettes. Je suis le seul membre de l'Ordre

Continental qui n'est pas et n'a jamais été membre de la T.S. ; je ne dois aucune allégeance à Mme Besant. Je suis, comme le Docteur le sait, entièrement avec lui dans la politique d'abandon de l'Oriental et de l'Indien pour la formation européenne ou kabbalistique ; je suis aussi un franc-maçon anglais, de sorte que je peux lui donner le point de vue des autres parties.

'L'occultisme anglais se divise grosso modo en (I) membres de la T.S., c'est-à-dire les disciples de Mme Besant avec à leur tête les co-maçons dans un sens ; (2) membres des Ordres hermétiques et des francs-maçons ; (3) indépendants, qu'il s'agisse de petits groupes ou d'individus.

'La première classe est la seule vraiment connue du docteur. Le Dr F. est très représentatif de la deuxième classe. De la troisième, M. T. P.... Maintenant, lorsque le Docteur en viendra à établir son BUND, il y aura certaines considérations d'une grande importance. En ce qui concerne le groupe I, la T.S. et ses branches, je ne peux prétendre dire ce qui se passera. M. S. et M. C. connaissent tous deux les gens de la T.S. et son style de travail — par des conférences, etc. Le risque, cependant, concerne les groupes 2 et 3. Il attirera autant d'attention que la Quest Society de G. R. S. Mead, et il peut susciter de grands préjugés, car beaucoup le prendront exactement dans l'esprit dans lequel l'Angleterre a pris le télégramme allemand au Président Krüger. Je suis tout a fait serieux quand je dis que pour beaucoup le BUND sera considere ainsi : 'Nous ne nous soucions pas plus de Mme Besant que nous ne nous soucions de Jamieson et de son raid, mais apres tout, Mme Besant est anglaise ; qui sont ces Allemands pour s'en preoccuper ?

« Le point suivant, très grave, est l'attitude des francs-maçons. Il faut en tenir compte. Ici, je dois apparemment faire une digression. Je voudrais comparer le travail des groupes I, 2 et 3. Le groupe I travaille selon les principes familiers des conférences, des publications dans les magazines, etc. Le Dr S. fait à peu près la même chose. Le Groupe I attire un grand nombre de femmes oisives qui ont le loisir de prendre un peu d'occultisme avec leur thé de l'après-midi ; pratiquement tous les membres sont des gens qui ont du temps et de l'argent. Le Groupe I attire un grand nombre de femmes oisives qui ont le loisir de prendre un peu d'occultisme avec leur thé de l'après-midi, pratiquement tous les membres sont des gens qui ont du temps et de l'argent.

'Le groupe 2 est peu nombreux. Il travaille par Loges et fait circuler des manuscrits. Son enseignement se fait par correspondance, par des officiers individuels, etc. Il n'organise que rarement des conférences. Il s'adresse à une classe totalement différente, à des couches sociales plus variées, à une proportion d'hommes beaucoup plus importante. Très organisé, il est plus cohérent ; en même temps, chaque temple est susceptible d'être jaloux des interférences extérieures. La plupart de ses hommes sont francs-maçons. Certains Temples entiers sont francs-maçons, par exemple la Societas Rosicruciana en Angleterre. Ces gens sont occupés, il y a singulièrement peu de femmes et d'hommes oisifs, riches ou fortunés parmi eux, ils sont très fiers et indépendants. Avec le temps, s'ils peuvent recevoir un enseignement à leur manière, par des MSS en circulation, par des visites de membres de Loge en Loge, par ou à travers leurs propres Chefs, je suis certain qu'ils se joindront tous, avec le temps, à votre BUND. Mais ils n'accepteront aucune dictée de la T.S., ils ne toléreront pas les Chefs qu'ils ne connaissent pas, ils ne se soucieront pas d'assister à des cycles ou à des conférences pour lesquels ils n'ont ni le temps ni l'envie Ces organismes sont plus anciens que la T.S. et ils ne l'oublient pas. Avec un peu d'humour, ils vous aideront. S'ils ne sont pas considérés, ils ne s'opposeront pas à vous et ne vous respecteront pas. Ils laisseront simplement le BUND tranquille, exactement comme ils laissent la T.S. tranquille, les co-maçons tranquilles, etc. *Il faut les atteindre de l'intérieur et non de l'extérieur.*

'Je peux aider le troisième groupe en temps voulu. Mais je ne prétends pas savoir comment ils agiront maintenant. La plupart d'entre eux n'accepteront aucune autorité sur eux. J'en viens maintenant à la question de la franc-maçonnerie.

'Je m'engage ici sur un terrain très délicat. Mais je sens que je dois exposer le cas, comme je l'ai dit, sans crainte ni faveur. Le Docteur est un trop grand homme pour être contrarié par moi. Après tout, tout ce que je souhaite, c'est faire en sorte que le meilleur enseignement parvienne le plus facilement possible à ceux qui en ont le plus besoin.

'A l'heure actuelle, il est très difficile d'établir en Angleterre une branche de l'Ordre Continental qui donne des grades, etc. Vous n'êtes pas vous-même franc-maçon. Nous appelons parfois notre Ordre, l'Ordre continental, la *Maçonnerie ésotérique*. Les grades sont étroitement liés à la franc-maçonnerie. Le Dr S a en effet des liens avec certains Maçons anglais ou écossais — il m'a donné le nom — dont il tire une certaine autorité, un lien dans le physique (et non dans l'éthérique !).

La franc-maçonnerie anglaise n'est pas occulte, bien qu'elle ait des loges occultes, et la plupart des occultistes anglais qui ne sont pas des T.S. sont des francs-maçons, si ce sont des hommes. La franc-maçonnerie anglaise s'enorgueillit de la Grande Loge de 1717, la Loge mère du monde. C'est un corps fier, jaloux et autocratique. La co-maçonnerie dérive du Grand Orient de France, un corps illégitime selon les règles anglaises. Aucun maçon anglais ne peut travailler avec des co-maçons. Les Maçons qui ont donné au Dr S. son lien sont considérés — vous feriez mieux de demander au Dr F. de vérifier mes dires — comme des excentriques qui inventent des grades fallacieux. Si la Grande Loge anglaise entend parler de quelque chose appelé « Maçonnerie ésotérique », dérivé de telles sources, sous la direction de Chiefs, une fois membres de la T.S., sous la direction d'un chef à Berlin, elle ne cherchera pas à savoir qui est le Dr S. ou quelle est la nature de son travail ; elle dira simplement « aucun Maçon anglais de la Maçonnerie libre et acceptée ne peut se joindre à une société travaillant sur des rites pseudo-maçonniques », c'est-à-dire que personne de la Franc-maçonnerie ordinaire acceptée ne peut assister à des réunions ou prendre des grades dans cet organisme illégitime ! Fini !

'S. et qui sont francs-maçons seront dans une triste situation. Pour l'instant, cela n'affecterait que moi, et le Dr. Mais si la Maçonnerie ésotérique est évoquée en Angleterre et que le fiat s'y oppose, aucun Maçon anglais ne souhaitera rejoindre le BUND. [*Felkin* : 'C'est ce qui s'est déjà produit avec les « Anciens Maçons » (mixtes), avec lesquels beaucoup de Maçons réguliers seraient parfaitement amicaux personnellement, mais qui en sont empêchés par leur serment'.]

'Après toute cette eau froide, vous me demanderez quelle suggestion utile je pense avoir à faire. Eh bien, peut-être rien de très utile. Mais voici ma suggestion pratique. Que le Bund soit lancé. Que MM. S. et C. obtiennent tous les MSS qu'ils peuvent, et qu'ils établissent des relations avec les organismes du groupe 2. Soit qu'ils fournissent l'enseignement écrit qui peut être donné aux chefs des Loges qui viendront, et ne cherchent pas à interférer avec les Loges, soit qu'ils forment un comité défini sous la direction du Dr S. avec des personnes représentatives en son sein. Tout cela doit se faire lentement.

Le système consistant à avoir des personnes dans les Loges comme le Dr F. pour enseigner les « processus » (voir ci-dessus l'histoire du Dr Felkin) au sein du Groupe 2 est le plus pratique, et le fait d'avoir des officiels du BUND comme MM. S. et C., dont l'un devrait rejoindre une Loge anglaise, pour aller entre l'Angleterre et le Continent, et pour obtenir l'enseignement écrit, fonctionnera probablement assez bien.

'Mais si une Loge de l'Ordre Continental doit être établie en Angleterre, le Dr. S. sera confronté à la difficulté maçonnique. C'est vraiment grave, et personne de la T.S. ne le comprendra, ni même aucun franc-maçon continental. F. — si nous étions interdits de toute association avec les francs-maçons, c'est-à-dire de pratiquement toutes les loges du groupe 2, ou bien d'association avec le BUND. Ou bien nous devons être coupés à nouveau, ou bien notre utilité à des fins générales n'existe plus. Si le Dr. S. invitait une ou deux personnes non théosophes à discuter avec lui, il s'en apercevrait immédiatement. La solution pratique sera trouvée dans un compromis. S'il évite le nom de « Maçonnerie ésotérique » et autorise peut-être un rituel comme ceux utilisés dans la Societas Rosicruciana ou dans la S.M., et s'il a pour officiers en Angleterre un groupe mixte, comprenant les chefs des principales Loges hermétiques, etc... — ainsi que des gens de la T.S., qui se joindront à n'importe quoi du Dr. Sinon, je crains fort que seules quelques personnes T.S. et quelques personnes que le Dr F. et moi-même... pouvons influencer directement, seront tout ce qui adhérera au début. En tant que schisme théosophique et schisme maçonnique étranger intrusif, le BUND suscitera tous les préjugés anglais possibles contre lui. Dévoués au Docteur comme nous le sommes, nous le regretterions tous les deux.

Bien à vous, fraternellement.

Mme Nesta Webster, dans son ouvrage *Secret Societies* and *Subversive Movements*, parle d'un congrès maçonnique tenu à Genève en septembre 1902, au cours duquel une proposition a été adoptée à l'unanimité, "tendant à la création d'un Bureau international des affaires maçonniques" ; et le frère Desmons, du Grand Orient de France, a déclaré que le "rêve de sa vie" avait toujours été que "toutes les démocraties se rencontrent et se comprennent de manière à former un jour la République universelle".

Elle cite à nouveau Lord Ampthill, pro-Grand Maître des francs-maçons britanniques, le 2 mars 1921, en réponse à une invitation faite aux francs-maçons britanniques d'assister à un congrès maçonnique international à Genève :

> "Une autre conséquence de certains événements de la guerre est de rendre plus ferme notre résolution de maintenir, autant qu'il est en notre pouvoir, la franc-maçonnerie strictement à l'écart de toute participation à la politique, qu'elle soit nationale ou internationale... Pour ces raisons, l'invitation à participer à la Conférence internationale des francs-maçons proposée à Genève ne peut être acceptée... nous ne pouvons

pas nous soustraire à la pleine reconnaissance du Grand Architecte de l'Univers, et nous continuerons à interdire l'introduction de discussions politiques dans nos Loges".

Sous cette nouvelle autorité continentale, le Dr Felkin, en 1916, avant de partir pour la Nouvelle-Zélande, rédigea une "Nouvelle Constitution", dûment et étrangement approuvée par les chefs cachés, et sous cette Constitution, il tenta d'établir trois temples-filles en Angleterre, espérant ainsi relier tous les groupes maçonniques ésotériques extérieurs à l'ombre de la Srella Matutina, contribuant ainsi à l'avancement du "Bund international".

Dans cette nouvelle constitution, le Dr Felkin déclare :

'Comme vous le savez, je peux personnellement autoriser la création de n'importe quelle branche de la Société Rose-Croix. Mais comme je quitte l'Angleterre, je pense naturellement que ces branches devraient être en relation étroite avec la Stella Matutina et la R.R et A.C. Je me propose, avant de quitter l'Angleterre, de former trois de ces branches, et il vous appartiendra de prendre tous les arrangements que vous souhaiterez en ce qui concerne l'utilisation de vos salles, etc... Les deux que je me propose de former à Londres pourraient soit vous payer une somme annuelle pour l'utilisation du Temple, soit vous payer une somme annuelle pour l'utilisation du Temple, Les deux branches que je propose de créer à Londres pourraient soit vous verser une somme annuelle pour l'utilisation du Temple et de la Voûte, à une date précise que vous fixeriez, soit s'arranger pour qu'elles vous versent la moitié de leurs frais d'initiation, ce qui devrait être, je pense, le Temple Mère. En ce qui concerne la branche de Bristol, que je vais créer, ils peuvent pour l'instant travailler entièrement à l'extérieur et s'arranger avec vous lorsqu'ils ont des candidats à l'intérieur.

"Les conditions dans lesquelles je devrais fonder ces trois branches sont les suivantes :

'I. Chaque branche doit être absolument autonome et dirigée par trois chefs qui sont actuellement membres à part entière du R.R. et de l'A.C. et qui doivent suivre exactement les traditions de notre Ordre.

'2) Je nommerai moi-même les trois premiers chefs ; si l'un d'entre eux abandonne ses fonctions, les chefs dirigeants et les trois adeptes du temple-mère (Amoun) se concerteront avec les deux chefs restants pour désigner un successeur.

'Les temples-filles doivent financer leurs propres temples et le temple-mère n'est en aucun cas responsable de leur financement, sauf dans la mesure indiquée ci-dessus ; ils doivent payer des cotisations sous une forme ou une autre s'ils utilisent les locaux du temple-mère.

'Les membres des Temples-filles qui sont des 5-6 à part entière appartiendront au Collège des Adepti du R.R. et A.C. d'Anglia...

'5) En ce qui concerne la Branche de Bristol (Hermes), les trois premiers Chefs seront : V. H. Sorores Lux Orta est, Magna est Veritas, Benedicamus Deo : V. H. Sorores Lux Orta est, Magna est Veritas, Benedicamus Deo, ce dernier n'agissant que jusqu'à ce qu'un Frater de ce district soit qualifié.

'6) Le premier Temple des Filles de Londres sera réservé aux membres de la Societas Rosicruciana in Anglia, qui ont pris au moins le Grade 4. Je dois mentionner ici que la raison pour laquelle je suis obligée de former ce Temple est la suivante : Lorsque E.O.L. et moi-même avons pris des dispositions pour être reconnus par nos Frères continentaux, ils ont stipulé, et il a accepté, que les Rose-Croix maçonniques, qui sont très nombreux, devraient avoir la possibilité d'être liés à nous. Les trois premiers chefs de ce Temple seront : V. H. Fratres Pro Rege et Patria, Fortes Fortuna Juvat, Faire sans dire.

'En ce qui concerne le troisième Temple-fille (Merlin), il y a quelque cinquante ou soixante membres du Temple (Golden

Dawn) qui était dirigé par S.R. (Waite) et un certain nombre de membres de la Société Anthroposophique qui demandent à être admis. On m'a fait remarquer qu'étant donné que ces personnes ont travaillé sur des lignes différentes des nôtres, il ne serait pas bon de les admettre dans la S.M., car ils causeraient sans aucun doute de la confusion dans le Temple de la S.M.. Je propose donc qu'ils forment leur propre temple et que les trois premiers chefs soient : V.H. Fratres Cephas, Benedic Animo mea Domino, et Non Sine Numine. Vous ne connaissez pas ce Frère, mais il est membre de la Société depuis vingt-cinq ans, il est T.A.M. à part entière et a été pendant de nombreuses années l'un des trois Chieis dirigeants de la S. R.

'7. Les trois premiers chefs des temples-filles deviendront les trois premiers adeptes de leurs voûtes respectives, s'ils en ont une.

'J'assume l'entière responsabilité de la formation de ces trois Temples Filles, et il vous incombe de faire tout ce qui est en votre pouvoir pour les aider à constituer une puissance supplémentaire pour le Mouvement Rosicrucien.

Notre mot de passe pour les six mois à venir est ACHAD, qui signifie 'Unité', et mon grand désir est que toutes les forces rosicruciennes éparses qui sont à notre portée soient rassemblées en un tout harmonieux au lieu de s'égarer dans une inutilité relative ou dans des voies indésirables.

' (Signé) FINEM RESPICE CHIEF, 18 juin 1916.'

Après avoir formé et lancé la pétoire subversive de son maître, le Dr Felkin, au milieu de la guerre, est parti dans l'atmosphère relativement calme de la Nouvelle-Zélande et a laissé son trio plus ou moins inexpérimenté de chefs dirigeants gérer ces éléments enflammés et faire face du mieux qu'ils le pouvaient aux explosions inévitables. Comme on pouvait s'y attendre, il a laissé derrière lui des tragédies et des souffrances. De ces trois temples-filles, le seul qui ait survécu est le temple d'Hermès de

Bristol, qui était, et est sans aucun doute, sous l'influence de l'enseignement subversif et panthéiste du Dr Rudolph Steiner.

Le fait que les Steineristes rêvent encore d'un tel « Bund international » est tout à fait évident dans leur *Anthroposophie* de Pâques 1929, où il est dit : Cela conduit à toutes sortes de « mouvements » sous lesquels se cachent les vrais désirs. Cependant, les hommes entreront de plus en plus dans les objectifs révélés par Rudolph Steiner et deviendront ainsi ses disciples.» Et ce rêve — spirituel, politique et économique — est le rêve du Grand Orient Maçonnerie Judaïque.

En outre, le professeur arabe du Dr Felkin, du 9 janvier 1915, donne l'instruction intéressante suivante :

> « La formation alternative pour ceux dont nous parlions devrait être définitivement fixée maintenant et mise sur le même pied que les Temples-filles, en tant que groupe spécial pour la guérison. Il devrait s'appeler les Guérisseurs ou Thérapeutes, et le Père F. devrait en être spécialement et définitivement le chef, et ceux qui souhaitent suivre cette formation devraient être pris dans tous les différents Temples et maintenus en contact les uns avec les autres. »

Cela ne s'est-il pas traduit par la création de la Guilde de guérison Stella Matutina de Saint-Raphaël, qui est donc une maçonnerie continentale et internationale ?

Après la fermeture du Temple par les chefs londoniens en 1919, le Dr Felkin a écrit : « J'ai écrit à maintes reprises qu'A.B.S., l'Arabe, n'a rien à voir avec l'Ordre ». Pourtant, dès le 9 juin 1912, nous trouvons cet Arabe en train d'instruire le Dr Felkin, Q. L. et Q. A. dans la chambre forte de Londres :

> « *En* Nouvelle-Zélande, nous aurons une opportunité telle qu'il n'y en a pas eu depuis des milliers d'années, en nous rendant dans une atmosphère entièrement nouvelle et claire qui nous laissera libres de créer de nouveaux symboles sans être influencés par aucune tradition antérieure. Il est très

important que tout soit nouveau, propre et frais ; dans la mesure du possible, nous devons essayer d'écarter les erreurs récentes et d'obtenir un symbolisme plus précis.

« Sélectionner quelques personnes pour se consacrer entièrement au travail occulte, y compris la guérison, et d'autres pour veiller aux besoins matériels du petit nombre, pour vivre ensemble en nombre égal dans une sorte de monastère divisé ; d'autres peuvent aller et rester pour des périodes. Il doit toujours y avoir une chambre d'amis et une sorte d'aile spéciale pour la guérison.

« Tout ce que nous prenons doit être soigneusement purifié, consacré et enveloppé de blanc. Il faudra s'en occuper pendant une longue période. Il se développera en grande partie de manière indépendante. Nom du temple : "Émeraude de la mer n° 49— Smaragdine Thalasses."

« La nouvelle entreprise est beaucoup plus importante (que Londres)… Il est très impressionné par l'importance d'un sol vierge, aucun ordre occulte n'a été là auparavant, les théosophes ne font que défricher le sol ».

Le 15 juillet 1919, l'un des chefs néo-zélandais écrit à son tour « aux chefs dirigeants d'Anglia » :

« Pendant près de six ans, A. B. S. nous a enseigné régulièrement, nous rencontrant chaque semaine. Nous avons trouvé son enseignement très utile et ses conseils judicieux… Vous pouvez comprendre que nous avons connu une période difficile après la fondation de l'Ordre en Nouvelle-Zélande. Je considère que l'aide d'A.B.S. et le fait que nous avions un groupe équilibré et uni au centre, nous ont permis de continuer… »

Comme l'ont dit les « chefs cachés et secrets » au Dr. Felkin en 1909 :

« Un petit groupe fidèle est bien plus puissant qu'un grand

corps divisé contre lui-même !

Les instructions suivantes, reçues en 1914 par le Dr. Felkin de cet Arabe, sont significatives du travail demandé à l'Ordre :

"Notre fonction est de diriger la nouvelle vie qui surgira lorsque les perturbations actuelles auront nettoyé le sol ; c'est comme si une herse géante passait sur la surface du monde, et lorsque cela sera fait, ceux qui sont comme nous (les Illuminati) doivent être prêts à *semer la graine*. Cette guerre était un moyen inévitable de détruire l'ancien ordre des choses pour faire place au nouveau ; que déjà les idées de paix et d'unité (pacifisme ou apathie et Fraternité Universelle) ont été implantées, mais qu'elles ne pouvaient pas se répandre librement tant que l'ancien n'avait pas été brisé. C'est la "Tour foudroyée" — le "déchirement du voile"."

Selon Papus et d'autres cabalistes, cela signifie la fixation de la lumière astrale dans une base matérielle — l'illuminisme individuel et universel.

Les instructions se poursuivent :

"La vitalité est poussée à l'action en ce moment même, et la réaction sera l'épuisement total, à moins que ceux qui ne participent pas réellement au conflit n'*emmagasinent un pouvoir qui sera libéré dès que le conflit cessera*. Non seulement notre propre groupe, mais tous ceux que nous connaissons devraient recevoir l'instruction de se consacrer à cet objectif. Dans la méditation, la contemplation et l'extase, l'esprit humain cherche à se libérer de la terre et à s'élever vers les plus hauts sommets dont il est capable (comme dans le *Chemin d'initiation de* Steiner !)… mais le cerveau humain ne peut pas se libérer de la terre.)… mais le cerveau humain est comme l'émetteur d'une station radio, sa machinerie est limitée, mais il peut envoyer une vibration qui continue à se répercuter dans l'espace jusqu'à ce qu'elle trouve son récepteur correspondant, et pour chaque aspiration il y a une réponse… Et la prière est aussi une invocation ; elle ne vous met pas seulement en communion avec ce que vous priez, elle éveille et formule aussi des forces qui étaient auparavant latentes (comme dans la messe catholique libérale). Un homme qui prie le diable entre dans la communion du mal, mais il formule aussi les forces du mal qui réagissent sur tous ceux qui ne sont pas positivement à la recherche du bien. Car il ne faut jamais oublier que toute force que l'on peut contacter par une telle prière n'est pas seulement un récepteur négatif mais aussi un émetteur positif qui envoie ses courants et ses vibrations à tous ceux qui sont capables de les recevoir. (En accord avec elles)."

Il poursuit en disant qu'en formant un cercle à la recherche de cette *paix et de cette lumière*, ils entrent non seulement en contact avec ces êtres suprêmes invisibles qui gouvernent le monde, mais ils ouvrent aussi des canaux très puissants par lesquels ces êtres peuvent déverser leurs influences et leurs suggestions — bienfaisantes, comme on les appelle !

Ce qui précède est apparemment un exemple des « Influences réciproques entre les mondes visible et invisible », le Comité Suprême Inconnu dont parle Wronski dans son ouvrage *Mysticism and Magic. Le* R.R. et A.C. est illuministe et rosicrucien, lié à la franc-maçonnerie du Grand Orient, et le merveilleux travail des rosicruciens devait commencer en Russie, mais où est la « Paix et la Lumière » ?

Ce qui précède ressemble beaucoup aux méthodes de camouflage de Weishaupt !

"La plus grande prudence s'impose pour ne pas révéler au novice des doctrines susceptibles de le révolter. Pour ce faire, les initiateurs doivent prendre l'habitude de « parler à l'envers et à l'endroit » afin de ne pas s'engager. Il faut parler, expliquait Weishaupt aux supérieurs de l'Ordre, tantôt d'une manière, tantôt d'une autre. Tantôt d'une manière, tantôt d'une autre, afin que notre but réel reste impénétrable à nos inférieurs".

Il existe trois formes d'initiation — individuelle, collective ou universelle — toutes trois conduisant au contrôle conscient ou inconscient d'un pouvoir central qui, d'une manière ou d'une autre, fait sentir son influence ; il est souvent vu et entendu par clairvoyance et clairaudience, mais il *n'est jamais* physiquement présent ou visible. Dans les trois cas, le système est le même : il s'agit d'un système cabalistique. Secrètement, ici et là, des individus sont préparés ; ceux-ci forment à nouveau des groupes ou des centres à partir desquels les influences se répandent jusqu'à former un véritable réseau magnétique couvrant le monde entier. Comme les rayons d'un soleil caché, ces groupes sont apparemment divergents et détachés, mais en réalité ils partent tous d'un même corps central. L'étude de tous ces groupes et mouvements différents montre que le système est une diffusion insidieuse et secrète d'idées, orientant et créant la vision requise de la vie, etc., faisant finalement tomber toutes les barrières de la famille, de la religion, de la moralité, de la nationalité et de toute pensée d'initiative personnelle, toujours sous le couvert d'une nouvelle religion plus moderne, d'une nouvelle pensée, d'une nouvelle moralité, d'un nouveau ciel et d'une nouvelle terre, jusqu'à ce qu'il devienne un gigantesque robot répondant simplement à la volonté et aux ordres d'un Maître-esprit secret. Ils rêvent qu'ils sont des individus libres, originaux et autodéterminés ; ils ne sont que la lune négative qui reflète et reproduit la lumière du même soleil caché et cabalistique. Les Illuminati appellent cela la *régénération* ; en réalité, il s'agit de la mort et de la désintégration de l'individu, suivies d'une résurrection en tant que « porteurs de lumière » négatifs de ce Soleil cabalistique. Comme le dit le grade 6-5 des R.R. et A.C. : « Lève-toi, brille, car ta lumière est venue et la gloire de ton Seigneur est sur toi ». La lumière et la gloire du Soleil cabalistique ! L'illuminisme !

Dans le numéro occulte de juillet 1929 de la *Revue Internationale des Sociétés Secrètes*, on trouve un dessin intéressant et rare intitulé « Le Dragon et la Femme, » qui représente apparemment le Pentagramme de la Maçonnerie illuminée et révolutionnaire, un symbole des pouvoirs magiques et puissants par lesquels le centre mystérieux espère obtenir l'empire sur l'univers et ainsi gouverner les hommes. La partie inférieure représente le Dragon de l'Apocalypse avec ses sept têtes ; sur son corps est écrit le mot « Kabalah », ainsi qu'en hébreu, « Schem Hamphoras » et « Yod, He, Vau, He » — le Tétragramme. Le Schem Hamphoras, les clés cabalistiques de Salomon, les clés de la science universelle, dont les combinaisons sont censées révéler tous les secrets de la nature. Les quatre lettres, la base matérielle en quelque sorte, sont les quatre bêtes de la vision d'Ezéchiel ; elles sont le Sphinx avec une tête d'homme, un corps de taureau, des ailes d'aigle et des griffes de lion. Ce sont aussi les quatre propriétés de la lumière astrale ou Feu Serpent — dissoudre, coaguler, chauffer et refroidir — qui, dirigées par la volonté, sont censées modifier toute la nature, produisant la vie ou la mort, la santé ou la maladie, etc. En outre, c'est la croix de la vie ou de la génération — la Kundalini.

La mort et la désintégration doivent précéder ce qu'on appelle la régénération ; c'est pourquoi la queue du Dragon se termine par la tête du vautour de Saturne, le destructeur, qui tient dans son bec l'épée magique de l'adepte avec les doubles croissants de l'unité sur la poignée ; celle-ci est enfoncée dans le corps du Dragon, car le sang doit être versé. Sous le Dragon, le feu brûle, il doit être immolé, comme le Phénix d'autrefois, pour que de ses cendres il renaisse renouvelé et régénéré. Comme l'a dit Rabaud Saint-Etienne : « Tout, oui tout doit être détruit, puisque tout doit être refait », c'est la révolution. Le nombre de la bête est 666, ce qui, d'un point de vue cabalistique, correspond à 9, le nombre de la génération. Les sept têtes représentent les sept planètes ou puissances du Soleil ou couleurs du prisme ; cabalistiquement, elles sont placées sur le Triangle entrelacé, les forces créatrices duales, chaque angle ayant une planète avec le Soleil en son milieu. Ensemble, elles représentent le pouvoir magique complet — le talisman hébreu, le bouclier de David !

Au-dessus de cette base s'élève la femme BABALON, mère de tous les cultes panthéistes et abominables. Elle se tient dans l'attitude hermétique, « comme en haut, ainsi en bas », sa main gauche levée en haut tient une torche allumée en forme de la lettre hébraïque Shin ; cette lettre, avec le Tetragrammaton en bas, forme le Pentagramme — le « Christ » ou l'instrument de la Maçonnerie révolutionnaire illuminée. Sur la torche figure cette curieuse inscription, déchiffrée par M. Henri Guillebert : « Quant aux enfants, tuez-les en grand nombre. Saint, saint, saint est l'acte de les immoler, comme aussi de les exterminer. » N'est-ce pas encore Saturne, qui dévore toujours ses propres enfants, la révolution et l'anarchie ? Sur sa poitrine est écrit « Démocratie », l'instrument négatif et inspiré de toutes les révolutions. L'inspiration est représentée par la lettre « M » au-dessus de la glande pinéale, où la tête et la queue du serpent s'unissent, produisant l'illuminisme. Elle est l'intermédiaire qui reçoit et transmet l'influence d'en haut. D'une coupe qu'elle tient dans sa main droite, elle verse sur le feu du dessous toutes les abominations et les impuretés, provoquant ainsi l'holocauste et préparant la domination des Puissances invisibles. Les anciennes civilisations doivent être désintégrées et les systèmes établis détruits.

Or, en 1914, dans les instructions reçues de l'enseignant arabe du R.R. et A.C., il était dit : "Avant toute cérémonie, que ce soit dans un temple ou en privé, le feu doit être banni (énergie) et la terre invoquée : Avant toute cérémonie, que ce soit dans un temple ou en privé, le *feu* doit être banni (énergie) et la *terre* invoquée, et le rituel d'invocation de *Saturne* exécuté « pour apporter la paix et le calme ». Pearce nous dit, dans son *Text-book of Astrology* : "L'influence de Saturne est la plus durable et la plus maligne de toutes les planètes. Elle n'apporte pas la paix mais la désintégration, la souffrance, la disgrâce, la guerre des classes et l'anarchie. "Saturne ressemble à une consomption qui, bien qu'à peine perceptible dans sa progression, est difficile à éviter par tous les efforts de l'habileté humaine. N'est-ce pas le cas de la croissance cancéreuse des influences de ces sociétés secrètes subversives et de la propagande bolchevique ?

Il est curieux de constater qu'avec tous ces instruments illuminés de la "Main Cachée", la guérison magnétique et la politique inspirée par la magie allaient de pair. Il suffit de considérer les

Illuminati actuels en Angleterre pour voir que c'est le cas. Dans la Stella Matutina, depuis feu le Dr Felkin, leur ancien grand chef, jusqu'à leur Guilde de guérison de Saint-Raphaël, dirigée par un certain groupe influent de membres du clergé, on trouve la guérison magnétique associée à une forme subtile d'influence politique invoquée qui aboutit souvent au communisme, au socialisme et au pacifisme, inculquant faiblement la doctrine de la paix et de l'amour de ses ennemis à tout prix, le tout inspiré par leurs 'maîtres cachés'.

Les cérémonies organisées par le maître arabe ont eu lieu au sein de la R.R. et de l'A.C. pendant la guerre pour établir le pouvoir du Pentagramme, avec une concentration spéciale sur la Russie et d'autres pays, préparant des centres de force pour le travail diabolique de cette 'Main Cachée' ; reliant magnétiquement le groupe de Nouvelle-Zélande aux groupes d'Angleterre, formant une bande autour du monde contrôlée par le Pouvoir Invisible réalisant l'idée du 'Protocole' de la chaîne magnétique indestructible du Serpent Symbolique.

Dans son ouvrage *Transcendental Magic*, Eliphas Levi explique ainsi cette 'chaîne magique' :

> 'Faire la Chaîne Magique, c'est établir un courant magnétique qui devient plus fort en proportion de l'étendue de la chaîne... Voilà le secret de leur force, qu'ils (les clercs) attribuent uniquement à la grâce ou à la volonté de Dieu ! ... La concentration se fait par l'isolement, et la distribution par la chaîne magnétique'.

Il s'agit de ceux qui sont 'mis à part' en tant que récepteurs des forces des maîtres et transmetteurs de ces mêmes forces.

> 'Cette force est en elle-même aveugle, mais elle peut être dirigée par la volonté de l'homme et est influencée par les opinions dominantes. Le fluide universel (force vitale)... étant le milieu commun de tous les organismes nerveux et le véhicule de toutes les vibrations sensibles, établit une solidarité physique réelle entre les personnes

impressionnables, et transmet de l'une à l'autre les impressions de l'imagination et de la pensée'.

Dans tous les groupes illuminés, les cérémonies, les exercices, les enseignements et les messages des maîtres déclenchent un courant magnétique, et comme l'explique Elipbas Levi :

> 'L'action du courant est de transporter, et souvent d'exalter au-delà de toute mesure, des personnes impressionnables et faibles, des organisations nerveuses, des tempéraments enclins à l'hystérie et à l'hallucination. Ces personnes deviennent rapidement de puissants véhicules de la force magique et projettent efficacement la lumière astrale dans la *direction du courant lui-même.*'

Comme le montrent les chiffres fulgurants de toutes les révolutions ! Pour lutter avec succès contre un tel courant, il faut une volonté et une initiative concentrées et constantes. Ensemble, ces nombreux groupes forment la chaîne magnétique qui transmet les forces des Juifs cabalistiques dans la vie sociale, religieuse, politique, économique, artistique, curative et éducative. Comme l'écrivait feu le Dr Felkin en 1917 : 'Nous sommes le petit levain qui fait lever la masse'. Selon Weishaupt, les artistes sont parmi les instruments les plus désirables !

Je pense qu'il faut bien comprendre que l'objet de ce livre n'est pas de montrer que le Grand Arcane Hermétique est en soi mauvais, mais plutôt sa perversion, et que la connaissance et le pouvoir d'appliquer ces lois cachées de la nature peuvent devenir, entre les mains d'adeptes malveillants et ambitieux, et plus particulièrement de 'chefs inconnus', un énorme danger pour l'" Humanité" imprudente et sans méfiance. Le pouvoir utilisé dans l'Illuminisme est largement basé sur une compréhension profonde de la science de la lumière, de la forme (symboles géométriques), du mouvement (rythme), des nombres, du son, de la couleur (Minutum Mundum), des odeurs, etc. Tous ces éléments, sous forme de correspondances, sont utilisés dans les sociétés occultes pour éveiller des forces-vibrations qui agissent sur l'esprit et le système nerveux des hommes et des femmes.

Comme le dit le rituel 5-6 des R.R. et A.C. : « Les couleurs sont les forces et les signatures des forces, et enfant des enfants des forces tu es ».

Par exemple, prenez un carré avec un symbole au centre, coloré en rouge brillant, et placez autour de ce symbole et en juxtaposition la bonne couleur complémentaire ou négative de ce rouge ; immédiatement, tout le carré clignotera et deviendra vivant avec des vibrations.

Pour illustrer les vibrations sonores, feu Max Heindel, de la « Rosicrucian Fellowship », en Californie, a écrit dans sa *Rosicrucian Cosmo-Conception* :

> "Ces vibrations sonores invisibles ont un grand pouvoir sur la matière concrète. Elles peuvent à la fois construire et détruire. Si l'on place une petite quantité de poudre très fine sur une plaque de laiton ou de verre et que l'on tire un archet de violon sur le bord, les vibrations feront prendre à la poudre de belles figures géométriques. La voix humaine est également capable de produire ces figures ; toujours la même figure pour le même ton. Si l'on fait sonner une note ou un accord après l'autre — sur un violon — on atteint finalement un ton qui fait ressentir à l'auditeur une vibration distincte à l'arrière de la partie inférieure de la tête... cette note est la « tonalité » de la personne qu'elle affecte ainsi. Si elle est frappée lentement et de manière apaisante, elle tonifie les nerfs et rétablit la santé. Si elle est jouée de manière dominante, forte et assez longtemps, elle tue aussi sûrement qu'une balle de pistolet".

De Quincey a dit :

> "Ce Temple (celui de Salomon) doit être construit par des hommes, avec des pierres vivantes, et c'est à la magie (rosicrucienne) qu'il appartient d'enseigner la véritable méthode et l'art de construire avec des hommes.

Voici donc quelques-unes des forces utilisées pour construire ce temple de pierres vivantes.

Il est intéressant de constater que le professeur arabe du Dr Felkin était également un bâtisseur utilisant des pierres vivantes :

'Les pierres doivent toutes être présentes pour que le cercle puisse servir. Chaque pierre doit d'abord être taillée dans une forme appropriée. Chacune doit pouvoir se tenir debout, main dans la main avec les autres. La lumière à l'intérieur de chaque pierre doit devenir forte afin de rayonner suffisamment loin, et en se mélangeant avec les autres, un arc-en-ciel sera formé (unissant et formant ce que l'on appelle la "Lumière Blanche Divine ou Brillance", l'O.A.I. ou le Pouvoir du Serpent). L'harmonie doit régner entre les membres et l'autonomie doit être de mise. Chaque pierre percevra intuitivement en elle-même un symbole qui indiquera à la fois la fonction de la pierre individuelle et son aptitude à la remplir. Ce symbole doit être surveillé et développé de l'intérieur ; car bien que le symbole soit dans l'esprit de l'Arabe et qu'il soit donc suggéré à chacun de l'extérieur, il doit être développé de l'intérieur, en répondant graduellement à l'impression de l'extérieur. La force nécessaire pour développer ces symboles de l'extérieur serait si grande qu'elle impliquerait un gaspillage de force, et ce n'est pas la bonne façon de procéder.'

Les pierres devaient être sept planètes pour le cercle intérieur et les douze signes du zodiaque pour le cercle extérieur.

A titre d'exemple de ces méthodes, le cas suivant est éclairant : L'un des membres du groupe de l'Arabe était très épuisé après une séance, et la raison en a été expliquée par l'Arabe :

« Elle doit être plus positive en s'*arrêtant* résolument *de formuler des pensées à certains moments, ce* qui rendra le bassin de son aura lisse. Avant de rencontrer de fortes vibrations, elle devrait faire une croix à armes égales à l'intérieur de son aura ; cette croix rejoindra celle que je fais à l'extérieur de son aura. Cela formera une porte par laquelle les vibrations pourront entrer, et elles arriveront alors d'une manière équilibrée. »

Par conséquent, si ces instructions sont suivies, après avoir induit un état de passivité et ouvert une porte, brisant ainsi toute opposition, l'Arabe sera libre de déverser les vibrations et les suggestions nécessaires pour façonner cette pierre à la niche qu'elle est destinée à occuper dans ce temple de pierres vivantes.

Encore une fois, ce qui suit montre comment un adepte plus avancé est utilisé, même à une grande distance, pour agir sur un autre adepte afin de faire avancer ces projets. Le Dr Felkin, en Nouvelle-Zélande, a écrit le 4 février 1918 au chef suprême en Angleterre :

> 'J'ai soudain senti une présence (dans son bureau), et c'était un homme de grande taille, un peu comme Tagore (oriental), vêtu d'une sorte de robe brune avec des chaussures brunes aux longs orteils retroussés. Ses mains étaient longues, belles et blanches, et il n'avait pas de coiffure. Il a dit : 'Le temps d'une grande crise arrive maintenant, envoyez toute l'aide que vous pouvez à Het-ta (le chef au pouvoir), qui a besoin d'aide'. Les vibrations étaient si fortes que mon esprit s'est engourdi. J'ai essayé d'en savoir plus, mais les mots me semblaient incompréhensibles. Alors qu'il faisait un signe... un nuage l'a enveloppé et il a disparu. Il est venu deux fois la semaine dernière.

La soi-disant aide consistait à briser l'opposition éventuelle du chef dirigeant de Londres à leurs projets diaboliques. Leurs efforts ont été couronnés de succès, mais pour une courte période seulement. Qui peut dire qui sont ces magiciens invisibles qui construiraient ce temple de pierres vivantes, d'hommes et de femmes dont ils « dévoreraient » la vie ? Eux seuls détiennent les vrais secrets et restent donc les Maîtres.

Dans quatre articles parus dans le *Morning Post* du 25 au 29 octobre 1927, Sir Oliver Lodge aborde les sujets suivants. 'Son objectif est de préconiser des investigations scientifiques de tous les phénomènes psychiques, etc., en dehors de l'utilisation des médiums ou de la photographie, deux méthodes qu'il considère à juste titre comme peu fiables pour prouver la réalité des communications avec les morts. Il écrit que les étudiants en métapsychique,

> « Les personnes qui étudient la métapsychique sont conscientes des faits qui ont suggéré l'existence d'un corps *éthérique*, c'est-à-dire d'un instrument physique qui peut transgresser les limites de l'espace et accomplir des exploits impossibles à un organisme plus matériel. La *clairvoyance itinérante* (ou projection astrale) en est une, l'apparition en est une autre... L'éther est abondamment substantiel et peut transmettre tous les types de force connus'.

L'éther, dit-il, possède trois propriétés : « le coefficient diélectrique, la perméabilité magnétique et la vitesse de la lumière ». Selon Clerk Maxwell, ces trois propriétés sont liées et peuvent former ensemble « une unité définitive et absolue » — la force électromagnétique, la puissance du serpent, l'éther omniprésent !

Dans les sociétés occultes, beaucoup de travail psychique et de magie sont effectués dans le but de détacher le corps astral de la matière — en conservant toujours un lien de connexion — afin qu'il puisse être projeté à volonté à travers l'éther à n'importe quelle distance et à une vitesse incroyable. Le plus souvent, c'est la volonté et la magie du Maître qui, à l'insu de l'adepte, retirent et envoient le corps astral de l'adepte ici et là — un peu à la manière d'un médium sous contrôle hypnotique — créant des liens éthériques, et faisant autrement le travail pour aider à faire avancer les plans de ces Illuminati. Il est leur instrument. Pour illustrer cela, Mme Felkin écrit, dans une brève histoire de l'Ordre, 1919 :

> 'L'Ordre Caché est donc International, n'appartenant à aucune race ou nation. Bien qu'il soit toujours secret et caché, les Maîtres en choisissent de temps à autre un ou deux qu'ils envoient comme enseignants lorsque le monde est prêt à les

recevoir… Ces enseignants se rassemblent autour des Ordres secrets intérieurs, et aux membres de ces Ordres qui sont jugés dignes, des messagers des Maîtres cachés sont envoyés pour leur donner un enseignement, non pas matériel, mais sur le plan astral.

« Si les élèves ont le courage, la patience, la persévérance et la loyauté de suivre cet enseignement et de pratiquer les méthodes, le temps viendra où ils recevront des instructions directes des maîtres cachés, seuls ou en groupe, et il se peut que les élèves soient finalement conduits à l'un des grands temples secrets cachés qu'il y a ici et là dans le monde. Nous, vos chefs, pouvons dire que nous savons cela en toute connaissance de cause, parce que nous avons reçu et visité ces temples. Il est en votre pouvoir de faire ce que nous avons fait, mais cela demande de la patience, de la foi, de l'abnégation et la mise en ordre de la vie extérieure avant que l'enseignement intérieur puisse être reçu. Il doit y avoir des sacrifices, et vous devez être prêts à renoncer parfois même à votre propre volonté et à éliminer beaucoup de travail et de plaisir que d'autres peuvent sembler apprécier'.

Ce qui précède est sans doute inspiré par ces maîtres eux-mêmes afin de tromper et d'obtenir les outils nécessaires à leur Grand Œuvre. La voie d'accès à cet enseignement est « l'initiation » qui, nous l'avons vu, conduit à la perte de la personnalité et à l'obsession possible.

Le temple mentionné ci-dessus, visité par les chefs, était un temple du soleil, auquel ils ont été conduits par l'Arabe de manière astrale. Il comportait de nombreuses petites chapelles, chacune représentant l'un des douze signes du zodiaque, les planètes, etc., et ayant à leur tête un triangle de maîtres : le Maître de la Lumière, le Maître de la Paix et le Maître de la Rose. Ils participèrent à de nombreuses cérémonies et reçurent beaucoup d'enseignements. De ce Temple, l'Arabe a dit, le 2 novembre 1911 :

'Chaque chapelle préfigure une force de vie dont nous allons maintenant commencer à faire l'expérience. Nous avons pour ainsi dire rassemblé les ingrédients, et maintenant le FEU doit être allumé, et les ingrédients doivent être bouillis. Jusqu'à ce que cela se produise, il ne peut pas achever nos instructions, parce que nous ne pouvons pas pénétrer le voile qui plane toujours sur l'Orient...

Il a de nouveau expliqué :

Nous ne devons pas nous mettre en avant ou forcer les choses, mais si une ouverture se présente, nous devons être rapides et prêts à la saisir, car cela aiderait à relier la chaîne (magnétique) qu'il a progressivement formée sur le plan psychique. Toutes ces cérémonies et tous ces gens que nous avons vus en compagnie d'A.B.S. avaient un but précis qu'il met lentement en œuvre, mais lorsque nous pouvons saisir un maillon ici et là sur le plan matériel, l'effet de l'autre s'en trouve considérablement renforcé.

Nous recevons à nouveau un message du prétendu Christian Rosenkreutz qui dit : « 15 juin 1919 » :

Nous arrivons à une crise, et ceux qui ont été admis à l'Intérieur ont le droit de recevoir une déclaration claire de ce que nous croyons nous-mêmes au sujet de l'Ordre. Si nous allons de l'avant sans crainte, en nous fiant à ce que nous avons reçu, il (le C.R.C.) se tiendra comme il s'est tenu jusqu'à présent, derrière nous, nous utilisant comme des instruments dans le travail qu'il a entrepris. Si nous voulons être des *instruments*, nous devons mettre de côté la pensée de soi et ne penser qu'au message.

Pour montrer comment Mme Felkin est utilisée comme porte-parole de ces puissances dangereuses et insidieuses, la déclaration suivante, faite par le Dr Felkin, est plus que significative (juin 1919) :

Hier, nous avons eu un splendide Corpus Christi Day (cérémonie pour faire descendre la lumière dans la Voûte intérieure et le Temple et réaffirmer le lien avec ces maîtres)... lorsque nous avons traversé la Voûte, nous avons eu l'impression de passer à travers du feu liquide. Plus tard, lorsque la « Divine Brillance Blanche » (lumière astrale) a été descendue, la lumière électrique a semblé très faible tellement elle était forte. Tout le monde était très impressionné ; lorsque Q.L. (Mme Felkin) a pris la parole, sa voix semblait tout à fait changée, et elle a dit par la suite qu'elle avait dit des choses qu'elle n'était pas du tout préparée à dire, mais que les mots lui étaient venus.

C'est très similaire à l'éclipse de Krishnamurti par Maitreya ; c'était une obsession partielle de ces maîtres, C.R.C. ou l'Arabe ! C'est le résultat d'une foi aveugle et crédule !

Pour dissiper tout doute ou toute suspicion concernant les messages, l'Arabe a déclaré :

« Les visiteurs angéliques passent constamment, ils apportent leurs messages rapidement, ils peuvent vous toucher de leurs ailes, ils peuvent vous frôler, vous enveloppant de leur atmosphère pour un moment, mais dans ces moments mystérieux et merveilleux, ils laissent dans votre être un message du divin, et vous manqueriez une occasion si vous n'acceptiez pas ce message et si vous ne le méditiez pas ; il pourrait se passer beaucoup de temps avant qu'ils ne reviennent, et lorsqu'ils reviendraient, il pourrait être trop tard pour le même message... Que tes oreilles soient attentives et tes yeux toujours ouverts, et ne crains pas d'accepter de tels messages. Leur utilisation ne peut pas te nuire tant que tu restes sous la protection de l'Ordre. Tant que tu demeureras dans le Sacré-Cœur et que tu t'agenouilleras dans l'humilité au pied de la Croix sur laquelle ton Maître est mort pour toi ».

Non pas le Christ des chrétiens, mais le Maître du Grand Orient judéo-maçonnique. Selon les Arabes, leur véritable symbole de la vie éternelle est l'*ellipse*, *la* voie de la lumière que suit toute la nature : elle est représentée dans l'œuf, d'où jaillit la vie, qui contient toutes les choses. Leur sagesse est donc la sagesse de la nature et non celle du Créateur divin omnipotent.

C'est ainsi qu'ils trompent et asservissent ceux qu'ils veulent utiliser comme instruments. Comment, par conséquent, ces enquêteurs scientifiques vont-ils se convaincre et convaincre les autres que ces apparitions spirituelles et les phénomènes qui les accompagnent ne sont pas des maîtres cachés se faisant passer pour des maîtres spirituels et des esprits des morts cherchant qui dévorer ? Pour les occultistes, comme pour les spiritualistes, cette question est d'une importance capitale ; les uns comme les autres aspirent à un nouveau ciel et à une nouvelle terre, à une nouvelle race et à un nouvel âge — le rêve séculaire d'Israël !

Il est curieux de noter les instructions suivantes, envoyées de Nouvelle-Zélande par le Dr Felkin et données par le prétendu Christian Rosenkreutz dans la Voûte du Temple Intérieur ; il s'agit apparemment d'une méthode subtile de vibrations réciproques à établir entre les Temples de Nouvelle-Zélande et de Londres, les liant entre eux au moyen du Pouvoir du Serpent ou des forces plus fines de la Nature, inaugurant un instrument puissant, une chaîne magnétique contrôlée par ce Centre mystérieux, qui cherche toujours à dominer l'humanité de cette façon. Voici les instructions et les explications :

"Le chef dirigeant à Londres doit faire ce que nous faisons ici, emmener chacun des 5-6 membres à tour de rôle à la chambre forte et les présenter personnellement au C.R.C., en recevant pour chacun d'eux une carte spéciale du paquet TAROT. Lorsque chacun est présenté, C.R.C. lui donne une carte, et cette carte est une clé pour le développement de l'individu (son symbole)... S'ils peuvent, et si nous pouvons obtenir le Temple complet de 78 (nombre du paquet de Tarot !), nos Temples seront capables de fonctionner pleinement, et si chacun peut découvrir la véritable signification spirituelle (astrale) de sa propre carte, chaque Temple sera alors, dans son ensemble (complet). Lorsque ces deux Temples seront complets dans leurs membres intérieurs, ils se polariseront et les courants réciproques seront éveillés, et ceux qui reçoivent des cartes similaires (dans les deux Temples) formeront des paires et devraient être en contact l'un avec l'autre, car chaque carte a un aspect positif et négatif... Lorsque le temps viendra, les deux Temples devraient être prêts à agir de concert."

Voici à nouveau la « chaîne indissoluble » des « Protocoles », et dans quel but ? "Les échelles de construction existantes s'effondreront bientôt, parce que nous les déséquilibrons continuellement afin de les user plus rapidement et de détruire leur efficacité.

Dans le *Grand Connu,* un livre écrit par le chef du « Mouvement Sadol », un groupe maçonnique illuminé de Californie sous le contrôle de la Grande Ecole (ou Grande Loge Blanche), nous trouvons une méthode par laquelle on leur apprend à contacter ces maîtres inconnus, qui sont décrits comme « les très sages et très puissants Lumineux ». Elle enseigne que « le corps matériel, à mesure qu'il évolue sur les plans spirituels de la vie, devient une dynamo d'une puissance et d'une LUMIÈRE sans cesse croissantes ». En parlant de cet état, Eliphas Levi, dans son *Histoire de la Magie,* écrit : 'Cela peut se produire lorsque, par une série d'exercices presque impossibles... notre système nerveux, ayant été habitué à toutes les tensions et fatigues, est devenu une sorte de pile galvanique vivante, capable de condenser et de projeter puissamment cette Lumière (astrale) qui enivre et détruit'. Il tente de montrer qu'il conduit à la maîtrise et au contrôle de soi, mais après un examen attentif, il s'avère qu'il s'agit simplement d'une médiumnité consciente inspirée par une tromperie rusée et délibérée, donnant à l'adepte une fausse confiance, l'incitant à abandonner ses sens physiques et à travailler sur l'astral, où, enfermé dans des formules données par ces maîtres eux-mêmes, il est complètement à leur merci.

La méthode est commune à d'autres groupes illuminés — R.R. et A.C. ainsi que l'Ordre du Soleil d'Edimbourg — et peut être utilisée par un seul adepte ou un groupe d'adeptes. La pièce est préparée par des formules qui, étant secrètes, ne sont pas données, mais qui servent à enfermer et à isoler les travailleurs de, à éveiller certaines forces et à établir des vibrations qui sont nécessaires pour établir le contact. L'adepte doit s'asseoir devant un rideau noir, se concentrer consciemment et s'efforcer de « franchir le gouffre de la perception sensorielle », qui doit être franchi pour que le contact puisse avoir lieu. Cela peut être réalisé sous forme de suggestion, de mots, de symbole, d'image, par la venue du Maître lui-même dans son corps astral, ou même par la projection du corps astral de l'adepte dans un Temple ou tout autre lieu désiré, toujours sous le contrôle du Maître ! Il n'y a aucun moyen de tester ces maîtres ; il faut leur faire confiance, une foi aveugle, l'abrogation de toute raison, ce qui conduit inévitablement à la médiumnité et non à la maîtrise. Telle était la méthode utilisée par les adorateurs du sanctuaire de l'Arabe ; ils devaient former une dynamo de puissance et de Lumière, à utiliser pour la *régénération* mondiale à venir par les Illuminati !

En vérité, il y a apparemment beaucoup de méthode dans toute cette folie ! Le seul nom possible pour cela est Magie Noire, et peut-on s'étonner des épanchements blasphématoires et séditieux de notre clergé « rouge », dont certains au moins sont membres de la Stella Matutina et de la R.R. et A.C., dont le but principal était, et est, de s'emparer du plus grand nombre possible de clercs afin de percer de l'intérieur, de désorganiser l'Eglise et de la ridiculiser publiquement, comme le fait le soviet ! Maintenant, qui sont ces maîtres et qu'est-ce que la Grande Loge Blanche ?

Dans les publications et les actes des théosophes et de certaines autres sociétés secrètes, la Grande Loge Blanche est fréquemment mentionnée comme une puissance supérieure extérieure qui dirige les affaires de ces sociétés terrestres. Dans de nombreuses références, il semblerait que la Loge soit composée d'êtres surhumains ou même célestes, et dans d'autres, qu'elle soit simplement humaine. Notre conviction est qu'il s'agit d'un groupe d'hommes en chair et en os, qui peuvent établir des *liens éthériques*, à n'importe quelle distance, avec les dirigeants de ces sociétés, et qui travaillent secrètement au moyen de cette Lumière qui peut « tuer ou faire vivre », enivrant, aveuglant et, si nécessaire, détruisant les hommes et les femmes imprudents, en les utilisant comme instruments ou « porteurs de Lumière » pour mener à bien ce projet fou et maléfique de Domination Mondiale par le Peuple-Dieu — le Juif Cabalistique.

Selon feu Max Heindel, disciple de Steiner et ancien chef de la « Rosicrucian Fellowship », Californie :

> « Il existe en différents endroits de la terre un certain nombre de ces écoles des petits mystères, chacune d'entre elles étant composée de DOUZE Frères, ainsi que d'un *treizième* membre. Ce dernier est le lien entre les différentes écoles, et tous ces chefs ou treizièmes membres composent ce que l'on appelle ordinairement la Loge Blanche — à savoir un conclave suprême des plus anciens parmi nos Frères, qui sont maintenant pleinement responsables de l'évolution humaine, et qui planifient les étapes que nous devons suivre pour progresser. »

Pendant quelques années, le Dr Felkin et un groupe de membres de R.R. et A.C. se réunissaient le dimanche pour entrer en contact et faire du travail astral avec le maître arabe, dont la mission était, comme nous l'avons vu, de réaliser l'union de « l'Orient et de l'Occident », en formant une chaîne magnétique d'adeptes dans le monde entier, comme moyen de contrôle par ces maîtres. Ce qui suit est l'une des expériences astrales les plus significatives. Au fur et à mesure qu'elle se produisait, elle était consignée mot pour mot par le scribe, et le « canal » — qui l'a vue avec deux autres personnes — était notre informateur :

"16 *avril* 1916.

« Une pièce sombre avec un sol poli et des murs sombres. Des personnes sont assises autour d'une longue table polie. Un vieil homme est assis à la tête d'un fauteuil sculpté. Des lumières dans des appliques autour des murs se reflètent sur le sol poli. Tous sont vêtus de robes sombres ; le vieil homme porte une curieuse coiffe, qui n'est pas sans rappeler celle du grand prêtre juif, recourbée sur les côtés comme des cornes. Elle est rouge, brodée d'or et de joyaux. Un brasero se trouve au centre de la table ; de temps en temps, quelqu'un y jette un peu d'encens. Chacun a devant lui un plat d'encens d'une sorte différente, et tous en répandent à tour de rôle. Le siège au pied de la table, semblable à celui de la tête, est vacant, soit *treize* personnes en tout ; il y a six personnes de part et d'autre de la table. Le vieil homme parle. Il a des yeux sombres et brillants, aux paupières plutôt tombantes. Il semble dire : 'L'heure approche et nous ne sommes pas encore tout à fait prêts. Je dois rester ici pour entretenir le feu, mais vous devez retourner chacun dans votre pays, et lorsque nous nous réunirons à nouveau ici, la chaise vacante sera occupée. Ils font tous un signe de la main gauche, comme s'ils voulaient rapidement tracer une ligne avec celle-ci sur la main droite qui est tenue avec les doigts raides ensemble, le coude droit reposant sur la table. Ils ont des anneaux de sceau profondément gravés au premier doigt, de grosses pierres sombres. Nous rencontrerons peut-être celui qui doit revenir dans ce pays. Il est difficile de voir les visages, car ils portent des dominos avec des capuches sur la tête. Maintenant, tous se lèvent et répètent un verset en latin. D'abord quelque chose à l'unisson — Jean IV.7-12 (Johannisme !). Puis chacun dit à tour de rôle un mot de l'un des textes. L'homme qui doit venir ici dit « Amor ». Puis, ensemble, ils disent : « Nobis hoc signum ». Le vieil homme a l'air italien ou juif... Il fait très montagneux à l'extérieur... Il est debout maintenant, et a fait un pas sur le côté de sa chaise, qui semble être sur deux marches, de sorte qu'il est au même niveau que la table. Les gens passent devant lui, et chacun donne une poignée et un mot de passe. Ce mot de passe semble être le mot de chacun qui a été dit dans la phrase. Ils s'alignent devant une porte à rideaux et lui font face. Il porte au cou une lourde croix en or avec laquelle il les bénit. Ils font un geste de salutation et disparaissent derrière le rideau. Sur la table, devant le siège du vieil homme, se trouve une baguette de lotus en ébène noir. Le lotus est fermé en forme de cône ; il est entouré d'une lumière. Le vieillard reste seul ; il fait le tour de la table et dépose les restes d'encens de chaque plat sur le brasero. Il enlève maintenant son curieux bonnet et le pose sur la table à côté de la baguette. Il enlève son domino, l'air très pensif. Il n'a pas plus de cinquante-cinq ou soixante ans, il porte une barbe sombre et soyeuse, une moustache sombre, des cheveux sombres séparés par le milieu, bouclés et laissant apparaître une fine pointe sur le dessus. Il a revêtu une soutane. Il prend maintenant sa baguette ; il appuie sur un petit bouton dans le manche et la fleur s'ouvre. La fleur est en nacre avec un centre en cristal brillant. Elle est plate, mais elle brille à la lumière. Il dit quelque chose dans une langue étrangère à propos de la Loi : « La Loi sera accomplie » !

La raison de cette présentation est la suivante : 'L'Arabe veut que nous nous rendions compte que, partout dans le monde, ceux qui sont les porteurs de lumière de l'avenir se préparent. Il y a donc des hommes mystérieux — encore dans le corps de la chair — qui apparaissent astralement, établissent des liens éthériques et construisent des canaux par lesquels ils peuvent préparer le monde à ce que l'on appelle la « flamme pentecôtiste » ou l'illuminisme mondial, qui doit réaliser le Grand Orient Judaïque, la « République Universelle ».

Or, la Stella Matutina et la R.R et A.C. ont pour maîtres cachés un chef et douze frères, comme nous le verrons plus loin, qui travaillent sous ses ordres.

Dans les Prophéties de Jane Lead, 1681-1704, qui sont rosicruciennes et illuministes, et correspondent étroitement à l'enseignement de la S.M., et sont, avec leurs sept Prophètes successifs, l'inspiration de l'actuelle Société de la Panacée, nous trouvons ceci : 'Il (le Maître) va maintenant aussi élire et désigner DOUZE personnes principales comme bâtisseurs des fondations... selon les instructions de leur Chef principal : et ainsi de suite, pour multiplier le nombre de disciples, jusqu'à ce qu'ils soient innombrables'. Les prophéties concernent un second avènement.

En ce qui concerne l'utilisation de I John, Mme Nesta Webster, dans son ouvrage *Secret Societies and Subversive Movements*, écrit :

'Ainsi, le Dr Ranking, qui a consacré de nombreuses années d'étude à cette question... dans un article très intéressant publié dans la revue maçonnique « Ars Quatuor Coronatorum », observe : 'Depuis le début du christianisme, un ensemble de doctrines incompatibles avec le christianisme a été transmis au cours des siècles dans les différentes Églises officielles. Les organismes qui enseignent ces doctrines prétendent le faire sur la base de l'autorité de saint Jean, à qui, selon eux, les vrais secrets ont été confiés par le fondateur du christianisme. Au cours du Moyen Âge, le principal soutien des organismes gnostiques et le principal dépositaire de cette connaissance (le johannisme) était la Société des Templiers. Et il ajoute : 'L'histoire des Templiers en Palestine est un long récit d'intrigues et de trahisons de la part de l'Ordre.''

De nombreux groupes d'aujourd'hui se croient en communication directe avec le Christ !

Elle cite à nouveau Lecouteulx de Canteleu :

'En France, les chevaliers (Templiers) qui quittèrent l'Ordre, désormais cachés, et pour ainsi dire inconnus, formèrent l'Ordre de l'Étoile flamboyante et de la Rose-Croix, qui, au XVe siècle, s'étendit à la Bohême et à la Silésie.'

Curieusement, le symbole de la Stella Matutina est l'étoile à cinq branches, et celui de la R.R. et A.C. l'étoile à six branches et la rose-croix.

Elle nous apprend également que dans les "Loges de Melchisedeck", le degré de la Rose-Croix occupe la place la plus importante. Que l'Ordre était généralement décrit comme les "Frères asiatiques", dont le centre se trouvait à Vienne, bien que ses origines réelles soient obscures.

Le titre de "Chevaliers et Frères de Saint-Jean l'Évangéliste" suggère une inspiration johannite... De Luchet, qui, en tant que contemporain, était en mesure d'acquérir des informations de première main, décrit ainsi l'organisation de l'Ordre qui, comme on le verra, était entièrement judaïque. La direction supérieure s'appelle le petit et constant

Sanhédrim de l'Europe... l'Ordre possède les vrais secrets et les explications, morales et physiques, des hiéroglyphes du très vénérable Ordre de la Franc-maçonnerie'. L'initié doit jurer une soumission absolue et une obéissance inébranlable aux lois de l'Ordre... « Qui, » demande de Luchet, « a donné à l'Ordre ces prétendus secrets ? Telle est la grande et insidieuse question des sociétés secrètes. Mais l'initié qui reste, et doit rester éternellement dans l'Ordre, ne la découvre jamais ; il n'ose même pas la poser. Il doit promettre de ne jamais la poser. C'est ainsi que ceux qui participent aux secrets de l'Ordre en restent les maîtres ». (Voir l'engagement du Dr. Felkin envers le Troisième Ordre en 1909).

C'est profondément vrai pour les sociétés secrètes actuelles. Dans les Prophéties de Jane Lead, il est question de la « Cour et du Conseil supérieurs », et nous lisons : 'Pour s'élever aux degrés successifs de l'Ordre de Melchisedeck, l'ensemble de l'holocauste est requis. Dans la S.M., nous trouvons un rituel spécial pour l'invocation de Melchisedeck, ainsi qu'un degré supérieur dans le R.R. et l'A.C. Comme l'a dit le comte de Saint-Germain à propos de son sacerdoce Melchisedeck : « Vous guiderez le cours des étoiles, et ceux qui gouvernent les empires seront gouvernés par vous. » N'est-ce pas également vrai de ces sociétés secrètes d'aujourd'hui, ou du moins de la puissance qui agit à travers elles ?

En outre, Mme Nesta Webster écrit à propos du « Maître » de la Co-maçonnerie de Mme Besant :

> « Mais au troisième degré, l'information étonnante est confiée avec une apparence de grand secret, qu'il n'est autre que le célèbre Comte de Saint-Germain, qui n'est pas réellement mort en 1784, mais est toujours vivant aujourd'hui en Hongrie sous le nom de Ragocsky... le Maître est en réalité un Autrichien de naissance royale. »

Dans l'*Histoire de la magie* d'Eliphas Levi, une note indique : « Saint-Germain a témoigné de son côté... qu'il était le fils du prince Ragocsky de Transylvanie ».

Il est intéressant de constater, parmi les Ordres d'aujourd'hui, à quel point les dates de leurs différentes réalisations correspondent :

*Les Théosophes et l'Ordre de l'Étoile à l'*Est — 1926. L'Instructeur mondial à venir, soutenu par douze apôtres. Il est venu et reparti et n'a pas réussi à captiver ou à convaincre le monde !

S.M. et R.R. et A.C. — 1926 à 1933-5. Réincarnation de Christian Rosenkreutz, avec un soutien probable de douze prêtres.

Société *Panacea* — 1923-7. Deuxième avènement soutenu par douze femmes apôtres.

Spiritualistes — 1925-8. Une catastrophe menant à un monde et à une Église purgés et purifiés ! Un nouveau Ciel et une nouvelle Terre !

Ne devons-nous pas en conclure que tous ces mouvements ne sont que des « canaux » utilisés par la « Grande Loge Blanche » — ou s'agit-il du « petit et constant Sanhédrim » des Sages de Sion ? — pour amener les Juifs à dominer le monde — car ils décrètent : « La Loi doit être accomplie ! ».

Voici un autre enseignement pictural significatif donné au Dr Felkin en 1916 par son Maître arabe. Il dépeint le grand travail mondial de ces maîtres cachés, tel qu'il est accompli aujourd'hui en Russie et tel qu'il est actuellement tenté dans toutes les autres races et nations — c'est l'initiation révolutionnaire mondiale ; c'est le *solve* et le *coagula* — la destruction et la reconstruction — du Grand Orient Judéo-Maçonnique Illuminé ; car « tout, oui, tout doit être détruit, puisque tout doit être refait ». C'est l'établissement du Royaume d'Adonaï, le Seigneur juif de l'Univers, construit sur les ruines de toutes les anciennes civilisations.

'C'est l'image d'une femme, pleurant et assise — elle est

l'Esprit de la Terre. Derrière elle se trouve un autre personnage vêtu d'une robe flottante : c'est Adonaï, le Seigneur de l'univers. Il a les bras étendus et une couronne sur la tête ; dans sa main gauche se trouve une épée pointée vers le haut, avec des gouttes de sang qui coulent le long de la lame jusqu'à la garde. Dans sa main droite se trouve une coupe, d'où s'écoule du sang qui tombe sur la robe verte de la femme. Le personnage de derrière porte la coupe aux lèvres de la femme ; elle boit et ses larmes tombent dans la coupe ; il tourne l'épée et l'enfonce dans son flanc de manière à la transpercer. Pendant qu'il fait cela, tenant toujours la coupe aux lèvres de la femme, ses bras l'enlacent et l'un d'eux, ou les deux, disent : « Je suis toi, une d où que tu cherches, tu me trouveras ». Et les deux figures semblent se dissoudre dans la LUMIÈRE et une seule figure énorme et glorieuse émerge'.

Cette initiation peut être aussi bien individuelle qu'universelle, et nous avons vu qu'elle est synonyme de souffrances et de sacrifices inouïs, de perte de la personnalité, et qu'il n'en ressort qu'un automate illuminé et sans vie.

L'enseignement cabalistique quelque peu réconditrant qui suit a été donné à Mathers, l'un des premiers chefs, par les « chefs cachés et secrets », et a été transmis au Dr Felkin par le chef de l'époque du temple Amen Ra, à Édimbourg. Il s'agit d'une curieuse description de la manière dont une triade ou un triangle d'adeptes, formant un lien éthérique, mettant en action des « vibrations réciproques » avec les maîtres cachés, devaient transmettre leurs influences et contrôler l'Ordre. Il est donné ici pour le bénéfice des quelques personnes capables de le suivre, car il explique ce qui s'est passé plus tard lorsque les maîtres ont essayé d'établir un tel Triangle de Pouvoir dans le R.R. et A.C. en 1917-19. Pour ceux qui ne peuvent pas ou ne veulent pas suivre, on peut passer outre.

LA LOI DE LA RÉVOLUTION ALAMBIQUÉE DES FORCES SYMBOLISÉES PAR LES QUATRE AS AUTOUR DU PÔLE NORD

Dans le livre T. (le Tarot), il est écrit : 'Le Dragon (c'est-à-dire Draco, la constellation du pôle nord des cieux) entoure le pôle de KETHER des cieux célestes'. Il est en outre établi que les quatre forces symbolisées par les quatre princesses ou amazones gouvernent les cieux célestes depuis le pôle nord du zodiaque jusqu'à 45 degrés de latitude nord de l'écliptique. Nord de l'écliptique, et du Trône des quatre As qui règnent en KETHER. Il est à nouveau indiqué que le Trône des quatre As qui gouvernent dans la KETHER.

As de Coupe = Tête de Draco.

As d'épée = Partie antérieure du corps.

As de Pentacles = Partie postérieure du corps.

As des baguettes = Queue de Draco.

'Considère donc la forme de cette Constellation du Draco. Elle est alambiquée en quatre endroits, répondant à la règle des As. Car dans les quatre Forces de Yod, He, Vau, He, le feu et l'eau sont contraires, ainsi que la terre et l'air. Et le Trône des éléments attirera et saisira, pour ainsi dire, la force de l'élément, de sorte que les forces d'antipathie et de sympathie, ou ce que l'on appelle chimiquement la répulsion et l'attraction, se trouvent ici…

« Il est dit que KETHER est dans MALKUTH et encore une fois que MALKUTH est dans KETBER, mais d'une autre manière. Car en descendant à travers les quatre mondes, le MALKUTH du moins matériel sera lié au KETHER du plus matériel. De la synthèse des dix corruscations de l'Aur procède l'influence dans… le KETHER d'ATZILUTH, et le lien de connexion ou fil de l'AIN SOPH s'étend à travers les mondes, à travers les dix sephiroth et dans toutes les directions… Le symbole de la connexion entre le MALKUTH de YETZIRAH (mental) et le KETHER d'ASSIAH (matériel) aura une forme ressemblant quelque peu à un sablier, le fil de l'AIN SOPH, dont il a été question plus haut, traversant le centre de celui-ci et formant la connexion entre les mondes. Le symbole de la connexion entre les plans est donc celui-ci, de même que le *modus operandi* de la translation de la force d'un plan à l'autre. C'est pourquoi le titre de la sphère de KETHER d'ASSIAH signifie le commencement du mouvement tourbillonnant.

D'après le diagramme du symbole du sablier, il sera manifeste que le MALKUTH de YETZIRAH transmettra les forces Yetziratiques au KETHER d'ASSIAH, que ce dernier les recevra et que le symbole du sablier ou double cône sera le traducteur d'un plan à l'autre. Examinons donc la nomenclature du dixième chemin (répondant à MALKUTH) et du premier chemin (répondant à KETHER).

'Le dixième chemin répondant à MALKUTH :

« Elle est appelée l'Intelligence Resplendissante, et elle est ainsi appelée parce qu'elle est exaltée au-dessus de toute tête et qu'elle siège sur le Trône de BINAH, et qu'elle illumine la splendeur de toutes les Lumières et qu'elle fait couler le courant d'influence du Prince des Compensations' (c'est-à-dire Mettatron ou le Seigneur de la Lumière).

'Le premier chemin menant à KETHER :

« On l'appelle l'intelligence merveilleuse ou cachée (la plus haute Couronne). Car elle est la Lumière qui fait comprendre le Primordial sans commencement, et elle est la Gloire Primordiale — car rien de créé n'est digne de suivre son essence.'

'D'où il ressort que MALKUTH est en quelque sorte le collecteur et la synthèse de toutes les forces en son lieu ou dans son monde, tandis que KETHER, étant supérieur à tous, également en son lieu et dans son monde, sera le récepteur et l'arrangeur des forces du plan de l'au-delà, de manière à les distribuer dans ses séphiroth subordonnées d'une manière dûment ordonnée.

« C'est pourquoi n'importe quelle force parmi les multitudes et les innombrables forces du MALKUTH peut agir à travers le cône supérieur du symbole du sablier et, au moyen du cône inférieur, traduire son opération dans le KETHER en dessous, mais son mode de transmission se fera à travers ses cônes par le fil de l'AIN SOPH ou du non formulé. Ainsi, dans la transmission entre les deux mondes, le formulé doit d'abord devenir non formulé avant de pouvoir se reformuler dans de nouvelles conditions (mort et désintégration !). Car il est évident qu'une force formulée dans notre monde, si elle est traduite dans un autre, sera déformulée selon les lois d'un lieu de nature différente, de même que l'eau dans son état fluide sera soumise à des lois différentes de celles qui la régissent lorsqu'elle se trouve dans les conditions de la glace ou de la vapeur.

'Et comme nous l'avons déjà dit, il y a une division élémentaire principale de la sephira MALKUTH dans le diagramme du MINUTUM MUNDUM, chacune d'entre elles aura sa formule corrélative de transmission au KETHER suivant. D'où la domination des quatre chevaliers ou princesses du Tarot autour du Pôle Nord dans le livre T. attribué aux Cieux (Le triangle et l'Unité).

'Comme KETHER doit recevoir de MALKUTH, il est nécessaire qu'*il y ait* dans et autour de KETHER *une force qui participe de la nature de MALKUTH, bien que de nature plus subtile et plus raffinée,* et c'est pourquoi les forces finales "He" ou Princesses ont leur domination placée au-dessus de KETHER, afin qu'elles puissent attirer de MALKUTH de plus haut et former la base d'action pour les As. C'est ainsi qu'une matière raffinée peut attirer son semblable et que les forces spirituelles ne se perdent pas dans le vide et ne produisent qu'une destruction erronée et tourbillonnante, faute d'une base solide. Telle est la formule réciproque, en toutes choses, de l'esprit et du corps, puisque chacun fournit à l'autre ce qui lui manque. En effet, si le corps n'est pas raffiné dans sa nature, il entravera l'action des esprits qui lui sont apparentés ; et si l'esprit n'est pas disposé à s'allier au corps, ce dernier en souffrira, et chacun réagira naturellement sur l'autre... Mais il est aussi nécessaire de gouverner l'esprit que de raffiner le corps, et à quoi sert-il d'affaiblir le corps par l'abstinence si l'on encourage en même temps l'absence de charité et l'orgueil spirituel ? C'est simplement traduire un péché en un autre, et c'est pourquoi les forces finales "He" sont nécessaires dans le KETHER comme il est dit dans le dixième sentier de YETZIRAH, "Il est ainsi appelé parce qu'il est exalté au-dessus de toute tête et qu'il siège sur le Trône de BINAH." Maintenant, dans l'Arbre, les sephiroth CHOKMAH et BINAH se réfèrent au monde BRIATIQUE, qui est appelé le Trône du monde Aziluthique, auquel KETHER est référé dans l'Arbre, et en se référant aux dominations des quatre Princesses, tu trouveras que dans la sphère ils incluent CHOKMAH et BINAH aussi bien que KETHER.

'Il n'y aura pas une mais quatre formules de l'application des quatre forces de MALKUTH dans la révolution de l'ACE en KETHER, et celles-ci agiront non pas individuellement mais simultanément et avec un degré de force différent. Et comme (si MALKUTH et KETHER se trouvaient sur le même plan ou dans le même monde) la transmission de ces forces de l'un à l'autre se ferait plus ou moins en lignes directes, dans ce cas (comme MALKUTH et KETHER se trouvent sur des plans et dans des mondes différents) les lignes de transmission de ces forces sont prises et tourbillonnées par le cône supérieur du symbole du sablier dans le vortex, où et à travers lequel passe le fil de l'informe — c'est-à-dire AIN SOPH (le lien éthérique). De là, elles sont projetées dans une circonvolution tourbillonnante (pourtant conforme à leur nature) à travers le cône inférieur du symbole du sablier jusqu'à KETHER. Il en résulte que ces formules sont de la nature du Dragon ou du *Serpent, c'est-à-dire qu'*elles se déplacent en circonvolutions, et c'est pourquoi on les appelle les formules du Dragon ou du Serpent (ailées pour l'air, à nageoires pour l'eau, ou à pieds pour la terre).

'Une autre action des forces de MALKUTH de YETZIRAH se transmettant dans le KETHER d'ASSIAH sera celle des *rayons vibratoires* continus agissant du centre de la circonférence, et qui met en action les forces du fil de l'informe (AIN SOPH).

Rappelons ce qui est écrit dans le chapitre des chars, Ezéchiel IV, 5-6 : "Je regardai, et voici qu'un tourbillon impétueux sortit du nord, et une nuée puissante, et un feu qui tournoyait violemment sur lui-même, et, du milieu, comme un œil de lumière au milieu du feu, et, du milieu, des formes de quatre chars".'

Telle est donc la méthode par laquelle ces maîtres diaboliques de la Cabale travaillent sur le plan mental ou astral, formant des liens éthériques par lesquels ils peuvent agir sur un Ordre et, à nouveau, à travers lui, directement sur le monde. Un exemple de la façon dont cela a été tenté dans le R.R. et A.C. sera donné prochainement, montrant comment ces maîtres ont cherché à former un Triangle d'adeptes "KETHER, CHOKMAH, et BINAH, à travers lequel leur ŒIL de Pouvoir devait se manifester. Mais d'abord, le Triangle devait devenir, pour ainsi dire, un « vaisseau vide », qui devait être rempli de lumière astrale — illuminé — une dynamo, condensant et projetant les forces des Maîtres, recevant leurs instructions, et comme des automates les transmettant à ceux qui les entourent. Ainsi, comme une épidémie ou un feu follet, ces enseignements et ces forces se répandent le long de la chaîne magnétique, orientant un Ordre, un groupe, une nation et le monde. Il s'agit d'un plan diabolique qui n'a pu être élaboré que par un esprit cabalistique.

Mais tentons d'abord la difficile tâche d'expliquer cet éther universel ou cette force vitale qui est à la base de leur pouvoir.

Lorsqu'un candidat souhaite entrer dans la Stella Matutina, il doit signer un formulaire de consentement personnel et de secret, dans lequel l'objectif de l'Ordre est déclaré être le "développement spirituel", c'est-à-dire l'éveil des sens intérieurs. On leur explique également que la raison de ce secret est que l'enseignement peut être utilisé pour la magie noire ou blanche, et qu'il deviendrait donc dangereux s'il était connu de tous. Le but principal de toutes ces sociétés secrètes est cependant d'apprendre à leurs membres à se défaire de leur emprise sur les choses matérielles et à fonctionner consciemment sur le plan astral, car ce n'est que sur ce plan que ces maîtres diaboliques peuvent, sans se trahir, contacter, influencer, relier et utiliser les adeptes dans leurs plans secrets et universels. Dans les premiers grades de la S.M., les néophytes reçoivent des méditations, des exercices respiratoires et des procédés apportés d'Allemagne par E.O.L., l'adepte qui avait été formé là-bas pour servir de lien éthérique entre le corps allemand et l'Ordre en Angleterre. Ces exercices éveillent et élèvent les forces sexuelles inutilisées, la Kundalini ou le "serpent à l'intérieur" de l'adepte, et réveillent les sens intérieurs.

Peu de temps avant d'entrer dans l'Ordre Intérieur, l'adepte est poussé plus loin dans ce développement astral ; il est initié aux mystères de la vision Tatwique, une forme de Yoga. En bref, selon les yogis, il existe dans l'Univers un Grand Souffle ou Swara — *évolution* et involution ; c'est le principe créatif universel ou la force vitale. Il s'agit de *Pingala*, le souffle positif ou solaire, d'*Ida*, le souffle négatif ou lunaire, et de *Susumna*, le feu unificateur ou destructeur. C'est le pouvoir du serpent ou le triangle de la manifestation dans toute la création. Dans l'adepte, c'est la Kundalini, et la fusion de celle-ci avec la force vitale universelle, le Nirvana, est la fin de tout le yoga. En outre, il existe cinq modifications de ce Grand Souffle, appelées *Tatwas*, éthers ou matières raffinées, chacune ayant des vibrations distinctes, des fonctions différentes, une forme et un sens différents ; chacune d'entre elles est à nouveau chargée à son tour des cinq. Ils sont apparentés à l'éther et aux quatre éléments — le Pentagramme.

Ils sont les suivants : (I) *Akasa* - éther (appelé esprit), sombre, en forme d'œuf : son. (2) *Vayu* - gazeux, air, sphère bleue : toucher. (3) *Tegas* — *igné*, feu, triangle rouge : vue. (4) *Apas* - liquide, eau, croissant argenté : goût. (5) *Prithivi* - solide, terre, carré jaune : odorat. Les quatre états de la matière terrestre existent dans notre sphère — et chacun envahit constamment le domaine de l'autre, et nous obtenons ainsi ce que l'on appelle les Tatwas mélangés ou interchargés. Ces Tatwas ou souffles circulent en rotation régulière dans le système nerveux du corps humain, exactement comme dans l'univers extérieur : ce qui est en haut est en bas.

Ráma Prasád, dans un livre intitulé *Nature's Finer Forces*, écrit pour les théosophes en 1889, nous dit que tout le processus de création, sur n'importe quel plan de vie, est accompli par ces Tatwas dans leurs aspects négatifs et positifs, et que tout ce qui a été ou est en train d'être sur notre planète, sous tous ses aspects, a une trace lisible dans l'éther. Il ajoute qu'à volonté, "le yogi pratiquant peut mettre devant ses yeux n'importe quelle image de n'importe quelle partie du monde, passée ou présente", et qu'" un yogi en contemplation peut avoir devant les yeux de son esprit n'importe quel homme à n'importe quelle distance, et peut aussi entendre sa voix » ; il suffit pour cela que les esprits soient sympathiques, c'est-à-dire accordés sur la même tonalité. Il appelle cela « les phénomènes de télégraphie mentale, de psychométrie, de clairvoyance et de clairaudience, etc. Il s'agit également de vibrations réciproques. Un autre extrait d'un manuscrit de la S.M. nous dit : « L'étudiant deviendra progressivement capable de regarder dans l'avenir à volonté, d'avoir tout le monde visible sous les yeux et de commander à la Nature ; ce pouvoir met également à nu les rouages secrets du monde ». Par le pouvoir de cette force vitale, voulue, dirigée et contrôlée par un adepte, « un ennemi peut être détruit, le pouvoir, la richesse, le plaisir, etc. obtenus ». Elle peut également provoquer ou guérir une maladie, et par elle, un contrôle hypnotique peut être exercé. Et par ce pouvoir, l'apathie peut être engendrée dans n'importe quel corps ou groupe, une forme d'hypnotisme de masse ! Dans ces ordres, l'utilisation de ce pouvoir est toujours contrôlée par les maîtres !

Ce sont donc les forces utilisées dans tous les groupes illuminés pour obtenir ce que l'on appelle le développement et l'accomplissement spirituels, et par ces forces et sa profonde connaissance de leurs potentialités, ce centre mystérieux cherche à influencer l'esprit et les actions de l'adepte, non pas pour le bien de l'humanité, mais pour son asservissement. Dans la Stella

Matutina, l'adepte est assuré que tant qu'il reste au sein de l'Ordre, en utilisant les méthodes de l'Ordre, aucun mal ne peut lui arriver ! Dans cet Ordre, ces symboles Tatwa colorés, avec leurs formules correspondantes et les noms divins cabalistiques, qui sont de puissantes forces astrales, sont utilisés pour obtenir une vision astrale selon la nature du Tatwa, en utilisant toujours de l'encens pour aider à détacher l'astral du corps matériel. Au début, ces visions sont vagues et légères, mais elles gagnent en clarté et en apparente réalité au fur et à mesure que l'adepte se développe, jusqu'à ce qu'un jour, venant apparemment de nulle part, un mystérieux moine ou frère à la robe brune, un gardien de l'Ordre, un maître ou même un faux Christ, apparaisse et prenne en charge l'expédition astrale, emportant l'adepte peut-être dans un monastère isolé, une forteresse rocheuse, un temple, une caverne lugubre, ou même au pôle Nord ! où un rite sinistre et magique est généralement accompli et où des instructions sont données symboliquement ou en paroles. Ces aventures astrales se poursuivent et s'intensifient jusqu'à ce que la vision de la vie de l'adepte s'oriente progressivement vers les plans du monde de ces maîtres et la niche qu'il doit lui-même occuper.

Les dangers pour l'individualité et la mentalité de l'adepte sont en effet importants et très réels. Par exemple, deux adeptes intérieurs, qui ne savaient rien du Maître Atarab du Dr. Felkin, ont trouvé, au moyen de ces Tatwas, le chemin, à plusieurs reprises, vers un monastère isolé, perché en haut d'un précipice rocheux surplombant un ruisseau quelque peu turbulent, et avant d'entrer dans le monastère, ils ont dû donner un signe de reconnaissance qui s'est avéré plus tard être celui du Maître Arabe ! Dans le monastère, on tenta d'obséder l'un ou l'autre de ces adeptes, et qui peut dire qu'ils ne furent pas finalement contrôlés par ce maître ? Ils ont tous deux continué longtemps ces visites astrales, et sont restés des instruments fidèles alors que d'autres ont douté et sont partis ! D'autres adeptes utilisant le même Tatwa arrivèrent apparemment au même monastère, où on leur montra le pastos, ou tombeau, dans lequel reposait, leur dit-on, le Maître qui avait été tué ! Sans doute Adoniram ou Hiram, le Maître des Templiers dont la mort était toujours célébrée par les Templiers, en gage de vengeance ! Le Dr Felkin a écrit qu'il avait également visité astralement ce même monastère !

Avec le temps, ce travail devient comme l'intoxication du haschisch, incitant à un besoin éternel de rêves et de gymnastique astraux toujours plus nombreux, et peu à peu la personnalité de l'adepte se retire, la vie devient une ombre, les maîtres dominent chacune de ses pensées et chacun de ses actes, il devient leur instrument, exécutant leurs ordres sinistres, trompeurs et souvent peu compris. C'est la « libération » ou la liberté au sein de ces Ordres, et, comme les Khlysty russes avec leur « ferveur », la vie de l'adepte devient rapidement morte sans excitation astrale. Cela devient le travail de sa vie et même sa religion !

Tout au long de l'histoire des R.R. et A.C., nous trouvons des « canaux » contrôlés, formant des liens éthériques avec ces maîtres cachés, qui sont presque invariablement usés mentalement et physiquement, par le biais d'épreuves et de tests, jusqu'à ce qu'absolument épuisés, ils s'accrochent à la « paix et au repos » — l'auto-immolation et l'esclavage — offerts par leurs tortionnaires ambitieux, fanatiques et diaboliques.

Le Dr. Felkin, dans son histoire déjà citée, écrit :

"En 1910, le Frater F. R. (Dr. Felkin) a pu présenter E.O.L. (qui était à l'étranger en quête de santé) aux membres du Troisième Ordre (en Allemagne). Ces Frères dirent alors que pour former un lien éthérique définitif entre eux et la Grande-Bretagne, il était nécessaire qu'un Frère de Grande-Bretagne soit sous leurs instructions pendant un an… Le Frère E. O. L. décida de se placer sous l'instruction du Troisième Ordre. Il commença immédiatement à enseigner, et après avoir résidé pour quelque temps en Allemagne du Nord et en Autriche, il fut envoyé pour un temps à Chypre. Il fut ensuite envoyé en Égypte, puis au Mont Carmel, et aurait dû se rendre à Damas, mais ne le fit pas. Il fut ensuite envoyé à Constantinople (où il était en contact étroit avec le "Parti Jeune Turc"), et finalement retourna en Allemagne, où, ayant passé ses tests, il fut initié par dispense spéciale aux premiers grades de la Société Rose-Croix, correspondant à notre 6-5."

Bien que le Troisième Ordre allemand soit censé former E.O.L., nous trouvons l'omniprésent professeur arabe déclarant, le 29 janvier 1911 : "Le troisième ordre allemand recevra tout ce qu'il peut de Steiner et nous trouverons quelqu'un d'autre en temps voulu : "E.O.L. recevra tout ce qu'il peut de Steiner, et nous trouverons quelqu'un d'autre en temps voulu. Et encore, le 5 juillet 1911 :

> "Il suit ses propres désirs au lieu de la quête qui lui a été proposée. Il aurait dû aller à Damas, mais il ne peut pas être conduit ; il a reçu les messages qui lui ont été donnés, et il ne les a pas acceptés. L'Arabe fera encore un effort et essaiera de le mettre en contact avec quelqu'un à Constantinople, mais ce sera plus difficile, et le résultat sera plus que douteux."

Le 26 novembre 1911, nous trouvons l'Arabe formant un groupe de membres du R.R. et de l'A.C. pour attirer et faire tomber les forces, et ainsi fixer la Lumière dans l'Ordre comme base matérielle pour son travail mondial :

Il est similaire aux cercles druidiques :

> "... autour du symbole (au centre) était rassemblé le groupe intérieur (sept planètes ou aspects de la force solaire) d'où jaillit la LUMIÈRE ou la flamme, mais cette lumière ne brûlera régulièrement que si chaque membre apporte sa part de l'énergie ou du combustible nécessaire.
>
> ... Chacun a son propre élément à donner, et sans chacun le feu ne peut pas brûler. Mais le groupe extérieur (les signes du zodiaque) est en partie un abri pour le groupe intérieur, et une source d'énergie pour les membres intérieurs et pour attiser la flamme. Les membres intérieurs doivent y puiser...'

E.O.L. reçut le symbole de Luna — la lune croissante et décroissante de Baphomet des Templiers. Apparemment, il devait être le vaisseau négatif qui devait recevoir la LUMIÈRE des maîtres et la transmettre à l'Ordre — le lien éthérique. Il avait manifestement été amené à un tel état d'épuisement et de dépression que l'Arabe l'avait mis en garde :

'E.O.L. consume ses forces par des énergies mal dirigées (en affirmant sa propre individualité !) ; son heure n'est pas encore venue, mais il attire les forces destructrices au lieu de les repousser.) ; son heure n'est pas encore venue, mais il attire les forces destructrices au lieu de les repousser, et s'il ne cesse de le faire, il mourra avant l'heure, manquant ainsi l'accomplissement de son destin et de sa vocation... En éjectant de force le démon de la mélancolie qui attire la forme extérieure de la mort... il doit lui substituer un centre de Lumière, et alors il attirera les forces de la vie et se rétablira.'

Qu'en est-il des forces malignes et négatives de son symbole Luna ? De plus, il devait y avoir des paires d'adeptes et l'opposé d'E.O.L. "devait être quelqu'un d'une vitalité très intense dans lequel E.O.L. pouvait puiser de la force en cas de besoin". En d'autres termes, E.O.L. devait obéir à son bondmaster et devenir son "vaisseau de Lumière", et c'est ainsi que ce maître d'œuvre cherchait à construire son "Temple de Pierres Vivantes".

A la veille de la première visite du Dr Felkin en Nouvelle-Zélande, à l'automne 1912, E.O.L., qui, bien qu'encore en mauvaise santé, devait prendre en charge l'Ordre pendant l'absence du Dr Felkin, mourut soudainement et de façon inattendue. L'Arabe fut très contrarié, car son jeu diabolique avait mal tourné, et il déclara qu'il n'y avait aucune raison à sa mort, qu'il avait simplement lâché prise et qu'il s'était éclipsé ! C'est tout ? L'Arabe déclara cependant que le travail d'E.O.L. n'était pas encore terminé ; comme Christian Rosenkreutz, il trouverait un jour un corps d'adulte et en prendrait possession, évinçant le propriétaire légitime, et il y accomplirait son destin interrompu ! Plus tard, le Dr Felkin fut informé qu'il devait trouver quelqu'un d'autre pour prendre la place d'E.O.L. en tant que lien éthérique !

En lisant ces récits authentiques sur le fonctionnement interne de ces ordres illuminés, il est bon de garder à l'esprit — comme une explication du mystère du pouvoir directeur — ce que Hoëné Wronski a écrit en 1823-5, comme indiqué *dans Mysticisme et*

Magie au début de ce livre : "Les sociétés secrètes qui ont existé et existent encore sur notre globe... qui, contrôlées par cette source mystérieuse, ont dominé et, malgré les gouvernements, continuent à dominer le monde... tous les partis, politiques, religieux, économiques et littéraires". Ce centre, comme le soulignent de nombreux auteurs, et même des juifs, est "la Hiérarchie suprême et invisible des juifs cabalistiques." Les Ordres contrôlés prétendent tous travailler dans le but de conduire le monde vers "la Paix et la Lumière" ; mais ils jouent tous avec la vie et l'âme de leurs membres, sans jamais les admettre dans le cercle intérieur.

C'est une histoire étrange et presque incroyable, qui ne peut être qu'esquissée ici, que celle du choix d'un autre adepte du R.R. et A.C. qui, bien que rebelle, fut" façonné et taillé », battu et meurtri, dans une tentative de ces maîtres de prendre la place d'E.O.L. en tant que lien éthérique dans l'Ordre. Avant de retourner en Nouvelle-Zélande en 1916, comme nous l'avons vu, le Dr Felkin, sous la direction de ces maîtres, rédigea une nouvelle constitution et tenta d'y inclure un « Oracle Delphique », des adeptes qui devaient être le véhicule par lequel ces maîtres devaient travailler sur l'Ordre et donner des ordres. Mais la commission y opposa son veto. Trois chefs dirigeants furent nommés, l'un d'entre eux n'ayant reçu qu'une formation en magie, les deux autres étant des ecclésiastiques (dont l'un démissionna vers 1919), qui devaient transmettre les enseignements de l'Ordre dans les domaines de la guérison, de la religion, de la société et de l'éthique. Le Dr Felkin prétexta la guerre pour ne pas entrer dans les détails concernant sa prétendue autorité allemande, mais il conserva néanmoins son poste de Haut-Chef à Londres.

L'héritage laissé aux chefs dirigeants par la règle du Dr Felkin, qui n'était pas une règle, était loin d'être enviable, et le Dr Felkin en était lui-même conscient. La suite est une illustration des méthodes décrites par les Protocolistes : « Il est impératif dans tous les pays de perturber continuellement les relations qui existent entre les peuples et les gouvernements. Et ainsi de suite avec les Ordres ! — Le Maître arabe, parlant au Dr. Felkin des dissensions au sein du Temple de Londres, déclara en décembre 1918 : « Ils doivent passer par une période de conflit avant d'entrer dans la Maison de la Paix », la « herse géante » préparant à nouveau le terrain ! Avant que le Dr Felkin ne quitte l'Angleterre, et jusqu'à la fermeture du Temple en 1919, l'Ordre fut déchiré par des dissensions, des jalousies, des chuchotements souterrains, des querelles ouvertes et des rébellions, qui devaient apparemment conduire à cette paix qui signifiait l'abandon inconditionnel et volontaire aux maîtres et à leur travail.

Les maîtres étaient cependant déterminés à avoir leur oracle, et ce devait être un Triangle d'Adeptes, comme le Pouvoir du Serpent, manifestant leurs forces et leurs enseignements dans l'Ordre. Cela devait se faire au moyen d'échanges de fluides psychiques, comme en parlent les *Études d'Occultisme* de M. Henri de Guillebert. Selon lui, le Maître et l'adepte ou les adeptes seraient dans la position de l'hypnotiseur et du sujet sous hypnose, et l'achèvement de cet état serait pour l'adepte « l'anéantissement final de sa personnalité, la destruction de son attribut principal ».

Pour réaliser cette polarité et cette consommation, l'esprit des adeptes devait d'abord être orienté. C'est dans ce but qu'au début de 1917, la R.R. et l'A.C. reçurent soudain presque quotidiennement des messages de ces maîtres cachés ; le langage était cabalistique, digne et beau, bien que parfois arrogant et dominant. Ils créèrent une atmosphère, éveillèrent une attente et, en 1919, la consommation fut définitivement annoncée comme étant une Grande Initiation. Pour préparer cette Initiation, trois adeptes furent formés en une Triade ou Triangle, et placés symboliquement sur l'Arbre de Vie cabalistique, en tant que KETHER, CHOKMAH et BINAH, comme dans ce curieux enseignement donné précédemment, « la Loi de la Révolution Convoluée des Forces », afin que les forces des Maîtres soient attirées d'en haut par une base matérielle raffinée, et s'écoulent à travers elle dans l'Ordre, formant un lien éthérique avec ces Puissances Cachées.

Le processus d'affinage a entraîné de nombreux problèmes inattendus, que les maîtres considéraient comme des tests en vue d'une consommation merveilleuse. Comme le disaient ces Puissances : « Apprends ce que tu dois apprendre et tout ira bien », ce qui signifiait une obéissance absolue et un sacrifice volontaire de tout ce qui était demandé.

Toujours en les comparant avec l'enseignement sur la révolution des forces, témoin les messages donnés par le Seigneur de Lumière, ou « Prince des Compensations », et ses Douze Frères :

"Oh, vous les enfants, vous êtes vraiment les trois élus pour mon travail. Vous êtes l'*Amour, la Puissance* et la *Réconciliation parfaite,* et c'est de vous que viendra l'*Unité parfaite* (quatre forces princesses).

"Le jour de la désintégration et de la mort est devant vous, mais n'ayez crainte, vous avez dépassé le pouvoir de la mort et il ne reste plus que l'épreuve finale. Indemnes et indemnes, vous franchirez la barrière, le voile s'amincit, poussez-vous vers la lumière..."

Le chef dirigeant formé devait être le sommet, le lien éthérique, comme l'a écrit le Dr Felkin, le 2 mars 1917 :

« Vous êtes le principal canal en Angleterre. »

"Apprenez à connaître vos couleurs, car vous devez maintenant les utiliser.

« A toi qui te tiens à l'est (le Chef-KETHER) a été donnée la couleur de l'Unité, car en elle se mélangent le Feu et l'Eau, et d'elle procède l'*Esprit* (combat astral) qui préside à tout. Dans ton travail, utilise toujours bien cette couleur, afin que des multiples exigences de la matière naisse l'union de et avec l'esprit pur. Que ton mot d'ordre soit *Unité,* un et seul — car un est ton Seigneur et tu dois t'unir toujours à Lui. Vous devez être le *récepteur* et l'*émetteur* des forces en présence, c'est-à-dire le *pur esprit blanc* enfermé dans l'unité

LES PORTEURS DE LUMIÈRE DES TÉNÈBRES

de la couleur.

Le rubis est la couleur de l'unité, et ce qui précède signifie la fixation de la lumière astrale dans le corps purifié du chef, contrôlé par le Seigneur et le Maître ! — L'illuminisme.

'Toi, ô enfant, qui te tiens dans l'angle basal gauche (BINAH), tu as reçu la couleur de l'*amour* pur (bleu), les eaux de l'amour qui coulent pour purger le monde maléfique. Enveloppe toujours le monde de ta couleur, mets-la dans la voûte et utilise-la librement à tout moment : tous ont besoin de l'amour divin, alors utilise-la librement et n'aie pas peur.

Nous avons ici une force négative mortelle lâchée sur le monde, le faux pacifisme et l'aveuglement, le manque de force de frappe, créant sans doute une forme d'apathie nécessaire à la domination !

'C'est à toi, mon enfant (CHOKMAH), qu'a été donnée la couleur de la négation et de la force (pourpre), car tu dois toujours conduire vers le haut l'âme de la multitude jusqu'à l'offrande parfaite de la négation pure et, avec cette couleur, tu peux donner de la force à ceux qui s'arrêtent. (Une forme de faux idéalisme !)

'Lorsque vous vous rencontrez consciemment, que vos couleurs se fondent dans la pure blancheur du Christ (lumière astrale) et que ce mélange forme un lien qui englobe le monde.

Les trois forment les forces négatives et positives unies par le sommet, c'est la chaîne d'influence magnétique.

'Vous avez fait descendre l'esprit dans la matière. — L'illuminisme !

« Toi, mon enfant (BINAH), tu dois toujours te reposer consciemment aux pieds du Maître, car tu es le messager des dieux.

Le scribe et le *destinataire* des instructions.

'A vous, ô Ath (Air, CHOKMAH), j'ai d'autres paroles à dire ; reposez consciemment en ma présence, mais ne soyez pas un messager, mais un porteur'.

Transmetteur des forces et des instructions.

'J'ai pour votre chef (KETHER) un autre travail plus puissant, mais le chef en prendra connaissance dans le silence à venir, lorsque vous entrerez tous dans la vaste majesté et la pureté de Dieu.

Après la cérémonie d'initiation et d'illuminisme !

'Vous (KETHER) formez le sommet du Triangle, et vous devez d'abord passer à l'intérieur du voile, afin que du sommet puisse briller la glorieuse beauté du visage du Père (le SOLEIL est le Père). C'est en pur esprit (astral) que vous devez travailler sur la terre, car vous êtes le reflet de cette clarté (la Lune est la Mère et la reproductrice) et de cette pureté qui brûle toujours dans la flamme.

'Que la Triade brille d'une blancheur éblouissante, base pure sur laquelle le Fils (le "Christ" ou la lumière astrale) peut se manifester au monde'.

L'instrument illuminé !

Le Chef, par une « force irrésistible », a été incité à entrer dans l'Église anglicane, en partie pour établir la confiance parmi le clergé que les maîtres espéraient prendre dans leur filet, et aussi pour créer l'élévation et l'atmosphère nécessaires à la fixation du lien éthérique. Avant la tentative de Grande Initiation, comme c'est le cas pour les oracles des Illuminati, il fut dit au Chef : « Un Gardien de l'Ordre te sera donné qui ne te quittera jamais ! » Le Chef devait être sous la surveillance constante du Maître, n'avoir d'autre volonté ou d'autre pensée que les siennes, et n'avoir aucune initiative individuelle.

Les deux angles basaux (approuvés par le Dr Felkin le 14 mai

1919) vivaient plus ou moins constamment sur le plan astral et, comme l'avait fait l'un des chefs précédents, ils se rendaient à l'église pour avoir des visions, recevoir des enseignements et accomplir des rites selon les directives de ces maîtres. Dans la Voûte (le centre de pouvoir de ces maîtres), ils reçurent des grades astraux et furent soumis à d'extraordinaires exercices de gymnastique astrale. L'une des cérémonies finales était donnée par le faux « Christ », ou Seigneur de la Lumière, et ses douze frères, au cours de laquelle ils devaient prêter serment de fidélité, de secret, de service, de sacrifice et d'obéissance absolue, et ce serment devait être signé de leur propre sang — une règle commune aux Illuminati et aux adeptes de la Messe Noire.

L'initiation s'appelait « l'ouverture du tombeau » — la libération, mais « libre de ne pas utiliser votre liberté pour vous-mêmes, mais pour MOI ». Le mot de passe était KADOSCH. L'adepte devait regarder fixement une étoile à six rayons, projetée par le Maître, et passer à travers le feu dans la voûte astrale de l'au-delà. Là, une obligation de secret absolu, d'obéissance et de sacrifice volontaire devait être exigée par le soi-disant Christian Rosenkreutz, qui, avec ses douze frères, devait officier lors de la cérémonie. Enfin, l'adepte devait retourner dans son corps avec le pouvoir sur lui. Le contrôle hypnotique ! Ce n'est qu'après cette initiation que le travail à accomplir serait précisé, et l'Église n'aurait alors plus besoin d'intervenir.

Soudain, sans avertissement, le Seigneur de la Lumière et ses Douze Frères tentèrent de donner cette Initiation au Chef. C'était dans une église de Londres, lors de l'office des Tenebres, le jeudi 17 avril 1919. Pâques est une période spéciale pour la magie noire des Illuminati. Ils disaient que cela signifiait « mort et désintégration ». Brièvement, avant l'entrée du clergé officiant, le Chef vit à la place de l'autel la grande Voûte de l'Ordre intérieur, dans laquelle les Douze Frères, vêtus d'habits noirs et coiffés de capuchons, entraient précipitamment, et presque aussitôt une lumière éblouissante se concentra sur le Chef, et au-dessus, dans ce feu astral, se trouvait le Seigneur de la Lumière. Une douleur aiguë saisit le cœur, suivie d'un curieux malaise rampant, et il fallut toute la volonté déterminée du chef pour éviter la transe complète, mais à mesure que le clergé entrait, la lumière s'estompait graduellement et le malaise disparaissait. Le lendemain, le Maître annonça que l'échec était dû à une erreur de l'un des Frères, pour laquelle il avait été dûment puni !

Et une fois de plus, le Maître envoya ses messages :

> 'Vous vous êtes levés, mais je ne vous ai pas utilisés librement parce que vous n'êtes pas encore en mesure d'accomplir pleinement mon œuvre, mais les limitations sont progressivement éliminées. Les roses fleurissent, mais elles ne sont pas encore blanches et limpides, des offrandes pures prêtes à être acceptées sur le trône de mon Père. (Voir le Dixième Sentier ; également 'Dans l'Arbre, les sépiroth CHOKMAH et BINAH se réfèrent au Monde Briatique qui est appelé le « THRONE » du Monde Aziluthique, auquel se réfère KETHER').

> 'Moi qui parle, je suis envoyé par le Seigneur de la Lumière, le Fils incarné de Dieu'.

De l'émetteur de la lumière astrale ! Le Logos gnostique adoré sous l'image du Serpent !

Le Chef brisa le Triangle, et il s'ensuivit les plus extraordinaires persécutions astrales, des attaques inattendues, des forces, des odeurs accablantes et des projections de lumière astrale, etc..., tout cela dans le but d'induire la transe ou de travailler sur les adeptes physiquement et astralement dans l'espoir de les contrôler et de contrôler d'autres personnes à travers eux. Comme l'a dit le Maître :

> 'Autour de vous, comme un rideau, s'étend la puissance d'en haut ; ne la voyez-vous pas et ne la sentez-vous pas ?

En réponse à la demande d'éclaircissement du chef, le Dr Felkin a câblé de Nouvelle-Zélande : « Le Père Chrétien rassure, tenez bon, Ephésiens vi. II— I2. Lettre suivante ». Et le message du

Père Chrétien (Rosënkreutz) qui suivit fut (10 juillet 1919, dans le N.Z. Vault) :

'Les messages dont vous parlez sont vrais, mais le canal par lequel ils sont arrivés était défectueux. Il faut que les Puissances de la Lumière travaillent à travers les véhicules disponibles, et il arrive souvent qu'un tesson soit rejeté à cause d'un défaut qui en détruit la valeur. Néanmoins, on trouvera le vaisseau de cristal qui, *rempli de Lumière,* brillera à travers les ténèbres... La source du mal est de peu d'importance (les maîtres !), car elle ne peut trouver d'entrée que par la faiblesse qui se trouve en eux mêmes (le manque de foi aveugle !)... Qu'ils aient bon courage, car leurs pieds sont posés sur le Sentier...

'Les Frères sont certes les Frères aînés et les messagers du Seigneur, mais ils ne sont pas infaillibles et n'appartiennent pas à la compagnie des dieux. Ce ne sont que des hommes très avancés qui attendent que le flambeau soit allumé parmi eux, mais ils ne sont pas de ceux que vous connaissez comme des Maîtres, et il n'est pas en leur pouvoir d'allumer le flambeau ni de dire à quel jour ou à quelle heure la flamme de la Pentecôte descendra...'

Et le Dr Felkin d'ajouter :

'Des attaques comme celles que vous avez subies sont sans aucun doute une tentative des forces du mal de distraire l'âme dans son ascension de la montagne. Dès que ce but est atteint, les attaques cessent (contrôle hypnotique !). Elles sont en elles-mêmes une preuve que l'enseignement reçu est à la fois bon et très important.'

Et il a dit qu'on ne pouvait pas être initié sans passer par la transe - c'est vrai, mais à quoi cela mène-t-il ? A la question 'Quelle preuve avez-vous que les maîtres ne sont pas des magiciens noirs ? la réponse fut : « Comment pouvez-vous tester les êtres astraux ? vous devez avoir la foi » — la négation de la raison ! En outre, le Dr. Felkin a conseillé :

'Je pense qu'il serait préférable qu'au lieu de craindre des Rose-Croix noirs imaginaires en Allemagne ou ailleurs, vous vous efforciez consciemment de coopérer avec les vrais Rose-Croix qui existent indubitablement (son autorité allemande), et qui cherchent à guider la pensée de l'Europe centrale vers la Lumière ; vous appartiendriez alors au Grand Œuvre pour le monde.'

Et comme nous l'avons dit, cette grande œuvre rosicrucienne devait commencer en Russie et se répand maintenant partout ! En guise d'ultime avertissement de coercition, si nécessaire, les maîtres ont dit : « Si les chefs ne choisissent pas de marcher dans la voie tracée, ils devront gravir la montagne de l'initiation à travers beaucoup d'épreuves et de tribulations ».

Felkin et certains de ses disciples, adoptant les tactiques des Illuminati, firent tout leur possible pour discréditer secrètement les deux chefs et s'emparer des documents de l'Ordre. En 1916, ces deux chefs avaient reçu du Dr Felkin la cérémonie du « lien éthérique », un rituel importé d'Allemagne. Plus tard, l'un de ces chefs mourut dans un asile d'aliénés et les deux angles basaux revinrent au Dr Felkin et à leur maître !

L'Ordre devait être un centre de lumière à Londres, et on leur a dit que des messagers de lumière apparaîtraient bientôt dans de nombreux quartiers de la ville pour guider et enseigner les gens. S'agissait-il d'une révolution ? Et cet Ordre subversif n'a pas seulement des temples en Angleterre et en Nouvelle-Zélande, mais aussi dans plusieurs grandes villes d'Australie !

Dans le *Morning Post* du 14 juillet 1920, « Cause of the World Unrest », parlant de la maçonnerie révolutionnaire, on peut lire ce qui suit :

« Lorsque le candidat est enfin admis au grade 30, et qu'après avoir traversé des épreuves terrifiantes pour tester son obéissance et son secret, il devient *Chevalier Kadosch*, il apprend que ce n'est plus Adoniram ou Hiram dont la mort appelle la vengeance... »

Nous concluons par quelques phrases significatives extraites du catéchisme du grade de Chevalier Kadosch :

> 'Comprenez-vous bien que ce degré n'est pas, comme une grande partie de la soi-disant Maçonnerie, un simulacre qui ne veut rien dire et ne sert à rien ; ... que ce dans quoi vous vous engagez maintenant est *réel, exigera l'*accomplissement d'un *devoir*, exigera un *sacrifice, vous* exposera à des *dangers*, et que cet Ordre a l'intention de s'occuper des affaires des nations, et d'être une fois de plus une *puissance* dans le monde ?

Un manuscrit inachevé de l'autobiographie de Pierre Fourrier Chappuy, né en 1762 et mort en 1830, jette une lumière supplémentaire sur ce degré Kadosch (voir "Maçonnerie et Révolution", Patriote, 5 août 1926) :

> "Nous étions au printemps de 1789... J'étais d'autant plus enthousiaste que ces idées étaient les mêmes que celles que j'avais déjà absorbées dans la franc-maçonnerie... L'orgueil, toujours l'orgueil ! C'est elle qui m'a séparé de mon Dieu et de l'amour de mes semblables, pour créer dans mon cœur une divinité qui n'était qu'un vif égoïsme, auquel je me référais et sacrifiais tout... C'était manifestement *la Société des Illuminati*... On n'ignore plus quels sont l'esprit et les objets de cette secte qui, après s'être unie aux francs-maçons et aux impies de tous les pays, a mis l'Europe en feu, et menace plus que jamais à cette heure d'éteindre et le christianisme et le *monarchisme*... mais j'étais loin du seizième, dans lequel seul on apprend le fameux secret. Après avoir lu ce qui concerne ce dernier grade, qui est celui *du Chevalier Kadosch* — signifiant *régénérateur* — et le discours fait à l'adepte, j'ai vu la lumière ; et j'ai compris parfaitement et d'un seul coup les symboles, les formules, et les épreuves qui avaient été jusqu'alors pour moi des énigmes. Ce sont toutes des allégories empruntées à la procédure des Templiers, dont ils sont les successeurs".

Qui, avec un peu de perspicacité, peut hésiter à dire que c'est le même chancre qui, aujourd'hui comme en 1789, corrompt notre vie religieuse, sociale et politique, et que c'est au sein de ces ordres rosicruciens et illuminés que ce mal est généré ; que par le biais de leurs adeptes, consciemment ou inconsciemment, cette croissance chancreuse désintégratrice est *portée et transmise* dans tout notre Empire et parmi toutes les nations.

Dans le 5-6 rituel du R.R. et A.C. il est dit :

> 'L'Ordre de la Rose et de la Croix existe depuis des temps immémoriaux, et ses rites mystiques ont été pratiqués et sa sagesse enseignée en Égypte, à Éleusis et à Samothrace, en Perse, en Chaldée et en Inde, et dans des contrées bien plus anciennes. (Il s'agit de l'ancien culte de la puissance du serpent ou du principe créateur).

Hippolyte (*Réfutation*, livre v) nous dit que les Nasseni, une secte de gnostiques chrétiens, apparemment d'origine hébraïque, dérivaient leurs croyances de la Cabale et adoraient le Logos, ou âme du monde, sous le nom et l'image du Serpent — hébreu *Nachash*, qui, selon la science cabalistique des nombres, équivaut au *Messie*, le Christ (solaire) des sociétés occultes.

> Les Nasseni affirment que l'"esprit de la semence' est la cause de toutes les choses existantes et qu'il est le mystère secret et inconnu de l'univers, caché et révélé chez les Égyptiens... qui ont été les premiers à proclamer au reste des hommes les rites et les orgies de tous les dieux ainsi que les mystères indicibles d'Isis.

Il s'agit de la Kundalini ou des forces créatrices doubles de la nature, telles qu'elles sont décrites dans *Serpent Power* and *Tantra*, traduit du sanskrit par Arthur Avalon. C'est le « Hye, Cye, le grand mystère inexprimable des rites éleusiniens ». Encore une fois, "Mercure (le Grand Hermès) est le Logos... à la fois l'interprète et le fabricant des choses qui ont été, qui sont et qui seront". C'est aussi l'Adam Kadmon cabalistique, le Ben Adam tel qu'il est représenté sur le pastos de la Voûte des R.R. et A.C. ; il est hermaphrodite et est ainsi décrit dans le rituel :

"Je vis sept porteurs de lumière d'or, et au milieu des porteurs de lumière un homme semblable à Ben Adam, vêtu d'un vêtement qui descendait jusqu'aux pieds, et ceint d'une ceinture d'or. Sa tête et ses cheveux étaient blancs comme la neige, et ses yeux comme un feu ardent. Ses pieds étaient semblables à de l'airain fin, comme s'il eût brûlé dans une fournaise, et sa voix était comme le bruit de grandes eaux. Il avait dans sa main droite sept étoiles, et de sa bouche sortait une épée de feu ; son visage était comme le soleil dans sa force.

Nous avons ici ce qui semblerait à première vue être « l'Alpha et l'Oméga » de l'Apocalypse, mais il s'agit du Logos gnostique. Sur le pastos, Ben Adam était placé sur l'arbre de vie cabalistique, avec les deux piliers de la Miséricorde et de la Sévérité — les forces positives et négatives — de part et d'autre, et au milieu des dix sephiroth et des vingt-deux chemins de la Cabale juive. Le visage était celui du « Seigneur de la Lumière », le transmetteur de la lumière initiatique à l'individu ou à l'Ordre ; il était saisissant, sombre et sinistre, plein d'une force magnétique subtile et irrésistible. Dans la main droite se trouvaient les sept étoiles géométriques des sept planètes, les sept aspects de la force solaire qui, unis, forment la Lumière Blanche de l'Illuminisme. De sa bouche sort l'épée flamboyante, c'est la lumière initiatrice ou illuminatrice. L'ensemble représente le pouvoir des Illuminati. Son nom n'est pas la « Parole de Dieu » mais la « Parole perdue » de la Maçonnerie illuminée, apportant la sagesse, soi-disant, des « Chefs inconnus ».

Nous avons ici sans aucun doute le Johannisme, l'indice de l'hérésie templière ; il est cabalistique et gnostique, luciférien et une perversion du symbolisme chrétien. C'est le Baphomet ! L'insigne par lequel l'aspirant obtient l'entrée dans le Temple intérieur est ce Serpent et l'Epée Flamboyante. Il s'agit d'éveiller et d'élever la Kundalini ou les forces sexuelles inutilisées — le Serpent s'enroulant ici et là, et son union avec le pouvoir de l'extérieur — la descente de l'Épée flamboyante ; produisant ce que l'on appelle la « Grande Libération », mais qui est contrôlée par ces maîtres sinistres à leurs propres fins.

Considérons la « Smaragdine ou Tablette d'émeraude d'Hermès ». Mme Blavatsky écrit :

> "La tradition rapporte que sur le cadavre d'Hermès, à Hébron, fut trouvée par un initié la tablette connue sous le nom de Smaragdine. Elle contient en quelques phrases l'essence de la sagesse hermétique. Pour ceux qui lisent avec leurs yeux corporels, les préceptes ne suggèrent rien de nouveau ou d'extraordinaire, car ils commencent simplement par dire qu'ils ne parlent pas de choses fictives, mais de ce qui est vrai et très certain.

Les préceptes sont les suivants :

> « Ce qui est en bas est semblable à ce qui est en haut, et ce qui est en haut est semblable à ce qui est en bas pour accomplir les merveilles d'une seule chose » — la manifestation selon le principe.

'Comme toutes les choses ont été produites par la médiation d'un seul être, toutes les choses ont été produites à partir de celui-ci par *adaptation*.

> « Son père est le Soleil, sa mère est la Lune. Le Soleil était considéré par les anciens mages comme le grand puits magnétique de l'univers ; il en est le générateur. Il est Osiris, le soleil qui se lève et se couche. La Lune est Isis, la puissante mère, qui reproduit tous les principes. La nature dans son immensité — les deux forces qui s'affrontent.

'C'est la cause de toute perfection sur toute la terre' — L'équilibre de la force vitale.

> « Le pouvoir est parfait *s'il est transformé en terre* » - Fixation de l'astral dans une base matérielle ou un « véhicule ».

> « Séparer la terre du feu, le subtil du grossier, en agissant avec prudence et discernement » — Une base matérielle préparée

et purifiée.

« Montez avec la plus grande sagacité de la terre au ciel, puis redescendez sur terre et unissez ensemble le pouvoir des choses inférieures et supérieures ; vous posséderez ainsi la lumière du monde entier, et toute obscurité s'éloignera de vous » — L'ascension de la Kundalini ou Serpent, et la descente de l'Epée Flamboyante, produisant l'Illumination, ou des instruments illuminés. Selon Eliphas Levi, le secret du Grand Œuvre est la fixation de la lumière astrale dans une base matérielle, par un acte souverain de volonté — pour le Grand Bien ou le Grand Mal ; il est représenté comme un serpent percé d'une flèche. C'est le Soleil, la Lune et le feu unificateur et destructeur du « Pouvoir du Serpent ».

« Cette chose a plus de force que la force elle-même, parce qu'elle vaincra toute chose subtile et pénétrera toute chose solide. C'est par elle que le monde a été formé » — Les forces électromagnétiques, les « chaînes indestructibles » des « Protocoles ».

Cette chose mystérieuse est l'agent magique universel, l'éther omniprésent, « qui entre dans toutes les opérations magiques de la nature et produit des phénomènes mesmériques, magnétiques et spiritualistes ». C'est l'Od des Juifs, la lumière astrale des Martinistes. Comme l'a écrit Eliphas Levi : 'On a dit que cet agent universel est une lumière de vie par laquelle les êtres animés sont rendus magnétiques. Et « la pratique de cette merveilleuse Kabbale repose entièrement sur la connaissance et l'utilisation de cet agent ». C'est donc ce pouvoir qui fait de l'adepte « une dynamo d'une puissance et d'une lumière toujours croissantes ».

Dans une curieuse brochure, datée d'environ 1836, réimprimée en 1888 par la « Theosophical Publishing Society » (voir *Patriot*, 8 septembre 1927), nous lisons des informations sur ce pouvoir invisible :

'La brochure prétend avoir été écrite par le Juif errant et décrit comment, lors de la chute de Jérusalem, il a pris le talisman hébreu, le *sceau de Salomon* (triangles entrelacés) du Temple, et comment, par son pouvoir, il a assuré la montée des Juifs dans tous les pays à travers l'histoire, jusqu'à ce que, par la finance, ils obtiennent le contrôle total des rois et des dirigeants des Gentils'.

Parlant de la source du pouvoir de Necker vers l'époque de la Révolution française, 1789, le Juif Errant dit :

« C'est moi, c'est le pouvoir talismanique que je lui ai donné pour un bref répit, pour inspirer à ses amis de l'admiration et à ses ennemis de l'envie. *J'ai retiré ce pouvoir* et il s'est produit la scène d'effusion de sang et de confiscation qui était spécialement nécessaire pour permettre à mon peuple de piller toutes les nations d'Europe... De la Révolution française sont nées des guerres sanglantes et coûteuses. »

Nous avons entendu parler de l'influence sinistre, à cette époque, de Cagliostro et de l'Illuminisme de Weishaupt. Quelle était la puissance secrète qui se cachait derrière eux ? Et le Grand Orient judéo-maçonnique, illuminé en mars 1789, ne s'est-il pas vanté de son pouvoir de provoquer « trois révolutions — 1789, 1871, 19 — ? Hebd. 1922 ».

En outre, les « Protocoles » ne disent-ils pas : 'Le Pouvoir secret n'hésite pas à changer ses agents qui le masquent... la Loge maçonnique, dans le monde entier, agit inconsciemment comme un masque pour nos objectifs. Il est écrit dans les rituels de Stella Matutina : "La lumière brille dans les ténèbres, et les ténèbres ne la comprennent pas. Combien d'entre nous reconnaissent le pouvoir de cette lumière sinistre, qui travaille secrètement dans et à travers les ténèbres et la mort de la révolution mondiale ?

Dans le numéro occulte d'août 1928 de la *Revue Internationale des Sociétés Secrètes*, M. Henri de Guillebert donne les informations intéressantes suivantes sur les Triangles entrelacés connus sous le nom de Sceau de Salomon :

"Dans les synagogues, devant les sanctuaires, dans les loges maçonniques, dans les temples ésotériques, sont représentés deux triangles entrelacés, l'un blanc, l'autre noir. C'est le sceau de Salomon. La couleur noire signifie que l'objet symbolisé demeure à jamais dans les ténèbres du corps ; elle représente le féminin. Au centre de la figure, dont le symbolisme de l'entrelacement est suffisamment évident pour que des explications ne soient pas nécessaires, se trouve le grand et mystérieux lingam... En sanskrit, le mot *lingam* signifie ce que signifie le mot grec latinisé *Phallus*... Sa situation, au milieu des triangles noirs et blancs entrelacés, indique, sous une autre forme, l'union des sexes. Dans les angles supérieurs et inférieurs du sceau de Salomon se trouvent généralement les *lettres* Alpha et *Oméga*. Les côtés des triangles sont élargis afin de recevoir une lettre inscrite à chacun des quatre angles. Ces quatre lettres forment le mot hébreu *(Eheieh)* initial et final, par lequel Jéhovah a enseigné à Moïse son nom incommensurable : *"JE SUIS que JE SUIS"*.

'L'union syntaxique de ce mot avec les lettres Alpha et Omega et les signes du lingam, dans les triangles entrelacés du Sceau de Salomon, donne donc le texte : "Je suis le lingam, je suis l'Alpha et l'Oméga, le Premier et le Dernier, le Pan éternel". En effet, tout le hiéroglyphe suppose que la devise "Je suis l'Alpha et l'Oméga" est actualisée au moyen d'actes, de phénomènes de la vie humaine ou microcosme, et de la phénoménalité totale ou macrocosme (univers) par le lingam personnifié et déifié. Le même dispositif se retrouve chez certaines sectes sous la forme "Génération, Création". Pour les initiateurs, la génération est une opération propre à la divinité, lorsqu'elle est accomplie par eux-mêmes ou leurs initiés. Elle est l'acte divin *par excellence*. L'homme qui s'y livre exerce ou usurpe la divinité".

Or, *Eheiek* est le mot de passe du 5-6e grade du R.R. et A.C., et lors de cette cérémonie, l'Adepte en chef, en tant que représentant du divin I.A.O., dit : 'Je suis le Premier et le Dernier. Je suis Celui qui vit et qui était mort, et voici que je suis vivant pour toujours, et je détiens la clé de l'enfer et de la mort.

Dans l'*Histoire de la magie* d'Eliphas Levi, on trouve un diagramme du « Grand symbole de Salomon », les triangles entrelacés. Ce symbole présente également le lingam reflété dans l'homme par l'univers supérieur, et l'ensemble est entouré par le serpent qui se mord la queue — le symbole de la Kundalini. La partie inférieure du symbole théosophique, comme nous l'avons montré, est ce triangle entrelacé, également entouré d'un serpent similaire, et ayant en son centre l'Ankh égyptien — la clé de la vie — une autre forme du lingam. C'est le chemin de l'initiation. Dans un curieux livre sur les mystères de la Cabale, on peut lire :

'Eliphas Levi a appelé ce sceau mystique le « Grand Arcane », et dans sa version du diagramme, un homme et une femme occupent les deux triangles entrelacés. La figure illustre le passage suivant de la « Petite Assemblée Sacrée » : Ici aussi, là où le mâle est uni à la femelle, ils constituent tous deux un corps complet, et tout l'univers est dans un état de bonheur parce que toutes les choses reçoivent la bénédiction de leur corps parfait. Il s'agit là d'un arcane. » '

Dans la célébration de la Grande Messe de l'Église gnostique universelle, telle qu'elle est décrite dans le numéro occulte de février 1928 de la *Revue internationale des sociétés secrètes*, le Grand Prêtre invoque son Seigneur I.A.O. :

"Tu es l'unité. Tu es notre Seigneur dans l'univers du Soleil. Tu es notre Seigneur à l'intérieur de nous-mêmes. Ton nom est le mystère de tous les mystères… Ouvre la porte de la Création, et les liens entre nous et toi ! Éclaire notre compréhension. Illumine nos cœurs. Fais pénétrer la lumière dans notre sang, pour qu'elle se réalise. *Tout en deux Deux en un. Un dans le néant. Gloire au Père et à la Mère, au fils et à la fille, et au Saint-Esprit à l'extérieur et à l'intérieur.* (Le Tétragramme avec le *tibia* au centre — *Jehesuah*.) Ce qui était, est et sera, dans le monde sans fin. Six en un par les noms de Sept en un. Ararita ! Ararita ! Ararita !" La Grande Prêtresse s'interpose en disant : « Il n'y a pas d'autre loi que celle-ci : fais ce que tu veux et maîtrise l'amour. »

Il convient également de noter que dans les R.R. et A.C., l'étoile à six rayons composée de triangles entrelacés représente les sept forces planétaires ; une planète à chaque angle et le Soleil, dont les autres ne sont que des aspects ou des manifestations différentes, au centre. Elle est donc utilisée dans les invocations des forces planétaires, et le mot « Ararita » est toujours utilisé dans ces invocations pour symboliser la force unie, une lettre étant attribuée à chaque planète ainsi que toutes à chacune, la puissance solaire travaillant dans et à travers chacune, une partie de l'ensemble.

Il faut comprendre que ces Ordres sont toujours construits et fonctionnent sur le principe de deux forces antagonistes toujours unies par une troisième manifestation productrice — l'œil au centre du Triangle. Il s'agit de répandre les forces initiatrices de ces Juifs cabalistiques invisibles pour réaliser leur pouvoir et leur gloire. Cela peut signifier un pouvoir temporaire et même la gloire — *sous contrôle* — pour l'adepte, mais finalement la mort de sa propre personnalité. Il perd son droit d'aînesse ; sa vie devient un crépuscule d'irréalité.

Dans l'un des livres de feu Donn Byrne, *Brother Saul*, un roman qui dépeint la vie de Saul de Tarse, il est intéressant de lire le duel de volonté entre Saul et le magicien noir Bar-Jesus.

Bar-Jesus se vante :

> « Satan ou Adonaï, je sers un Dieu et j'ai des pouvoirs. Je peux guérir les malades et chasser les démons. Je peux prévoir l'avenir et raconter le passé. Je découvre des trésors cachés et j'entrave les armées. J'invoque et je commande aux morts. Mais Saül, tu n'as que des mots, des promesses vides ». Mais Saül répond : « J'ai le pouvoir de résister au mal. »

(Le dieu de Bar-Jesus est I.A.O., et son pouvoir est celui du triangle entrelacé).

Bar-Jesus fait alors étalage de ses pouvoirs maléfiques et dit : « Je vais invoquer David, le roi d'Israël. » Quatre jeunes garçons, ses disciples, entrent avec une épée, une baguette et un creuset. « Les garçons n'étaient en vie que par sa volonté. Ils n'avaient pas de vie propre. D'une manière ou d'une autre, ils étaient passés sous son pouvoir et il avait mangé leur vie. Ils n'étaient pas vivants, ils étaient morts-vivants. » Il s'agit d'un contrôle ou d'une obsession ! Puis il prit l'épée et traça un cercle autour de tout le monde, et une seconde fois, entre les deux, il écrivit avec la pointe de l'épée des lettres hébraïques, qui sont en elles-mêmes de puissants pouvoirs. Mais Saul et Barnabé sortirent du cercle et restèrent là pendant l'évocation. Bar-Jésus, l'épée levée, conjura et exorcisa aux noms de « *Tétragramme Elohim ; Elohim Gibor ; Elvah-Va-Dnath ; Shaddai Elchai ; Adonai Melekh,* etc... », et ordonna aux esprits apostats « de venir immédiatement pour exécuter notre volonté ». Saul, qui ne faisait pas partie du cercle, sentit tout ce qui était mauvais se rassembler et s'accumuler autour de lui, mais il tint bon. Bar-Jésus, se sachant battu, quitta les esprits (ou forces) en disant : 'Au nom d'Adonaï l'Éternel et l'Éternel (le principe créateur), que chacun de vous retourne à sa place ; que la paix règne entre nous et vous, et que vous soyez prêts à venir lorsqu'on vous appellera.'

Cela doit être très familier aux membres des R.R. et A.C., car ce qui est particulièrement intéressant dans cette évocation, telle qu'elle est pratiquée par le magicien noir Bar-Jésus, c'est sa similitude avec les évocations magiques telles qu'elles sont enseignées et pratiquées dans la Stella Matutina-Extérieure et Intérieure, un Ordre qui compte parmi ses membres un certain nombre d'ecclésiastiques assez renommés.

L'un de ses rituels est connu sous le nom de Z_2 et sert à l'évocation de soi-disant esprits planétaires, tels que « Bartzabel, l'esprit de Mars », et à la charge d'un talisman avec le pouvoir évoqué. Dans le temple Stella Matutina, les quatre points cardinaux sont fixés par des symboles et des lumières allumées. Pour cette évocation, un seul cercle est tracé et des lumières sont placées sur ce cercle, en nombre correspondant à l'esprit évoqué. Des noms hébreux semblables à ceux utilisés par Bar-Jesus et d'autres, correspondant à l'esprit ou à la force, sont utilisés pour provoquer la manifestation, et les mots du bannissement final sont pratiquement les mêmes.

Un triangle est placé à l'extérieur du cercle ; à chaque angle brûle un brasero, et comme l'œil du pouvoir dans le triangle, l'esprit, la force, ou est-ce le maître ? se manifeste au centre ! Pendant que cette évocation se déroule, et jusqu'à la fin du bannissement, l'adepte doit rester à l'intérieur du cercle, car il semble que le mal soit attiré. Le rituel est basé sur l'un des MSS du Cypher, trouvé, comme nous l'avons déjà dit, en 1884. Les membres qui ne souhaitent pas pratiquer une telle magie peuvent entreprendre un travail spécial, tel que la guérison ou le travail social, sous la direction des mystérieux maîtres qui, comme Bar-Jésus, semblent « manger les vies » ou les âmes de leurs disciples, de sorte qu'ils acceptent aveuglément une perversion maléfique, croyant qu'il s'agit d'une Vérité Sacrée.

De nombreux membres sans méfiance sont aveuglés sur la véritable nature des objectifs de ces maîtres, qui ne sont que des magiciens noirs comme Bar-Jesus, mais plus subtils et plus puissants, par des enseignements à forte consonance sur l'amour, l'unité, le service et la fraternité universelle. Ils sont amenés à croire que cet enseignement contient de nombreuses et profondes vérités qui ne sont pas comprises par les églises chrétiennes, et que c'est l'une des œuvres de ces sociétés que d'éclairer ces ténèbres — d'être la lumière qui brille dans les ténèbres !

Dans le *Patriot de* mai 1924, on trouve des articles de Z. sur « Le Juif et la Maçonnerie » ; dans l'un d'eux, on peut lire :

> Des Mousseaux cite le franc-maçon allemand Alban Stolz qui, dans une brochure publiée en 1862, déclare : « Le pouvoir que les Juifs ont su acquérir par la franc-maçonnerie… est l'un des dangers les plus imminents pour l'Église et l'État… Il existe en Allemagne une société secrète de forme maçonnique qui *est contrôlée par des chefs inconnus*. Les membres de leur association sont pour la plupart des Juifs… Les Juifs n'utilisent les symboles chrétiens que par dérision

ou pour masquer leurs intrigues ». ... En ce qui concerne le
« Temple de Salomon », Des Mousseaux dit : « Ce terme
symbolique, dont la signification réelle n'est connue que de
la Hiérarchie Suprême et Invisible des Loges maçonniques,
et qui sont composées de Juifs Cabalistiques, signifie la
reconstruction du pouvoir juif à partir de la ruine de la
Chrétienté » — (la solution et la coagula de la Maçonnerie
Illuminée).

Dans les R.R. et A.C., le rituel cabalistique Z_2 dont il a été
question plus haut, était l'une des épreuves que la plupart des
membres devaient passer avant de recevoir un certain grade
supérieur, le 6-5. La dernière et la plus importante de ces
épreuves était l'évocation de « Adonai Ha Aretz », le Seigneur
juif de l'Univers — ou était-ce un Maître ! Dans cette évocation,
aucun cercle n'était utilisé — seulement une ligne de
démarcation — entre l'adepte et le soi-disant esprit à évoquer. En
écrivant les lettres hébraïques avec la pointe de l'épée, l'adepte
évoquait le pouvoir jusqu'à ce que son propre corps rayonne de
LUMIÈRE (Illuminisme !). Si l'évocation était réussie, « Adonai
Ha Aretz » apparaissait debout sur l'Univers, les bras tendus en
forme de croix, tenant dans une main une coupe de vin rouge et
dans l'autre une gerbe de maïs, représentant les forces duales de
la Nature. Ce « Seigneur de l'Univers, le Vaste et le Puissant » est
le chef spirituel ou magique des R.R. et A.C. ainsi que de la Stella
Matutina, car c'est en son nom que de nombreuses invocations
sont faites au cours des diverses cérémonies de grades.
L'ensemble de l'Ordre est basé sur cette Cabale Magique Juive.

Parlant de cette maçonnerie allemande, Alban Stolz dit encore :

> 'Leurs grades et systèmes observent certains rites et symboles
> chrétiens afin de masquer leur signification réelle.

En bref, la Stella Matutina ou Ordre Extérieur a pour symbole le
Pentagramme, c'est-à-dire les quatre éléments — la terre, l'air,
l'eau et le feu — auxquels se réfèrent les quatre grades, et surtout
l'Esprit — l'éther — qui se réfère au Portail menant à l'Ordre
Intérieur. L'Ordre représente un corps préparé pour la descente

de la Lumière, individuellement ou dans son ensemble — le Pentagramme ou l'instrument illuminé. Et pour former le lien individuel avec les maîtres, la Kundalini est éveillée et élevée par des procédés — une forme de suggestion mentale.

Ignorant tout de la véritable nature de l'Ordre et du serment qu'il doit prêter, le candidat, les yeux bandés, est conduit dans le Temple et, après avoir été consacré par le feu et purifié par l'eau, il est placé devant l'autel, où le Hiérophante s'adresse à lui :

> « Nous détenons votre engagement signé de garder secret tout ce qui concerne l'Ordre. Pour le confirmer, je vous demande maintenant si vous êtes prêts à prendre l'engagement solennel, en présence de cette assemblée, de garder inviolés les secrets et les mystères de l'Ordre. Il n'y a rien d'incompatible avec vos devoirs civils, moraux ou religieux dans cette obligation [la même chose a été dite par Weishaupt !]… êtes-vous prêt à prêter ce serment ? »

Le candidat, mystifié et quelque peu hébété, donne son accord et, s'agenouillant, répète après le Hiérophante ce qui suit :

> "Je — en présence du Seigneur de l'Univers, qui travaille dans le silence et que rien d'autre que le silence ne peut exprimer, et dans la Salle des Néophytes de la section des Mystères d'Égypte, la Stella Matutina, régulièrement assemblée sous le mandat des Chefs très honorés du Second Ordre, je promets par la présente et solennellement de garder le secret sur cet Ordre, son nom, les noms de ses membres et les procédures qui ont lieu lors de ses réunions, à toute personne dans le monde qui n'y a pas été initiée, et je n'en discuterai pas non plus avec un membre qui n'a pas le mot de passe pour le moment ou qui a démissionné, s'est retiré ou a été expulsé.

> « Je m'engage à maintenir une relation aimable et bienveillante avec tous les Fratres et Sorores de cet Ordre. Je m'engage solennellement à garder secrètes toutes les informations que j'aurais pu recueillir sur cet Ordre avant de

prêter ce serment. Je promets solennellement que tout rituel ou conférence confié à mes soins et toute pochette les contenant porteront l'étiquette officielle de cet Ordre (afin que, comme pour Weishaupt, ils puissent être retournés à l'Ordre en cas de décès). Je ne copierai ni ne laisserai copier aucun manuscrit avant d'avoir obtenu une autorisation écrite du Second Ordre, de peur que nos connaissances secrètes ne soient révélées par ma négligence. Je promets solennellement de ne pas me laisser mettre dans un état de passivité tel qu'une personne ou un pouvoir non initié puisse me faire perdre le contrôle de mes paroles ou de mes actes. Je promets solennellement de persévérer, avec courage et détermination, dans les travaux de la science divine, de même que je persévérerai avec courage et détermination dans cette cérémonie qui en est l'image. Et je n'avilirai pas ma connaissance mystique dans le travail de la magie maléfique, à quelque moment que ce soit, ni sous quelque tentation que ce soit. Je jure sur ce symbole sacré (le Triangle Blanc — la Lumière de l'Illuminisme) d'observer toutes ces choses sans évasion, équivoque ou réserve mentale, sous peine d'être expulsé de cet Ordre pour mon parjure et mon offense, et, en outre, de me soumettre, de mon propre consentement, à la cérémonie de l'Illuminisme, de me soumettre par mon propre consentement à un courant de puissance mortelle mis en mouvement par les Divins Gardiens de cet Ordre vivant à la lumière de leur parfaite justice, qui peuvent, comme l'affirment la tradition et l'expérience, *frapper de mort ou de paralysie le contrevenant à cette obligation magique, ou l'accabler de malheurs. Ils voyagent comme sur les vents, ils frappent là où personne ne frappe, ils tuent là où personne ne tue.* (Hierus place l'épée sur le cou du candidat.) Comme j'incline ma tête devant l'épée de Hierus, je me remets entre leurs mains pour qu'ils me vengent et me récompensent. Aidez-moi donc, mon âme secrète et puissante et le Père de mon âme, qui travaille dans le silence et que rien d'autre que le silence ne peut exprimer.

C'est le Seigneur de l'Univers, le Principe Créateur de toute la Nature, et la force est ce courant mystérieux qui « tue et fait vivre ».

Plus tard au cours de la cérémonie, ce serment est encore accentué par le fait que deux liquides purs sont placés devant le candidat ; l'un est versé dans un plat, suivi du second, qui transforme le liquide pur en un semblant de sang. L'officier avertit le candidat :

> « Que cela te rappelle, ô néophyte ! que tu peux facilement, par un mot imprudent ou irréfléchi, trahir ce que tu as juré de garder secret, et révéler la Connaissance Cachée qui t'a été transmise et implantée dans ton cerveau et dans ton esprit, et que la teinte du sang te rappelle que si tu manques à ton serment de secret, ton sang peut être versé et ton corps brisé, car lourde est la peine que les Gardiens de la Connaissance Cachée infligent à ceux qui trahissent délibérément leur confiance ».

L'expérience nous montre qu'il ne s'agit pas d'une menace en l'air, et si, comme on l'affirme, cet Ordre n'est qu'un moyen de développement spirituel, et en aucun cas subversif ou dangereux, pourquoi alors ce terrible et terrifiant secret et ce serment obligatoire ? Seuls les Gardiens « divins » et cabalistiques connaissent et gardent leur secret diabolique !

A la fin de la cérémonie d'initiation, au cours de laquelle est prononcé le serment ci-dessus, qui préfigure tous les grades extérieurs ultérieurs, chaque membre présent prend part au « Repas Mystique ». Sur l'autel, au centre du Temple, est placé un Triangle blanc, pour la manifestation de la Lumière, au-dessus duquel se trouve la Croix rouge du Calvaire, symbole de la souffrance, moyen d'attirer et d'établir la Lumière. Autour de la Croix sont groupés les quatre éléments — l'*Air*, la Rose rouge de l'Ordre, dont le parfum est comme les soupirs réprimés de la souffrance ; le *Feu*, la Lampe rouge, la volonté d'abnégation ; l'*Eau*, la Coupe de vin rouge, le sang versé en sacrifice au Grand Œuvre ; *la Terre*, une Patène avec du pain et du sel, le corps détruit pour être renouvelé en vue de ce même Grand Œuvre. C'est le Tétragramme. L'ensemble représente les forces subtiles raffinées de Malkuth, l'Épouse cabalistique, un « corps préparé » pour la descente de la Lumière — le « Christ » des Illuminati.

Le Hiérophante descend du Trône à l'est, passe à l'ouest de l'autel, projetant de la lumière sur celui-ci à mesure qu'il s'approche, en disant : 'Je vous invite à respirer avec moi le parfum de la Rose, symbole de l'air : "Je vous invite à respirer avec moi le parfum de la Rose, symbole de l'air ; à sentir la chaleur du feu sacré ; à manger avec moi ce pain et ce sel, types de la terre ; enfin à boire avec moi ce vin, emblème consacré de l'eau.

Il fait une croix en l'air avec la coupe, au-dessus de l'autel, et boit. Chaque membre, dans l'ordre de sa fonction et de son grade, reçoit les éléments du participant précédent, mais dans un silence absolu, jusqu'à ce qu'enfin le Kerux — « Le Veilleur intérieur » — prenne une part et achève le vin ; retournant la coupe et l'élevant en haut, il s'écrie d'une voix forte : 'C'est fini !'. — le sang est versé, le corps est brisé, le sacrifice volontaire est accompli ! Mais, demandons-nous, dans quel but ?

Le perfectionnement de l'adepte, cet instrument illuminé, a lieu dans le R.R. et A.C., l'Ordre Intérieur. L'adepte est d'abord amené à reconnaître qu'en tant qu'individu, il n'est 'rien'. En prenant l'obligation intérieure requise, il est vêtu d'une robe noire, d'une chaîne autour du cou et, les bras tendus, il est attaché à la croix rouge du Calvaire, symbole de souffrance et d'abnégation ; au-dessus de la tête de se trouve un rouleau portant les lettres I.N.R.I. L'obligation se présente sous la forme de clauses en accord avec les dix sephiroth de l'Arbre de Vie Cabalistique. Avant de le prononcer, l'un des Chefs initiateurs, pour attester l'obligation, invoque" l'Ange vengeur HUA, au nom divin I.A.O.', puis l'adepte répète le serment à la suite du Chef :

> 'Kether — I. - Je (Christian Rosenkreutz), membre du corps du Christ, me lie aujourd'hui spirituellement comme je suis maintenant lié physiquement à la Croix de la Souffrance. Chokmah —2 —Que je mènerai, dans la mesure du possible, une vie pure et désintéressée, et que je me montrerai un serviteur fidèle et dévoué de l'Ordre. Binah —3. que je cacherai au monde entier tout ce qui a trait à cet Ordre et à

ses connaissances secrètes, aussi bien à un membre du Premier Ordre de la Stella Matutina qu'à un non-initié, et que je maintiendrai le voile du strict secret entre le Premier et le Second Ordre. *Chesed* —4 —Je respecterai au maximum l'autorité des chefs de l'Ordre ; je n'initierai ni ne ferai progresser aucune personne dans le Premier Ordre, que ce soit secrètement ou dans un temple ouvert, sans l'autorisation et la permission nécessaires. Je ne recommanderai pas un candidat à l'admission au Premier Ordre sans avoir dûment jugé et assuré qu'il ou elle est digne d'une si grande confiance et d'un si grand honneur, et je ne pousserai pas indûment une personne à devenir candidate ; je superviserai les examens des membres des grades inférieurs sans crainte ni faveur d'aucune sorte, afin que notre haut niveau de connaissance ne soit pas abaissé par mon intermédiaire ; je m'engage en outre à veiller à ce que l'intervalle de temps nécessaire entre les grades de Practicus et de Philosophus, et entre ce dernier grade et le Second Ordre, soit correctement maintenu. *Geburah* —5 —En outre, j'accomplirai tous les travaux pratiques liés à cet Ordre dans un lieu caché et à l'écart du regard du monde extérieur et non initié, et je ne montrerai pas nos instruments magiques, ni n'en révélerai l'usage, mais je garderai secrète cette connaissance rosicrucienne intérieure, tout comme elle a été gardée secrète à travers les âges. Je ne fabriquerai aucun symbole ou talisman aux couleurs clignotantes pour un non-initié sans l'autorisation spéciale des Chefs de l'Ordre ; je ne pratiquerai devant les non-initiés qu'une magie pratique de nature simple et déjà bien connue ; je ne leur montrerai aucun mode de travail secret, gardant strictement cachés nos modes de Tarot et autres formes de divination, de clairvoyance, de projection astrale, de consécration de talismans et de symboles, et les rituels du Pentagramme et de l'Hexagramme, etc.et plus particulièrement de l'utilisation et de l'attribution des couleurs clignotantes et du mode vibratoire de prononciation des noms divins (cabalistiques et hébraïques). *Tiphereth* —6 —Je promets et jure en outre que, avec la permission divine, je m'appliquerai à partir de ce jour au *Grand Œuvre*, qui est de purifier et d'exalter ma nature spirituelle, afin qu'avec l'aide divine je puisse enfin parvenir à être plus qu'humain (déifié), et ainsi m'élever et m'unir progressivement à mon génie supérieur et divin, et que dans ce cas je n'abuserai pas du grand pouvoir qui m'a été confié (élever la Kundalini et l'unir à l'éther universel et ainsi me relier aux maîtres). *Netzach* —7 —En outre, je m'engage solennellement à ne jamais travailler sur un symbole important sans d'abord invoquer les noms divins les plus élevés (cabalistiques) qui y sont liés, et surtout à ne pas avilir ma connaissance de la magie pratique à des fins de malveillance, de recherche de soi et de gain et plaisir matériels bas, et si je fais cela, nonobstant ce serment, j'invoque l'Ange vengeur pour que le mal et le matériel réagissent sur moi. *Hod*— 8— Je promets en outre de toujours soutenir l'admission des deux sexes dans notre Ordre sur un pied de parfaite égalité, et de toujours faire preuve d'amour fraternel et de tolérance envers les membres de l'Ordre tout entier, sans calomnier, ni dire du mal, ni raconter des histoires, ni répéter d'un membre à l'autre, ce qui pourrait engendrer des querelles et de la rancune. (Je m'engage également à travailler sans aide dans les matières prescrites pour l'étude des différents grades pratiques, de *Zelator Adeptus Minor à Adeptus Minor, sous* peine d'être dégradé au rang de Seigneur des Chemins dans le Portail de la Voûte uniquement. *Malkuth* —10. - Enfin, si au cours de mes voyages, je rencontre un étranger qui prétend être membre de l'Ordre de la Rose-Croix, je l'examinerai avec soin avant de le reconnaître comme tel. Tels sont les termes de mon obligation en tant qu'Adepte Mineur, à laquelle je m'engage en présence du Divin I.A.O. et du Grand Ange Vengeur *Hua*, et si j'y manque, que ma Rose soit désintégrée et détruite et que mon pouvoir en matière de magie cesse. »

Le chef officiant prend alors un poignard et, après l'avoir trempé dans du vin rouge, marque les stigmates en forme de croix sur le front, les pieds, les paumes et le cœur de l'adepte, en disant tour à tour : « Il y a trois témoins au ciel : le Père, le Verbe et l'Esprit, et ces trois-là ne font qu'un » (la Trinité gnostique). (La Trinité gnostique.) « Ils sont trois à témoigner sur la terre : l'Esprit, l'Eau et le Sang, et ces trois-là ne font qu'un ». Si un homme ne naît pas d'eau et d'esprit, il ne peut hériter de la vie éternelle. Si vous êtes crucifiés avec le Christ, vous régnerez avec lui.

En lisant cette obligation, il faut bien comprendre que cet Ordre est cabalistique et gnostique, juif et antichrétien. Nous y trouvons le Seigneur de l'Univers, l'O.I.A., le Pan des cultes gnostiques. Le Christ est le Serpent, le Logos des gnostiques ; un « Christ » est un homme déifié. Le « Grand Œuvre » est luciférien, « l'incarnation dans l'humanité du Soleil souverain », la déification de l'adepte qui, dirigeant et commandant la lumière astrale, accomplit des prodiges et des miracles apparents, non pas pour lui-même, mais toujours sous le contrôle des « Gardiens divins de l'Ordre ».

En ce qui concerne les lettres au-dessus de la tête de l'adepte, l'I.N.R.I., nous constatons qu'il s'agit du mot-clé du grade 5-6, et qu'il s'analyse comme suit :

I. — La Vierge, *Isis*, Mère puissante, reproductrice des semences et des fruits sur la terre, *conservatrice.*

N. — Scorpion, *Apophis*, le destructeur — la force destructrice et unificatrice — le *destructeur.*

R. — Sol, *Osiris*, tué et ressuscité — la force génératrice du Soleil — le *Créateur.*

I. - Isis. Apophis, Osiris. - I.A.O. - I.N.R.I. Le *Préservateur, le Destructeur* et le *Créateur*, tel qu'il est invoqué dans la cérémonie S.M. de l'Équinoxe lors de la descente de la lumière. Le signe intérieur est L.V.X.

Selon les correspondances R.R. et A.C., I.N.R. est donc une autre forme de I.A.O. — le Principe Créatif, le I. final étant la synthèse de I.N.R. — c'est la Lune, le Feu et le Soleil — le Pouvoir du Serpent, la Kundalini « Deux angles basaux du Triangle et l'un forme le sommet, telle est l'origine de la création, c'est la Triade de la Vie ». En outre, les signes de ce grade représentent les solstices et les équinoxes, et la descente de la lumière et l'affirmation des liens avec ces Gardiens cachés de l'Ordre sont assurées lors des cérémonies des équinoxes et de la Fête-Dieu, qui sont toutes solaires et non chrétiennes.

Le serment intérieur ci-dessus est également prononcé lors de la cérémonie du Corpus Christi par l'Adepte en chef au nom de l'ensemble de l'Ordre. On voit donc que l'Ordre est entièrement païen et panthéiste !

Cette cérémonie de *la Rosoe Rubeoe et Aureoe Crucis* dépeint le « mariage chymique » des Rose-Croix — l'union avec l'Ether universel. Selon les Cabalistes, la Triade de l'Ether est : *Ain* — *rien* ; *Ain Soph*— espace illimité, indifférencié, infini ; *Ain Soph Aur* — lumière-manifestation universelle *illimitée.* Mariage de la lumière universelle ou force vitale de l'homme avec la lumière illimitée ou force vitale de la nature.

Cet Éther universel, le Seigneur de l'Univers, est donc invoqué en faveur de l'aspirant à cette Initiation :

> "... Ô Dieu le Vaste, Tu es en toutes choses ; Ô Nature, Tu es le Soi à partir du Rien, car comment pourrais-je T'appeler autrement ? Pour moi-même, je ne suis rien, en Toi je suis Tout-Soi. et existe dans Ton Soi à partir du Rien. Vis en moi, et amène-moi à ce Soi qui est en Toi ».

En quête de cette lumière de la nature, l'aspirant est conduit dans la Voûte, le Tombeau des Adeptes, car la mort et la désintégration attendent le chercheur de cette lumière, la mort de son propre Moi et l'absorption dans le Tout — non pas Dieu mais le Principe Créatif de la Nature — contrôlé par les Gardiens de l'Ordre.

La clé de la chambre forte est la Rose et la Croix qui, comme l'Ankh, est un symbole des deux forces de la vie. Les sept côtés représentent les sept planètes, les différents aspects de la force solaire, et l'ensemble montre le travail de l'Esprit ou de la puissance du Serpent dans et à travers ces planètes, les douze signes du Zodiaque — la force tourbillonnante de l'initiation — et les trois éléments — la base matérielle. L'autel au centre est le pentagramme, les quatre éléments dominés par la lettre hébraïque

Shin, le feu solaire. C'est *Jehesuah* ou Jésus, l'homme illuminé. C'est ainsi que les Rose-Croix disent : « Nous sommes nés de Dieu. En Jésus, nous mourons. Par l'Esprit Saint, nous ressuscitons » — la Puissance du Serpent.

En haut, dans la Voûte, se trouve la Lumière, et en bas les Ténèbres ; et voici le credo des Illuminati : "Mais la blancheur en haut brille plus fort que la noirceur en bas, et c'est ainsi que tu pourras enfin comprendre que le *mal fait avancer le bien*. Et par la juxtaposition, sur les sept côtés, de symboles, de couleurs et d'évocations par des formules, la Voûte devient un lieu de vibrations et d'éclairs, attirant et fixant les forces des maîtres, et dans cette Voûte, ces forces ne peuvent jamais être bannies.

Sous l'autel se trouve le pastos, dans lequel repose l'Adepte principal, représentant Christian Rosenkreutz, l'homme crucifié sur la Croix de la Lumière. Le pastos est ouvert et, touchant de sa baguette la poitrine de l'adepte enseveli, l'aspirant dit : "Des ténèbres, que la lumière surgisse ! Une voix mystérieuse sort alors du pastos :

> « Enseveli avec cette Lumière dans une mort mystique, ressuscité dans une résurrection mystique. Nettoyés et purifiés par Lui, notre Maître, ô frère de la Rose et de la Croix ! Comme lui, ô adeptes de tous les temps, vous avez peiné, comme lui vous avez souffert, vous avez traversé la tribulation, la pauvreté, la torture et la mort. Ce ne sont que des purifications de l'or dans l'alambic de votre cœur, à travers l'athanor de l'affliction. Cherchez la pierre des sages.

> 'Quitte donc ce tombeau, ô aspirant, les bras croisés sur la poitrine, portant dans ta main droite la crosse de la miséricorde et dans ta main gauche le fléau de la sévérité, emblèmes de ces forces éternelles entre lesquelles, en équilibre, dépend l'Univers. Ces forces dont la réconciliation est la clé de la vie, dont la séparation est le mal et la mort…"

Ici, nous avons la résurrection au moyen de la Pierre des Sages — le Pouvoir du Serpent, la Clé de la Vie, c'est l'Illuminisme !

Le couvercle du pastos illustre les moyens de cet illuminisme. Il est divisé en deux parties, l'obscurité en bas et la lumière en haut, et toutes deux sont placées sur l'arbre de vie cabalistique. En bas se trouve l'adepte crucifié sous la forme du Christ crucifié sur la Croix de la Lumière, et le Grand Dragon Léviathan, avec ses sept têtes et ses dix cornes, s'élève jusqu'au Daath — la glande pinéale — de l'adepte, où la tête du serpent s'unit à sa queue — les forces vitales négatives et positives. D'en haut descend l'éclair, attiré par le serpent et s'unissant à lui, et illuminant - détruisant l'auto-boucle de l'adepte, le reliant à l'éther universel et aux Gardiens de l'Ordre.

Aleister Crowley, qui était un initié de cet Ordre, utilise encore, nous le croyons, ces rituels dans ses Ordres pernicieux. Dans son *Equinox*, The *Review* of Scientific Illuminism, il écrit :

> "Dans Daath, on dit qu'il y a la tête du grand serpent Léviathan, appelé mal pour cacher sa sainteté — le Messie ou le Rédempteur. Il est identique à la Kundalini de la philosophie hindoue... et signifie la force magique dans l'homme qui est la force sexuelle appliquée au cerveau, au cœur et à d'autres organes, et qui le rachète".

C'est-à-dire qu'il l'illumine. La Kundalini, le Dragon aux sept têtes, ou Puissance du Serpent, est donc le Christ ou le Rédempteur des Rose-Croix et des Cabalistes ! Elle est luciférienne !

Le principal danger de toutes ces *sociétés* secrètes et *occultes* d'aujourd'hui, comme d'hier, est donc qu'elles sont dirigées et influencées par une hiérarchie invisible, que l'on ne peut définir plus précisément que comme étant composée de juifs cabalistiques. Les sociétés visibles forment et orientent, physiquement, mentalement et astralement, des instruments ou des médiums qui seront utilisés à volonté par ce centre caché. Leurs « sens intérieurs » doivent être éveillés, la Kundalini ou les forces sexuelles inutilisées doivent être excitées et perverties pour provoquer cette médiumnité. Le danger d'un déséquilibre mental est reconnu et encouru par ces maîtres et les chefs qui travaillent sous leurs ordres. Un chef Stella Matutina a déclaré à propos d'un de ces médiums par qui les messages et les instructions arrivaient : "Christian Rosekreutz a dit qu'elle était une femme qui n'avait pas d'amis : "Christian Rosekreutz a dit qu'elle serait d'une grande utilité si son cerveau résistait à l'effort. Si un déséquilibre mental se produisait, on ne disait jamais qu'il était dû au travail de l'Ordre, mais toujours à une faiblesse inhérente à l'adepte ainsi affligé.

Il y avait un mauvais cas, un, qui avait été un étudiant brillant, et qui plus tard sous l'influence de l'Ordre est devenu sans aucun doute déséquilibré et obsédé par les maîtres, se croyant être le Christ ou "la femme vêtue de soleil avec la lune à ses pieds". Ces forces initiatiques entraînent beaucoup de souffrances physiques et de dangers, réduisant souvent l'adepte au plus bas niveau de vitalité, et certains ont même cessé de vivre sous l'effet de la tension et de l'épuisement vital. Les médecins sont souvent perplexes quant à l'explication de ces maladies. Les adeptes crédules les considèrent toujours comme des tests mystérieux. Aussi mauvais que soit le passé d'un Ordre, les fidèles croient toujours que 'nous pouvons au moins le rendre beau et spirituel', et c'est ainsi que la tromperie fonctionne jusqu'à sa fin maléfique.

Beaucoup d'hommes et de femmes brillants ont rejoint, et même dirigé, ces Ordres — pour être ensuite brisés sur la roue. De jeunes ecclésiastiques de qualité, qui se sont graduellement et inconsciemment imprégnés des enseignements faux et subversifs de ces maîtres, les croyant célestes, coopèrent maintenant avec les révolutionnaires, exaltant les actions de Moscou et, à chaque occasion, décriant l'Empire britannique, cherchant à l'effacer de la surface de la terre, pervertissant de façon blasphématoire le Christ et ses enseignements dans leur tentative de prouver leur point de vue. D'autres sont des hommes et des femmes qui semblent avoir toutes les chances de faire une brillante carrière ; mais tout, même les ambitions personnelles légitimes, doit être abandonné aux ordres de ces maîtres qui disent : 'Nous avons besoin de toi et de tous tes dons'. Nous avons connu des cerveaux brillants, dans tous les domaines de la vie, ainsi prostitués à la cause d'un rêve diabolique qui ne fait aucune place à Dieu ou au christianisme.

Il ne doit pas y avoir de communication avec des médiums extérieurs et non initiés, les maîtres doivent seuls contrôler et éclairer ! Ils connaissent le pouvoir du christianisme et de ses saints sacrements, ainsi que l'élévation de la ferveur religieuse, et ils les pervertissent, encourageant l'adepte à abandonner le matériel sous l'influence d'un idéalisme perverti. Dans l'Église, des messages et des visions sont donnés, et même des initiations diaboliques sont tentées par ces maîtres.

La plupart des chefs de ces Ordres, le plus souvent des femmes, sont des illuminés ; le pouvoir contrôlé leur est donné, ils sont comme des 'aimants' qui attirent les gens vers ces Ordres. Un groupe de Stella Matutina avait pour chef un pédagogue, et ce groupe a été conçu par les Maîtres pour influencer tous les professeurs, maîtres, et ceux qui s'intéressent à l'éducation, et l'influence est maintenant apparente. Le groupe de Londres a été chargé d'influencer et d'amener le clergé de toutes les confessions, et à cette fin, le chef devait devenir membre de l'Église anglicane ; il a donc été décrété que les enseignements pernicieux de l'Ordre devaient pénétrer et corrompre l'Église, et bien que ce chef ait refusé, le travail est effectué par d'autres membres, principalement des membres du clergé, et partout l'Église s'imprègne, consciemment ou inconsciemment, de cet illuminisme subversif.

Sous la direction de chefs tels que le tristement célèbre Aleister Crowley et son O.T.O., qui est ouvertement immoral, beaucoup ont été ruinés dans leur fortune, leur mentalité et leur morale. Mais ces maîtres, qui sont derrière tout le monde, qu'en est-il de leurs perspectives mentales et morales ? Ils prétendent déifier l'humanité et apporter la paix sur terre, mais seulement pour que l'humanité soit un chemin conduisant ces juifs cabalistiques jusqu'à leur trône, là en tant que 'peuple-dieu', pour régner sur un 'homme collectif', dont la paix est l'apathie.

CHAPITRE V

ALEISTER CROWLEY

Aleister Crowley, *alias* Aleister MacGregor, comte Svareff, est, selon ses propres dires, né à Leamington, le 12 octobre 1875, et a été étudiant au Trinity College, à Cambridge, en 1895-1898. En novembre 1898, il devient membre de la 'Golden Dawn', l'original de la Stella Matutina, où il est connu sous le nom de 'Perdurabo', et c'est sous ce pseudonyme qu'il écrit nombre de ses vers peu recommandables et de ses livres sur le yoga, etc. Comme nous l'avons déjà dit, le chef de l'époque, MacGregor Mathers, avait établi un 'Temple d'Isis' à Paris, et en 1900, nous avons vu Crowley agir comme son émissaire au Temple de Londres, qui s'était rebellé contre ce chef et l'avait suspendu. Il s'introduisit dans les locaux londoniens et en prit possession, mais fut finalement expulsé. Néanmoins, il conserva un ensemble complet de rituels extérieurs et intérieurs ainsi que des documents de la 'Golden Dawn' et, de 1909 à 1913, sur ordre direct, disait-il, des chefs secrets, il publia ces documents dans son *Equinox,* The Review of Scientific Illuminism, sous le titre de 'The Temple of Solomon the King', avec beaucoup de choses putrides et blasphématoires. Cette revue, qui s'appuyait sur ces rituels et ces documents comme base d'enseignement, était également l'organe de son propre Ordre des AA — les Adeptes Atlantes, ou Grande Fraternité Blanche.

De l'AA, il écrit, dans l'*Equinoxe* :

> 'C'est la communauté unique et réellement illuminée qui possède absolument la clé de tous les mystères, qui connaît le

centre et la source de toute la nature... Lux est le Pouvoir toujours présent (le Pouvoir du Serpent)... Pourtant, en plus de leur travail sacré secret, ils ont de temps en temps décidé d'une *action stratégique politique*... C'est la plus cachée des communautés, mais elle contient des membres de nombreux cercles ; il n'y a pas non plus de centre de pensée dont l'activité n'est pas due à la présence de l'un d'entre nous. Celui qui est apte se joint à la *chaîne*, peut-être souvent là où il le pensait le moins, et à un point dont il ne savait rien lui-même'.

Nombreux sont ceux qui, à leur insu, sont pris dans cette chaîne maléfique.

La clé de tous les Mystères est indiquée par leur symbole. Il s'agit de l'étoile à sept branches de Vénus ou Cythère — la déesse de l'ancien serpent Feu, la déesse de l'Amour (également représentative des R.R. et A.C.). Au centre se trouve la Vésica, symbole de l'union des deux forces sexuelles de la Nature, et dans chaque angle se trouve une lettre du nom BABALON — la Grande Mère de tous les cultes gnostiques et illuminés ; c'est la Nature dans sa vastitude. Le travail de l'A.A. est censé être l'ouverture des 'sens intérieurs' en éveillant et en élevant la Kundalini. C'est pourquoi ses disciples disent de Crowley : 'Bénédiction et adoration à la Bête, le Prophète de la Belle Étoile'. *Equinoxe*, 1911.

De même nature, sinon identiques, sont son 'Ordo Templi Orientis' et son M.M.M. - 'Mysteria Mystica Maxima', et tous sont apparemment apparentés à l'" Église Gnostique Universelle". Un compte rendu de l'«Ordo Tempi Orientis» suivra plus tard.

En 1905, Crowley se rendit en Inde et tenta en vain l'ascension du Kinchinjanga, qui fut fatale à quatre de ses compagnons. En novembre de la même année, il se trouve à Calcutta, et son vagabondage nocturne dans les bazars se solde par de si graves ennuis que lui, sa femme et son jeune enfant quittent précipitamment la ville et se rendent en Birmanie. De Bhamo, ils traversèrent le sud de la Chine jusqu'à Hong Kong, et il était de nouveau en Angleterre en juin 1906.

En 1912, son Temple se trouvait au 33 Avenue Studios, Fulham Road. En 1916, son Temple O.T.O., près de Regent Street, fut perquisitionné par la police, des livres et des documents furent saisis et Mary Davis, la médium bien connue, qui en avait la charge, fut condamnée à une amende. Plus tard, elle se retrouva dans un temple à Hampstead en tant que prêtresse du culte du scarabée, à nouveau sous la direction de Crowley. Selon le *Patriot* du 17 mai 1923 : « Pendant la guerre, Crowley s'est rendu en Amérique, a renoncé à son allégeance à son pays et a mené une propagande active contre les Britanniques.

En 1922, nous entendons parler de lui dans son "abbaye" de Cefalu, en Sicile, où, selon le *Sunday Express* du 25 février et du 4 mars 1923, il a attiré un brillant universitaire de vingt-deux ans et sa jeune épouse, et où, après avoir vécu des horreurs indicibles, le jeune homme est mort. Peu après, Crowley a été chassé de Sicile par le gouvernement italien et, pendant près de sept ans, son quartier général a été installé à Paris. Ce n'est que récemment (avril 1929) qu'il a été prié de quitter la France en raison de ses cultes et pratiques immorales.

Ici et là, dans le silence forcé, une tragédie, due au pouvoir maléfique et à l'influence vicieuse de Crowley, montre son visage effroyable, des prêtres renégats, brisés et ruinés, officiant à sa Messe Noire ; de jeunes étudiants et femmes démoralisés et déments, hypnotisés et forcés de faire la volonté de la "Bête 666" (le serpent solaire), dont la doctrine est celle de l'» Église Gnostique Universelle ». « L'amour est la loi, l'amour est la volonté. Selon Crowley, le christianisme est épuisé et une nouvelle ère est sur le point de commencer, une ère apparemment du Culte du Serpent-sexe, le soi-disant rédempteur de l'humanité ! — le pouvoir de l'Illuminisme et de la domination judéo-maçonnique !

Les citations suivantes, tirées de certaines instructions données par les Frères de l'O.T.O. à des étrangers dans l'espoir de les attirer dans le filet, novembre 1924, et que l'on trouve également dans l'*Equinoxe* de septembre 1912, montreront à quel point on peut être facilement trompé par des mots apparemment inspirés et des idées élevées.

À l'*Équinoxe*, il est appelé :

> "I.N.R.I. British Section of the "Order of Oriental Templars O.T.O., M.M.M.", et ajoute : "The Praemonstrator of the A.A. permits it to be known that there is not at present any necessary incompatibility between the A. A. and the O.T.O. and M.M.M. and allows membership of the same as a valuable preliminary training" (Le Praemonstrateur de l'AA permet de savoir qu'il n'y a pas actuellement d'incompatibilité nécessaire entre l'AA et l'O.T.O. et M.M.M. et autorise l'adhésion à l'AA en tant que formation préliminaire de valeur)

Dans les instructions de 1924, l'intitulé était le suivant :

> '*Signe du sceau d'Hermès, O.T.O., Ordo Templi Orientis, Ordre Rosicrucien de la Franc-maçonnerie.*

Vient ensuite le *préambule* :

> "Au cours des vingt-cinq dernières années, un nombre sans cesse croissant de personnes sérieuses et de chercheurs de vérité ont porté leur attention sur l'étude des lois cachées de la nature. ... D'innombrables sociétés, ordres, groupes, etc., ont été fondés dans toutes les parties du monde civilisé, chacun suivant une ligne d'étude occulte... Il n'y a qu'une seule organisation ancienne de mystiques qui montre à l'étudiant la voie royale pour découvrir l'UNIQUE VÉRITÉ. Cette organisation a permis la formation d'un organisme connu sous le nom d'ORDRE ANCIEN DES TEMPLARS ORIENTAUX. Il s'agit d'une école moderne de mages, qui tire ses connaissances de l'Égypte et de la Chaldée. Cette connaissance n'est jamais révélée aux profanes, car elle

confère à ses détenteurs un immense pouvoir de bien ou de mal. Elle est consignée sous forme de symboles, de paraboles et d'allégories, nécessitant une clé pour son interprétation... Par le bon usage de la « Clé » seule, le "Mot Maître" peut être trouvé".

Instructions.

'Qu'on sache qu'il existe, à l'insu de la grande masse, un ordre de sages très ancien, dont l'objet est l'amélioration et l'élévation spirituelle de l'humanité par la conquête de l'erreur, et l'aide aux hommes et aux femmes dans leurs efforts pour atteindre le pouvoir de reconnaître la vérité. L'Ordre existe depuis les temps les plus reculés et préhistoriques ; il a manifesté son activité, secrètement et ouvertement dans le monde, sous différents noms et sous différentes formes ; il a provoqué des révolutions sociales et politiques, et s'est révélé être la pierre de salut dans les périodes de danger et d'infortune. Elle a toujours brandi l'étendard de la liberté contre la tyrannie, quelle qu'en soit la forme, qu'il s'agisse de despotisme clérical, politique ou social, ou d'oppression de toute sorte... Les personnes qui sont déjà suffisamment développées spirituellement pour entrer en communication consciente avec la grande Fraternité spirituelle (Grande Loge Blanche) recevront directement l'enseignement de l'esprit de sagesse ; mais celles qui ont encore besoin de conseils et d'un soutien extérieurs les trouveront dans l'organisation extérieure de cette société... C'est la *société des enfants de lumière qui vivent dans la lumière et y ont obtenu l'immortalité...* Les mystères enseignés englobent tout ce qui peut être connu de Dieu, de la nature et de l'homme... Nous n'étudions qu'un seul livre — le Livre de la Nature — dans lequel se trouvent les clés de tous les secrets, et nous suivons la seule méthode possible pour l'étudier, celle de l'expérience. Notre lieu de rencontre est le "Temple de l'Esprit Saint" qui imprègne l'Univers (éther ou astral)... La première et la plus nécessaire exigence du nouveau disciple est qu'il garde le silence sur tout ce qui concerne la société... Ce n'est pas qu'il y ait dans cette société quelque chose qui doive craindre d'être connu des vertueux et des bons, mais il n'est pas nécessaire que les choses élevées et sacrées soient exposées aux regards du vulgaire et qu'elles soient barbouillées par lui de boue... Il peut y avoir des choses qui sont élevées et sacrées, mais il n'est pas nécessaire qu'elles soient exposées aux regards du vulgaire et qu'elles soient barbouillées par lui de boue....).. Il peut y avoir des choses qui paraissent étranges et pour lesquelles aucune raison ne peut être donnée aux débutants, mais lorsque le disciple aura atteint un certain degré de développement, tout sera clair pour lui... La condition suivante est l'obéissance... La conquête du moi supérieur sur le moi inférieur signifie la victoire de la conscience divine dans l'homme sur ce qui en lui est terrestre et animal. Elle a pour objet la réalisation de la vraie masculinité et de la vraie féminité'.

On dit que Crowley a établi ces « Temples de l'Amour » dans le monde entier. *John Bull*, 4 février 1925.

En 1911, selon l'*Equinoxe*, il avait des branches plus ou moins florissantes de sa secte en Angleterre, en Amérique, en Afrique du Sud et de l'Ouest, en Birmanie, en Inde, dans la péninsule malaise, en Australie, en Colombie britannique, au Paraguay, au Brésil, en Hollande, en Suisse, en Allemagne, en France, en Algérie et en Égypte, et « d'excellents comptes-rendus du Caucase ». C'est ainsi que le chancre se propage à l'étranger.

Ce qui suit, qui pourrait bien s'appliquer à tous ces cultes panthéistes et cabalistiques d'aujourd'hui, est une déclaration intéressante, que Mme Blavatsky, dans son *Isis Unveiled, dit* être les paroles du Général Albert Pike lors d'un Conseil Suprême du Rite Ancien et Accepté qui s'est tenu à New York, le 15 août 1876 :

> « Ce *Principe Créateur* n'est pas une expression nouvelle, c'est un vieux terme remis au goût du jour. Nos adversaires, nombreux et redoutables, diront et auront le droit de dire que notre *Principe Créateur* est identique au *Principe Générateur* des Indiens et des Egyptiens, et qu'il peut être symbolisé,

comme il l'était autrefois, par la Lingae… Accepter cela, au lieu d'un Dieu personnel, c'est *abandonner le christianisme et le culte de Jéhovah, et retourner se vautrer dans les oripeaux du paganisme* ».

L'ÉGLISE GNOSTIQUE UNIVERSELLE

L'*encyclopédie juive* souligne que le gnosticisme « avait un caractère juif bien avant de devenir chrétien » et cite l'opinion suivante : « un mouvement étroitement lié au mysticisme juif ». Le franc-maçon Ragon dit : « La Cabale est la clé des sciences occultes. Les gnostiques sont nés des cabalistes ». Toujours selon le Dr Ranking, « au cours du Moyen-Âge, le principal soutien des organismes gnostiques… était la Société des Templiers ».

Dans son *Histoire de la Magie,* Eliphas Levi nous dit :

> P. 169 'L'idée des hiérophantes chrétiens était de créer une société vouée à l'abnégation par des vœux solennels, protégée par des règles sévères, recrutée par initiation, et seule dépositaire des grands secrets religieux et sociaux, faisant des rois et des pontifes sans être elle-même exposée aux corruptions de l'empire… Une réalisation analogue était également rêvée par des sectes dissidentes de gnostiques et d'illuminati, qui prétendaient rattacher leur foi à la tradition chrétienne primitive de saint Jean. Il vint un temps où ce rêve devint une véritable menace pour l'Eglise et l'Etat, où un ordre riche et dissolu, initié aux doctrines mystérieuses de la Kabbale, semblait prêt à se retourner contre l'autorité légitime, contre les principes conservateurs de la hiérarchie, menaçant le monde entier d'une gigantesque révolution. Les Templiers… étaient les terribles conspirateurs en question… Acquérir des richesses et de l'influence, intriguer sur cette base, et au besoin lutter pour l'établissement du dogme johannite, tels étaient les moyens et le but proposés par les frères initiés… « Nous serons l'équilibre de l'univers, les arbitres et les maîtres du monde ». Les Templiers avaient deux doctrines : L'une était cachée et réservée aux chefs, c'était le johannisme ; l'autre était publique, c'était la

doctrine catholique romaine... Le johannisme des adeptes était la kabbale des gnostiques, mais il dégénéra rapidement en un panthéisme mystique poussé jusqu'à l'idolâtrie de la nature et à la haine de tout dogme révélé... Ils ont nourri les regrets de chaque culte déchu et les espoirs de chaque nouveau culte, promettant à tous la liberté de conscience et une nouvelle orthodoxie qui devait être la synthèse de toutes les croyances persécutées. Ils allèrent même jusqu'à reconnaître le symbolisme panthéiste des grands maîtres de la magie noire... Ils rendirent les honneurs divins à la monstrueuse idole *Baphomet*'.

N'est-ce pas également le cas de la révolution mondiale actuelle et du pouvoir caché qui agit par l'intermédiaire des nombreux ordres et groupes secrets d'aujourd'hui ?

Dans le numéro occulte de février 1928 de la *Revue Internationale des Sociétés Secrètes*, M. A. Delmas, parlant de l'Eglise Gnostique Universelle, dont le centre se trouve à Lyon, nous dit qu'elle a des adhérents en France, en Suisse, en Allemagne, en Autriche, en Hongrie, en Hollande, en Russie, en Roumanie, dans les Etats slaves, en Turquie et en Amérique. Elle est connue sous différents noms, dont deux sont « Ordre des Templiers d'Orient » et « Ordre de Lumière des Sept Communautés d'Asie », et ses affiliations sont maintenant généralement connues sous le nom de Néo-chrétiens et Néo-Gnostiques. Son chef suprême est le Souverain Patriarche et Vicaire de Salomon. M. Delmas donne un compte rendu curieux et intéressant de son office et de la liturgie de la grand-messe. Voici sa doctrine et son credo :

> « Fais ce que tu veux, c'est toute la loi. Mais n'oublie pas que tu dois rendre compte de tes actes. C'est pourquoi je proclame la Loi de la Lumière, de l'Amour, de la Vie et de la Liberté au nom d'IAO. »

Ici encore, nous avons le pouvoir du Serpent, le Seigneur de l'Univers. 'L'amour est la loi, l'amour sous le contrôle de la volonté. Nous reconnaissons immédiatement les doctrines du célèbre Aleister Crowley. L'amour est également le mot d'ordre du R.R. et A.C., qui dit aimer l'humanité ; mais dans le rituel 5-6, il est dit : "L'amour est la loi, l'amour est sous le contrôle de la volonté :

> « Notez bien que par le côté de la planète *Vénus*, vous avez pénétré dans la voûte à sept côtés des Adeptes, le lieu de l'initiation. Et nous trouvons dans le *manuel d'astrologie* d'A. J. Pearce : 'Il a été reconnu très tôt que Vénus était la cause principale de la génération et la mère de l'Amour — la passion universelle... l'Étoile de l'Être et de l'existence.

Le Credo :

> Je crois en l'Éternel, un Dieu secret et inexprimable (dans le rituel de la S.M., nous trouvons : "Le Seigneur de l'Univers qui travaille dans le silence et que rien d'autre que le silence ne peut exprimer") ; en une étoile parmi un groupe d'étoiles (soleil et planètes), par le feu de laquelle nous sommes générés et à laquelle nous retournons ; un père de la vie ; ô mystère des mystères ! son nom est *Chaos* (l'éther omniprésent) ; c'est le seul représentant du soleil sur la terre ; en l'air, nourricier de tous les êtres qui respirent. Et je crois en la terre, notre mère, du sein de laquelle naissent tous les êtres qui naissent. Ô mystère des mystères, son nom est *Babalon* ("Babylone, la grande mère des religions idolâtres et abominables de la terre"). Et je crois en un Serpent et un Lion, ô mystère des mystères ! il s'appelle *Baphomet* (le Serpent de la Sagesse et l'Epée Flamboyante de la R.R. et A.C. ; selon Eliphas Levi 'le Lion est le feu céleste (astral), tandis que les serpents sont les courants électriques et magnétiques de la terre', le Logos Gnostique, l'esprit de la semence). Et je crois en une Église gnostique universelle, dont la loi est la lumière, l'amour, la vie et la liberté, et dont le nom est *Thelima*. Et je crois en la Communion des Saints. Et comme notre pain quotidien, matériel et terrestre, que nous mangeons, se transforme chaque jour en nous en une substance spirituelle, je crois au miracle de la Sainte Messe. Et je crois au baptême de la Sagesse par lequel nous accomplissons le miracle de devenir des hommes. (Crowley,

dans son O.T.O., dit : "Son objet est la réalisation de la vraie masculinité et de la vraie féminité"). Et je confesse et je crois que ma vie est éternelle, qu'elle était, qu'elle est et qu'elle sera toujours. Je confesse et je crois que ma vie est éternelle, ce qui était, est et sera toujours. Amen. Amen.'

On dit que l'éther est un entrepôt de tout ce qui a été, est et sera, et qu'il est sans commencement ni fin. C'est luciférien !

L'EMPEREUR JULIEN ET MAXIME D'EPHESE

En ce qui concerne ces nombreux ordres illuminés — tous du royaume de Lucifer — il est intéressant de noter ce qui suit.

Dmitri Merejkovsky, écrivain historique russe, dans son livre *La Mort des Dieux*, donne une image merveilleuse d'une initiation mystérieuse qui aurait été donnée par Maxime d'Éphèse, le théurgiste, à Julien, l'Apostat, avant qu'il ne devienne empereur.

Elle commence à minuit avec Julian, vêtu d'une tunique de hiérophante, qui entre dans la longue et basse salle des mystères.

'Une double rangée de piliers orichiques soutenait la voûte. Chaque pilier, représentant deux serpents entrelacés, servait de support à des boîtes à parfum... Au fond brillaient deux taureaux aux ailes d'or (emblèmes de la vie), soutenant un superbe trône sur lequel était assis, tel un dieu, le très grand Hiérophante Maxime d'Éphèse, vêtu d'une tunique noire entièrement brodée d'or, d'émeraudes et de rubis... Quelqu'un s'approcha de Julien par derrière et lui banda solidement les yeux en disant : 'Va, ne crains ni le feu, ni l'eau, ni les esprits, ni les corps, ni la vie, ni la mort. »'

On le fait passer par une porte dans un long passage sombre ; descendant dans les profondeurs de la terre, il passe par les épreuves de l'eau et du feu, suivies d'odeurs nauséabondes et d'ombres successives ; une main glacée s'est agrippée à la sienne, qui « avait le mouvement enjoué et les caresses pugnaces des femmes dissolues ». Horrifié, il se signe trois fois de la croix et perd connaissance.

'Lorsqu'il reprit ses esprits, le bandage ne couvrait plus ses yeux, il se trouvait dans une énorme grotte faiblement éclairée... Devant Julian se trouvait un homme décharné et nu, à la peau cuivrée, le Gymnosophe (Yogi), l'assistant de Maximus. Immobile au-dessus de sa tête, il tenait un disque de métal. Quelqu'un dit à Julien : « Regarde ! ». Il regarda le cercle, scintillant d'un éclat presque douloureux... Pendant qu'il regardait, le contour des objets se brouillait, et une agréable langueur s'emparait de lui. Il lui sembla que le cercle lumineux ne brûlait plus dans l'espace mais en lui-même, ses paupières se fermèrent... A plusieurs reprises, une main se posa légèrement sur sa tête, et une voix lui demanda : 'Dors-tu ? ... Regarde-moi dans les yeux ! Julien obéit et vit Maximus penché sur lui... Sous ses épais sourcils, les yeux de Maximus brillaient, vivants, scrutateurs, pénétrants, tour à tour moqueurs et tendres... Julien, immobile, pâle, les paupières mi-closes, regardait les visions rapides qui se déroulaient devant lui, et il lui semblait qu'il ne les voyait pas de lui-même, mais que quelqu'un voulait qu'il les vît... "Veux-tu voir le Rebelle ? (Au-dessus de la tête du spectre brillait l'étoile du matin, l'étoile de l'aube ; et l'Ange disait : « En mon nom, renie le Galiléen » (trois fois demandé et trois fois renié). Qui es-tu ? Je suis la Lumière, je suis l'Orient, je suis l'Etoile du Matin — Comme tu es belle - Sois comme je suis — Quelle tristesse dans tes yeux —Je souffre pour tous les vivants — Il ne doit y avoir ni naissance ni mort —Viens à moi, je suis l'ombre du spectre. Viens à moi, je suis l'ombre, je suis la paix, je suis la liberté ! (libération, perte de la personnalité)... rebelle, je te donnerai la force... enfreins la loi, aime, maudis-le et sois comme je suis ».

Julien se réveille. Il monte l'escalier avec la main ferme de Maximus dans la sienne : Il sent qu'une force invisible le soulève sur ses ailes (force psychique)... « L'as-tu appelé ? » demande Julien. — Non, mais quand une corde de la lyre vibre, une autre lui répond, le contraire du contraire (polarité) ». Maximus demande à Julien de choisir entre deux voies : le royaume de Lucifer ou le royaume de Dieu. Julien refuse la croix et Maximus lui dit : « Alors choisis l'autre voie, sois puissant comme les anciens ! Sois fort et fier, sans pitié et superbe ! Sans pitié, sans amour, sans pardon ! Mangez du fruit défendu, mais ne vous repentez pas. Ne crois pas, ne doute pas, et le monde t'appartiendra. ... Ose ! tu seras empereur ! »

« Ils se retrouvent sur une haute tour de marbre — observatoire astronomique de haute théurgie — construite sur le modèle des anciennes tours chaldéennes, sur un rocher élevé au-dessus de la mer. Au-dessous se trouvaient des jardins luxuriants, des palais, etc., et au-delà, sur la montagne, l'Artémision et Éphèse. » Le Hiérophante étendit le bras et dit : « Regarde ! tout cela est à toi... Ose ! ... Unis, si tu le peux, la vérité du Titan et la vérité du Galiléen, et tu seras plus grand que tous les hommes nés de femmes. » (N'est-ce pas du johannisme ?)

Dans sa merveilleuse bibliothèque, Maximus parle de cette initiation avec l'un de ses disciples.

« Comment Maxime, le grand philosophe, peut-il croire à tous ces miracles absurdes ? Je crois et je ne crois pas. répondit le théurge. La nature, que nous étudions vous et moi, n'est-elle pas le plus merveilleux des miracles ? Quel superbe mystère dans les vaisseaux du sang et des nerfs ; l'admirable combinaison des organes... Nos mystères sont plus profonds et plus beaux que tu ne le penses. Les hommes ont besoin d'enthousiasme. Pour celui qui a la foi, la prostituée est vraiment Aphrodite et les écailles lumineuses, le ciel étoilé... Julien a vu ce qu'il voulait voir. Je lui ai donné de l'enthousiasme, de la force, de l'audace. Tu dis que je l'ai trompé... J'aime le mensonge qui contient la vérité... Jusqu'à ma mort, je n'abandonnerai jamais Julien. Je lui ferai goûter à tous les fruits défendus. Il est jeune, je vivrai en lui une seconde existence ; je lui dévoilerai les mystères séduisants et criminels, et peut-être sera-t-il grand par moi ! — Maître, je ne te comprends pas. — Et c'est pour cela que je te parle ainsi ».

N'est-ce pas là une illustration de ce qui se passe aujourd'hui dans tous ces Ordres lucifériens ? Ce Centre Invisible, par le biais de la puissance théurgique, trompe, hypnotise, suggère, promet le pouvoir, la liberté et la paix, une paix qui est la paix du contrôlé, d'un homme vivant mais sans volonté et sans âme, rempli du pouvoir de ces maîtres diaboliques tels qu'Aleister Crowley !

Il est intéressant de constater dans le R.R et A.C. que le chef qui a refusé l'initiation a été quelque temps auparavant emmené astralement dans une tour théurgique similaire et a montré le monde en haut et en bas, comme une promesse de pouvoir futur ! Ce pouvoir est le « Talisman hébreu » !

En tournant les pages de l'histoire de la Russie, nous rencontrons un homme qui était manifestement un outil de plus entre les mains de ce pouvoir central. Dans sa brochure intitulée « *Le mysticisme à la cour de Russie* », M. J. Bricaud déclare : « À toutes les époques, la cour de Russie a connu l'influence des prophètes et des théurgistes et s'y est soumise... Certains écrits de Dostoïevski, Tolstoi et Merejkovski ont révélé aux Occidentaux la nature secrète de l'âme russe, tourmentée et avide de merveilleux ». Merejkovsky, dans plusieurs de ses livres, a peint de façon saisissante les différents aspects de cette maladie de l'âme russe qui, selon M. Bricaud, « s'est terminée en 1917 par la chute de la dynastie et le renversement de ses anciennes institutions ».

Dans *Le Mystère d'Alexandre Ier* et *La Fin d'Alexandre Ier*, Merejkovsky donne un compte-rendu intéressant et détaillé de certaines sociétés secrètes qui ont été initiées et qui se sont répandues dans toute la Russie sous le règne d'Alexandre I. Le traducteur, E. Halpérine-Kaminsky, nous dit dans ses préfaces que c'est après la marche à travers l'Europe, après la retraite de Napoléon, que les officiers russes se sont imprégnés, plus particulièrement, des idées révolutionnaires françaises. A leur retour, une première société secrète fut fondée par eux en 1816 sous le nom d'« Alliance de Salut » ; l'un des chefs était Paul Pestel.

En 1818, cette société prend le nom d'« Alliance de la Prospérité ». Sous Pestel, une organisation révolutionnaire (Société du Midi) fut créée au sein de cette société, avec pour objectif l'abolition violente de l'autocratie. La société pour l'union des Slaves se forma dans le sud et fusionna plus tard avec la Société du Midi. Il est certain, en effet, que le mouvement créé en 1816 a marqué le début de la révolution russe qui, cent ans plus tard, en mars 1917, a triomphé au nom des mêmes principes que les « décembristes » de 1825. »

Là encore, E. Halpérine-Kaminsky montre les parallèles extraordinaires entre les règnes d'Alexandre Ier et de Nicolas II. Il écrit :

> « D'autres parallèles pourraient facilement être établis. Mais ce qui étonnera même les mieux informés sur les affaires russes, c'est la révélation de l'existence de véritables racines bolcheviques agissant dans le sol, qui ont donné naissance à des sociétés secrètes recrutées dans la classe aisée, voire dans la Garde impériale, et qui ont empoisonné toute la dernière partie de la vie d'Alexandre. Écouter le principal conspirateur, le colonel Pestel, c'est se croire en train d'écouter Lénine en personne ».

Écoutons ce conspirateur Pestel, directeur de la Société du Sud, exécuté en 1826. Ce texte a été écrit par Merejkovsky en 1910 et était remarquablement prophétique de ce qui s'est passé en 1917 et plus tard :

> 'La réunion de la Société du Nord à celle du Sud est proposée par notre Tribunal, commencé Pestel, aux conditions suivantes : (I) Reconnaître un directeur unique et dictateur souverain sur les deux tribunaux. (2) Jurer une obéissance absolue et passive à ce dictateur-directeur. (3) Abandonner le long chemin de la civilisation et de la lenteur généralement admis, et décréter des règles plus absolues que les principes futiles de nos statuts. Enfin, accepter la constitution de la Société du Sud et jurer qu'il n'y en aura pas d'autre en Russie… La première et principale action est la révolution,

l'insurrection dans l'armée, l'abolition du trône... Il faut forcer le Synode et le Sénat à accorder au gouvernement provisoire un pouvoir absolu... La dynastie régnante doit donc, en premier lieu, cesser d'exister... L'assassinat d'un seul provoquera des divisions, produira des dissensions intérieures, et conduira à toutes les horreurs de l'insurrection populaire. Il faut avant tout que la destruction de tous les tyrans soit consommée». Il parlait d'une voix placide mais anormale. C'est un automate, pensa Golitsine, ou plutôt un possédé..."...»

«Les événements des années 1812, 1813, 1814 et 1815, dit Pestel... ainsi que ceux des époques antérieures et postérieures, nous ont montré tant de trônes renversés, tant de royaumes abolis, tant de *coups d'État* accomplis, que ces événements ont familiarisé les esprits avec les idées révolutionnaires, les possibilités et les chances de leur réalisation.... D'un bout à l'autre de l'Europe, du Portugal à la Russie, sans excepter l'Angleterre et la Turquie, ces deux opposés politiques, l'esprit de réforme fait bouillonner tous les cerveaux» (les mots mêmes de Pastel).»

'Il parlait en maître, et la fascination de sa logique agissait comme le charme de la musique ou la beauté des femmes. Certains étaient subjugués, d'autres enragés... mais tous sentaient que ce qui n'avait été qu'un rêve lointain devenait tout à coup une réalité proche, terrible et lourde de responsabilités... "Ces aristocrates, disait Pestel, sont les principaux obstacles à la prospérité publique et le plus sûr soutien de la tyrannie ; seul un gouvernement républicain peut les niveler... J'ai plus de foi que vous dans la prédestination de la Russie — la «Vérité Russe» est le nom que j'ai donné à ma constitution. J'espère en effet que la «Vérité Russe» sera un jour la vérité universelle, et qu'elle sera adoptée par tous les peuples européens, endormis jusqu'à présent dans un esclavage moins apparent que le nôtre, mais peut-être pire, car l'inégalité des biens est le pire des esclavages. La Russie sera la première à se libérer. Notre chemin va de l'esclavage complet à la liberté intégrale. Nous n'avons rien, nous voulons tout ! Sans cela, le jeu n'en vaudrait pas la chandelle… Toutes les différences de fortune et de condition cesseront, tous les titres et la noblesse seront anéantis. Les classes marchandes et bourgeoises seront supprimées. Toutes les nationalités renonceront aux droits individuels de leurs membres. Même les noms des nations seront abrogés, à l'exception du seul nom du Grand Peuple Russe… Les citoyens seront divisés en communautés rurales de manière à leur donner une vie, une instruction et un gouvernement uniformes, et tous seront égaux dans une parfaite égalité… La censure la plus sévère de la presse, une police secrète avec un personnel d'espions, tous les citoyens jugés ; une liberté de conscience qualifiée…»

Des murmures circulent : 'C'est une colonie pénitentiaire et non une république… l'autocratie la plus détestable !

« Pestel ne vit rien, n'entendit rien… Le petit homme n'était qu'un simulacre, un automate de cire. Il obéissait à une obsession fatale venue de l'au-delà, il ne se contrôlait plus, une main invisible le mettait en mouvement, le tirait par un fil comme une marionnette !'

La révolution fut tentée sous le règne de Nicolas Ier, le 14 décembre 1825, et échoua lamentablement. Cinq des conspirateurs ont été pendus le 13 juillet 1826, dont Pestel. Merejkovsky ajoute que ces sociétés secrètes étaient des branches des Carbonari. Parlant également de leur contrôle, il écrit

'Notre but est le même et nos forces sont les vôtres à la seule condition que vous vous soumettiez absolument à la Douma souveraine de la Société du Sud. — Quelle Douma ? Où est-elle et qui en fait partie ? « Selon les règles de la Société, je ne peux pas vous la révéler… mais regardez ! ». Il prit un crayon et un morceau de papier, traça un cercle, écrivant à l'intérieur — "Douma souveraine", traçant des rayons à partir de ce cercle, à l'extrémité duquel il dessina d'autres cercles plus petits. Le grand cercle central… est la Douma souveraine ; les lignes partant du cercle sont les intermédiaires, et les petits cercles les districts qui communiquent avec la Douma, non pas directement, mais par des intermédiaires'.

Pestel n'était-il pas simplement un intermédiaire contrôlé, et la Douma souveraine le Directoire suprême des Juifs cabalistiques, le pouvoir invisible des « Protocoles » ? N'est-ce pas là le système de toute la judéo-maçonnerie révolutionnaire d'hier et d'aujourd'hui ?

CHAPITRE VI

LA SOCIÉTÉ PANACÉE

D ans la préface de l'ouvrage de Jane Lead intitulé *Early Dawn of the Great Prophetical Visitation to England*, « Octavia », de la Panacea Society, nous apprend que depuis 1666, le plan de rédemption pour l'Angleterre a été présenté de la manière suivante :

'(I) Comme un tout prophétique par Jane Lead (1681-1704).

' (2) Divisé en sept couleurs prismatiques (les sept aspects de la force solaire, les planètes !) et donné par les frères, Joanna Southcott, George Turner, William Shaw, John Wroe, Jezreel, et Helen Exeter successivement, 1792-1918. (La dernière s'est noyée dans le *Galway Castle,* qui a été torpillé dans la Manche le 14 septembre 1918).

'(3) En tant qu'ensemble opérationnel, actuellement présenté par Octavie et Rachel Fox, soutenu par les quatre, les Douze et le « reste » du rassemblement.

Jane Lead, associée au Dr Pordage, et son gendre, le révérend Francis Lee, fondent la Philadelphian Society à Londres en 1652. Dans *The Mystery of God in Woman*, Rachel Fox, présidente de la Panacea Society, écrit :

'Entre 1623 et 1704, une certaine Jane ou Joan Lead a reçu des révélations d'une nature très pure et très élevée. Celles-ci sont imprimées dans ce qui est appelé « Soixante Propositions à la Société Philadelphienne, partout où elle est dispersée comme l'Israël de Dieu ». Dans cette prophétie est exposée l'ascension future de l'Église philadelphienne, décrite dans l'Apocalypse comme l'Église idéale... "une Église vierge qui n'a rien connu de l'homme ni de la constitution humaine... sera ornée de dons et de pouvoirs miraculeux au-delà de ce qui a jamais existé".

Une étude attentive de ces "prophéties" montre qu'il s'agit de pur illuminisme et de cabalisme. L'enseignement, comme d'habitude dans tous ces cultes, mystiques ou occultes, conduit à une initiation, à la formation d'un lien éthérique avec une puissance invisible, à l'éveil et à la perversion de la Kundalini dans le but de, à l'éveil des "sens intérieurs" : *clairvoyance* — "une vue cristalline claire... sans aucun médium" ; clairaudience — "une audition surnaturelle... le langage céleste tel qu'il est parlé par la nature éternelle" ; *intuition* - "une sagesse profonde". Enfin, la fixation de la lumière astrale dans un corps matériel préparé et purifié. Décrire l'un de ces cultes, c'est les décrire tous ; ils conduisent à une pure négation de soi, coupant "l'entendement rationnel", entraînant une complète soumission ; comme chez Steiner, aucune intellectualisation n'est permise.

Comme nous l'avons vu dans les R.R. et A.C. (1919), une coupe Triune, ou Triangle, devait être préparée (1700), formée de trois "Love-elders", placés au sommet de l'Arbre de Vie Cabalistique, représentant le *Prêtre* ou réconciliateur, plein de *Foi*, et à qui il a été dit comme au chef du Triangle dans les R.R. et A.C. : "Si vous ne buvez pas de Mon Sang, vous n'avez pas la vie en vous". (Comparez cela avec la vision, décrite précédemment, de l'Esprit de la Terre et d'Adonaï, lorsque la femme a dû boire la coupe de sang). On dit qu'il s'agit du sacerdoce "Melchizédek" ; le deuxième frère d'amour est le *prophète*, ou le récepteur passif de la sagesse d'en haut. Le troisième est le *Roi*, le transmetteur actif ou le détenteur du Pouvoir, toujours sous contrôle. L'ensemble attire et manifeste les forces supérieures. Plus loin, il est dit 'La *Cour et le Conseil supérieurs ont* alors décrété que la Coupe Triune serait entourée d'un *triple cercle*. Le premier était un cercle de lumière dorée (Soleil), le second un cercle de lumière argentée (Lune), le troisième un feu doux, mais une force invincible pour la défense (feu destructeur) — 'Soleil, Lune et Feu de la Puissance du Serpent'. Et la fixation finale de la lumière dans le 'véhicule' est exprimée par des mots semblables à ceux utilisés dans le rituel R.R et A.C. 6-5 : 'Lève-toi, brille, car ta lumière est venue, et la gloire de ton époux est maintenant devenue ta couverture'. La lumière et la gloire de l'Illuminisme !

Il devait être construit dans le but d'établir un Royaume d'Amour qui serait gouverné par leur Prince d'Amour et de Paix ; tout d'abord, de manière invisible dans les cœurs et les esprits de certaines personnes qui doivent 'disperser parmi toutes les fraternités et les sociétés ces purs pouvoirs étincelants d'Amour reçus de la Déité — l'éther'. Leur déité est le Principe Créateur, la Grande Mère est la Nature, et leur Christ est la lumière astrale illuminatrice. Pour finir,

> 'Un message de guérison est maintenant envoyé du ciel, qui appelle et exhorte à *une harmonie et une unité universelles* (une république et une fraternité universelles !)... Car le Prince de l'Amour et de la Paix est proche d'installer son Trône-Dominion et son Royaume... et de là sortiront des pouvoirs d'influence si puissants qu'ils feront cesser tout ce qui est destructif pour le Royaume de l'Amour'.

C'est le pouvoir dont parle le professeur arabe du Dr Felkin : 'Nous pouvons projeter le fluide psychique avec une telle puissance qu'il est possible de littéralement TUER ou RENDRE VIVANT... mais ce pouvoir est si énorme et dangereux qu'il n'est permis qu'à un petit nombre' ; comme courant *curatif* ou *punitif,* ou même hypnotique. Qu'est-ce que c'est que la domination juive mondiale par le biais de l'illuminisme — le 'Royaume du bonheur' de Krishnamurti ?

En tant que lien éthérique et oracle, Jane Lead, comme tous les liens de ce type, a beaucoup souffert mentalement et physiquement. En 1699, elle parle d'une 'grande guerre et d'un mutisme dans les parties du corps... qui auraient pu très facilement libérer l'âme emprisonnée... et d'une telle dépression de ma vie supérieure et de mon esprit, qui m'empêchait d'utiliser librement mes facultés suprasensuelles'. Comme seule réponse à ses plaintes, son maître lui dit : 'Tu ne dois pas penser que c'est beaucoup (d'épreuves) de voir ta foi broyée, éprouvée et prouvée' — une foi atteinte uniquement lorsque la raison et le sens 'ont été plongés dans un profond sommeil' — le contrôle hypnotique !

Pour en venir à la manifestation actuelle de ce mouvement, Rachel Fox, dans son livre *The Finding of Shiloh*, nous parle du 'triangle des travailleurs' et de la fondation de la Panacea Society, dont le travail consiste à 'spiritualiser le matériel et matérialiser le spirituel', c'est-à-dire à préparer des 'vases vides', à les remplir de lumière, à former des porteurs de lumière pour l'œuvre des maîtres dans le monde. Leur maître est un soi-disant Christ, sans doute l'un des membres du Conseil invisible. Les membres du triangle pour la manifestation de ce pouvoir invisible étaient : Octavia, veuve d'un ecclésiastique et douée, le sommet et le lien éthérique ; Rachel Fox, membre de la Société des Amis, et K. E. F., les angles basaux. Apparemment, le travail devait se faire par l'intermédiaire des femmes, car il a été dit :

'Sachez qu'il n'est pas dans toutes vos pensées combien est puissante et étonnante cette grande œuvre que je suis venu accomplir. C'est pourquoi je ne peux que permettre à l'homme et à la femme de s'associer à moi dans l'obéissance suprême... Je montrerai ici comment la faiblesse de la femme tend à ma gloire, puisqu'elle me remet volontiers les rênes du gouvernement...' Encore une fois : 'Ne posez pas de questions, ne discutez pas, obéissez seulement et tout ira bien... en un instant, je peux vous inspirer de telle sorte que vous penserez comme un seul homme et agirez comme un seul corps.'

Hypnotisme de masse ! L'un de leurs principaux objectifs était d'éclairer l'Église et d'inciter vingt-quatre évêques à ouvrir la boîte de Joanna Southcott, dont ils pensaient que le contenu sauverait l'Angleterre. À cette fin, Rachel Fox a été fortement impressionnée par le fait qu'elle devait d'abord être baptisée, puis confirmée dans l'Église anglicane, afin de' tenir son rang auprès des évêques'. Elle est donc confirmée le 25 juin 1919 par l'évêque de Truro.

Octavie, qui était le lien éthérique avec les maîtres, souffrit intensément. On nous parle d'une dépression nerveuse, conséquence du refus des évêques d'agir, et d'un long séjour dans une institution psychiatrique au sujet de laquelle elle écrit, en novembre 1915 : "Ce que je souffre est un enfer... Comment puis-je vivre chaque jour dans cette torture sans but, sans espoir, sans idéal ? « Comment puis-je vivre chaque jour dans cette torture sans but, sans espoir, sans idéal ? Je suis horriblement saine d'esprit, mais je suis trop pleine d'une peur nerveuse pour redevenir moi-même ». Et lorsque son maître diabolique l'a jugée suffisamment châtiée, il a dit, le 15 septembre 1916 : « Je connais son travail fidèle et ses souffrances, et j'ai voulu qu'elle boive la coupe de la douleur, car c'est ainsi qu'elle est enseignée et purifiée, et qu'elle sera récompensée. Qu'elle sorte maintenant de sa maison de douleur, et qu'elle n'ait pas peur, car je serai son guide ». Elle n'en sortit cependant que pour être emprisonnée (mise à part !) dans sa maison et son jardin pendant quelques années, et continua à souffrir intensément ; elle devait être isolée de tout ce qui pouvait l'influencer et la détourner de la grande œuvre ! Le 27 novembre 1917, le triangle prêta serment, jurant de n'être guidé que par le Maître et de ne chercher la lumière sur la Visitation que dans la Bible, les Apocryphes et les écrits de leurs prophètes. Le 4 août 1918, son maître demanda à Octavie : « Es-tu prête à perdre ta personnalité pendant un certain temps ? ». Croyant que le Maître était divin, elle y consentit et, le 27 mars 1919, elle raconte la fixation du lien, la puissance illuminatrice — Shiloh, Prince de la Paix — descendit dans son corps, prête « après de grandes et terribles souffrances » — sa raison et ses sens « furent plongés dans un profond sommeil » !

Enfin, on leur dit :

'Tous ceux qui veulent entrer dans le Royaume à venir, qui est la réalisation de ce qui a existé jusqu'à présent dans la vision, la parole et l'écriture, doivent entrer dans une période de cessation des moments psychiques (il a été dit dans le R.R. et A.C. qu'un temps viendrait où toute magie devrait cesser !)

C'est pour cette raison que j'ai permis à ces derniers de se développer au cours de la dernière décennie, que j'ai dû en rassembler beaucoup de cette manière... mais tous doivent maintenant marcher sur le plan matériel... La concentration sur le développement de l'âme (c'est-à-dire le développement astral) entravera l'avènement. C'est difficile à dire, mais sachez que je *serai* désormais un centre (ayant pris possession de son "véhicule"), attirant mon peuple à moi, alors que dans le développement de l'âme, mon peuple s'efforçait de m'attirer à lui...' (Comme dans le Chemin d'Initiation de Steiner, menant à l'obsession).

En d'autres termes, ces maîtres — sans doute identiques à la terrible puissance à l'origine des horreurs de la Russie et de la Révolution mondiale — ne s'intéressent en réalité au développement de l'âme ou de l'astral que comme un moyen de former des outils illuminés passifs, complètement contrôlés dans leur esprit et leurs actions.

Comme nous l'avons vu, l'un des principaux objectifs de cette Société était de faire ouvrir la boîte de Joanna Southcott par vingt-quatre évêques, mais seulement dans des conditions précises, telles qu'elles ont été décrétées par leurs maîtres. Ces conditions sont les suivantes :

"1. L'emplacement exact de la boîte est connu d'une dame qui l'a vue elle-même et qui, après avoir entendu les évêques, les mettra en contact avec l'intermédiaire, qui fournira le nom et l'adresse du gardien.

« 2. Des parties des écrits de Joanna Southcott, de au moment où ils ont été écrits, ont reçu l'ordre d'être conservés jusqu'à ce que les évêques en fassent la demande, « en un temps de grave danger national ». L'initiative doit donc être prise par les évêques ou par une autorité du pays et non par les croyants de la Visitation. Mais, lorsque les évêques accepteront d'envoyer chercher la boîte, vingt-quatre croyants se présenteront pour former un jury, afin de rencontrer les vingt-quatre évêques ou leurs représentants.

"3. Le livre du procès des revendications de Joanna Southcott (1804) doit être lu par tous ceux qui consentent à être présents. Il sera produit pour les évêques.

"4. La présence d'un avocat est obligatoire.

"5. Il existe des instructions écrites pour les juges et le jury, qui doivent être gardées scellées jusqu'à ce que l'Assemblée se réunisse.

"6. Une maison appropriée doit être prêtée ou louée pour l'occasion. La boîte d'écrits doit être préalablement placée pendant trois jours dans la chambre forte ou la cave de la maison. (*Note*. Peut-être les écrits sont-ils chargés de « l'atome originel », comme le sont, dit-on, les pièces de linge).

"7. La maison doit être proche d'un champ ou d'un espace clôturé. (S'agit-il de la « mettre à part », afin de placer autour d'elle le « triple cercle » ?)

"8. Les soixante-cinq livres et tous les MSS originaux que possèdent les croyants doivent être soumis à l'examen pendant les trois premiers jours de l'Assemblée.

Dans la première, le double jury de croyants doit rencontrer les évêques, afin de discuter des problèmes en jeu.

'10. Le deuxième jour, il y aura un signe du Seigneur d'une grande importance.

« 11. Le troisième jour, les écrits scellés doivent être ouverts et examinés.

'12. Cette épreuve est l'annonce ou le précurseur du destin de Satan, tel qu'il est décrit dans l'Apocalypse XX. Il n'y aura pas de repos dans le monde tant que l'occasion ne sera pas donnée de mettre à l'épreuve les affirmations contenues dans les écrits de Joanna.

'13. Si le verdict des évêques est défavorable aux écrits, ils peuvent être brûlés.

Il sera reconnu, lorsque la boîte sera ouverte, que le procès est comparable, en termes d'importance, au procès du Christ devant le Sanhédrin.

'15. Dans les écrits publiés, la cérémonie est également comparée à la lecture d'un dernier testament. (Il pourrait s'agir de la mort de l'Empire britannique ! provoquée par le « petit et constant Sanhédrin »).

'16. Elle est également comparée dans les écrits à une enquête, la boîte devant être considérée comme les hommes considèrent un corps qui a été découvert.

'17. À cette occasion, l'Église d'Angleterre sera jugée pour garder ou perdre sa place parmi les chandeliers.

'18. Ceux qui convoquent le procès doivent en supporter les frais, c'est-à-dire les dépenses du jury et des témoins, etc.

'19. Aucune personne scellée ne peut se voir refuser l'accès au procès.

"20. « De même que je me suis fait connaître à Emmaüs en rompant le pain, de même je me ferai connaître en rompant les sceaux des écrits » (extrait de Guérison pour tous).

Les prophéties de Jane Lead sont à la base de tout cela, et elles relèvent de l'Illuminisme et de la Rose-Croix. Comme nous l'avons vu, l'un des grands objectifs du R.R. et de l'A.C. était de corrompre et de désintégrer l'Église en Angleterre et dans l'Empire.

Une boîte, que l'on dit être celle de Joanna Southcott, a finalement été ouverte, et l'un des récits les plus intéressants a été publié dans le *Daily Telegraph* du 9 mai 1927, avant l'ouverture proprement dite. On nous dit qu'elle est née en 1750, qu'elle a reçu peu d'éducation, qu'elle a travaillé comme domestique et dans des magasins, et que, de manière orthodoxe, elle fréquentait assidûment l'église et la chapelle. À l'âge de quarante-deux ans, elle a commencé à prophétiser, annonçant l'approche du millénaire et les convulsions à venir en Europe. Selon ses prophéties, les fidèles devaient être au nombre de 144 000 (Apoc. vii.), et des certificats de leur nomination à la félicité, sans doute une forme de scellement, ont été délivrés.

Malgré cela, « l'un des destinataires a certainement été pendu pour meurtre » ! En 1813, à l'âge de soixante-trois ans, elle annonce « qu'elle va devenir la mère de Shiloh, le Prince de la Paix », un nouveau Messie ! Mais « Joanna mourut sans enfant ». Sur son lit de mort, elle aurait remis à une compagne une boîte scellée, avec l'injonction de ne l'ouvrir qu'en cas de grave besoin national et en présence d'un certain nombre d'évêques ; dans ces conditions, elle révélerait un moyen inattendu de sauver le pays. Ce que l'on dit être cette boîte, bien que cela soit nié par la Panacea Society et d'autres, a été ouvert et le résultat a été non seulement un fiasco mais une farce.

Dans *The Impatience of the People*, de Mark Proctor, la Panacea Society fait une fois de plus un effort courageux pour attirer l'attention du public. La réalisation de leurs espoirs, le « second avènement », que l'on attendait sur en 1923, se fait maintenant attendre depuis longtemps ! La boîte de Joanna, ou du moins l'une des nombreuses boîtes, a été ouverte et est tombée dans l'oubli, entraînant un fiasco pour tous ceux qui croyaient en son pouvoir supposé de sauver une Angleterre qui n'a apparemment aucun désir d'être sauvée ! L'Angleterre traverse toujours les tempêtes et tient bon, malgré les nombreux assauts visibles et invisibles, et espérons qu'il en sera ainsi longtemps.

La première chose qui impressionne dans ce petit livre est sa profonde et presque insolente arrogance, un trait commun à ces illuminati cachés, ces juifs cabalistiques, mais pas ce que l'on attend d'une inspiration divine, telle qu'ils la revendiquent ! Il y dit :

'Comme il est bon, alors, d'apprendre que l'extrémité de l'homme est l'opportunité de Dieu, et que lorsque les choses atteignent un tel paroxysme que personne ne sait quoi faire, Dieu vient à la rescousse avec un nouveau message (par l'intermédiaire de la Panacea Society!) qui balaie la confusion de l'intellectualisme académique, du faux ecclésiastique, de la spiritualisation mystique, de la mise en scène rituelle, des querelles anglicanes et protestantes, de la religiosité émotionnelle des Nonconformistes, et de toute la gamme des cultes et des sectes qui osent s'appeler "religieux" aujourd'hui'.

On peut se demander en quoi la Panacea Society diffère de « l'ensemble des cultes et des sectes », illuminés comme ils le sont eux-mêmes. Ne croient-ils pas chacun, comme la Panacea Society, qu'ils sont les seuls à ne pas être comme les autres cultes et sectes ?

Il écrit encore : 'Un prophète n'est pas du tout un prêtre ; c'est un récepteur automatique d'un message divin direct, énoncé dans une séquence de mots, qu'il doit consigner exactement comme il les a entendus. Il ajoute que l'accomplissement est la preuve de leur nature divine, auquel cas leurs messages échouent apparemment au test : ont-ils été accomplis ?

Nous avons sous les yeux une brochure et un dépliant étonnants publiés par la Panacea Society en avril 1926. Il y est question de leur pouvoir de donner une « protection divine » lors d'une crise à venir. Quelle est cette crise ? Dans leur magazine, *Panacea*, ils donnent une explication. On y trouve une citation d'un article amusant, tiré de *Punch*, intitulé "la prochaine guerre", dans lequel il est dit qu'il y aura une autre guerre, et cette fois-ci *entièrement dans les airs* — des avions larguant des "choses dégoûtantes" sur tout le monde, 'de sorte que vous n'aurez qu'à inhaler votre ration de boules puantes comme un homme, et à mourir comme un chien ! La *Panacée* prend cela très au sérieux et écrit :

"Oui, il est vrai qu'aucune arme formée contre l'Angleterre

ne prospérera lorsqu'elle s'éveillera à la puissance du remède de la Panacée. Nos dirigeables transportant l'*eau bénite* — le résultat de la visite de Dieu en Angleterre depuis 1792 (Joanna Southcott) — seront un mur de défense pour l'Angleterre, un mur qu'aucun ennemi ne pourra franchir ou détruire !'

En 1923, ils ont placardé l'affiche suivante à Plymouth : "Tremblements de terre, tonnerre, peste vont bientôt secouer l'Angleterre à moins que les évêques n'ouvrent la boîte de Joanna Southcott". Ces troubles sont toujours plus ou moins présents, mais le fléau que nous devons craindre plus que tous les autres réunis, c'est le fléau de ces sociétés illuminées et de leurs prétendues missions divines, dirigées du haut des airs ; ce sont les boules puantes que doivent fuir tous ceux qui aiment vraiment leur pays et leur Empire.

Ils parlent à nouveau de "guérison divine" et, pour obtenir cette guérison, la personne affligée doit rédiger une liste complète de plaintes, imaginaires ou non. Cette liste est lue à l'"Oracle », qui reçoit les soi-disant instructions divines, et la galette ou le morceau de lin est chargé des forces psychiques et magnétiques requises, de la même manière, sans doute, qu'un talisman magique est chargé. Ces parties doivent être trempées dans l'eau potable, dans le bain, et même dans les médicaments prescrits par un médecin, bien que cela ne semble guère juste pour le médecin ! Dans tous les ordres occultes, avec des méthodes variées, la guérison au moyen de ce fluide magnétique est pratiquée avec plus ou moins de succès et, comme nous le savons, il peut tuer ou faire vivre. S'il est curatif, il peut aussi être hypnotique et créer une bande de fidèles ! Ils font grand cas de la guérison « sans argent et sans prix », mais, après tout, l'une des règles des Rose-Croix était : Mais, après tout, l'une des règles des Rose-Croix était : « Qu'aucun d'entre eux ne fasse profession d'autre chose que de guérir les malades, et cela *gratuitement* », bien que certains adeptes aient interprété « gratis » comme « *gratuitement* », de sorte qu'une rétribution puisse être demandée !

Dans leur brochure « *La guérison* pour *tous* », ils déclarent : 'Tout fou peut détecter la méchanceté de Satan, mais il faut un homme sage pour découvrir les erreurs lucifériennes ! « N'importe quel fou peut détecter la méchanceté de Satan, mais il faut un homme sage pour découvrir l'erreur luciférienne ». Peuvent-ils être sûrs d'être assez sages pour ne pas être trompés par des lucifériens tels que ces Illuminati cachés ? Peuvent-ils être sûrs qu'ils ne travaillent pas, avec tous ces autres ordres et groupes, à l'avènement du règne du pouvoir luciférien, c'est-à-dire de l'illuminisme ? Ils disent : "Nous n'hésitons pas à déclarer qu'aucune religion, aucune secte, aucun individu quel qu'il soit, en dehors de cette Visitation, ne détient *toute la Vérité !*" Cela ressemble beaucoup à l'orgueil spirituel qui, dit-on, a provoqué la chute de Lucifer !

Un mot sur les communications qu'ils ont consignées dans *The Writings of the Holy* Ghost, c'est-à-dire les communications astrales. Elles semblent être très semblables à celles que reçoivent aujourd'hui les groupes occultes et spiritualistes et, loin d'être divines, elles sont pleines de tromperie et de flatterie. Dans ces documents, le 15 avril 1920, il est dit : 'Je t'ai fait remarquer qu'au cours des années 1919, 1920 et 1921, la période entre Pâques et l'Ascension a été marquée par de nombreux développements. Pâques 1919 fut l'époque de la tentative, par ces illuminati cachés, d'établir le Triangle du Pouvoir dans le R.R. et l'A.C. !

L'ORDRE UNIVERSEL

L'Ordre Universel est un autre groupe pseudo-mystique qui prétend n'avoir rien à voir avec l'occultisme, mais qui est tout aussi trompeur et dangereux. Il a été connu pendant de nombreuses années sous le nom d''Ordre de la Sagesse Ancienne', avec son siège à Manchester et une branche à Londres et peut-être ailleurs. Ses enseignements relevaient du néo-platonisme et ses réunions londoniennes et ses grades se tenaient dans la grande salle supérieure du restaurant végétarien d'Eustace Miles. Les cérémonies étaient simples, mais occultes, attirant des forces telles qu'on en trouve dans toutes les cérémonies occultes, bien qu'ils prétendaient simplement enseigner une forme de philosophie. Vers 1918-19, alors que des mouvements similaires, à l'insu les uns des autres, se produisaient dans d'autres groupes, les dirigeants de ce groupe ont été informés, par une « force contraignante » ou une influence occulte, qu'on attendait d'eux qu'ils reconnaissent et pratiquent la foi chrétienne, dont ils s'étaient éloignés en tant que néo-platoniciens, ce qu'ils ont fait en conséquence.

Un peu plus tard, le nom a été changé en « Ordre Universel », sans doute parce qu'il était plus proche d'une fraternité internationale, et a été conduit sur des bases plus ou moins chrétiennes, incluant des retraites, des méditations, et ayant, je crois, modifié les grades pour s'adapter à l'apparent changement de perspective. Cela induisait une forme d'excitation pseudo-religieuse, créant des conditions hautement nerveuses, émotionnelles et médiumniques, conduisant à un contrôle possible, comme on le trouve universellement dans tous les ordres et groupes de ce type. L'Ordre était lié par une adhésion mutuelle à la S.M. et à la R.R. et A.C., et leur mission était aussi apparemment d'éclairer l'Eglise ou de percer de l'intérieur, comme dans la S.M. Plus tard encore, certains de ses groupes ont changé de nom pour devenir le « Sanctuaire de la Sagesse » — le titre de sa publication.

Après avoir étudié le feuillet n° I envoyé par le « Secrétaire de l'Ordre Universel », quelques mots sur les objectifs et le système de l'Ordre Universel pourraient être utiles. D'après cette brochure, l'Ordre Universel apparaît comme un véritable espéranto de la philosophie, de la religion et de la science mystique, car il vise à la réalisation de la Sagesse Universelle ; cependant, il « n'est pas une religion, mais englobe l'essence de toutes les religions ; il n'est pas une philosophie, mais comprend les principes fondamentaux de tous les grands systèmes philosophiques ». En apparente contradiction, on nous dit que l'intelligence finie est théoriquement capable d'appréhender une seule présentation de la Vérité ; après en avoir suivi plusieurs, il arrive fréquemment qu'elle n'en comprenne aucune ! C'est pourquoi, bien qu'universel, ils préconisent un système d'enseignement précis, le leur, qui prétend englober tous les aspects de la Vérité ! Qui donc a construit ce système apparemment contradictoire, à la fois universel et particulier ? Qui est le juge de la véritable essence et des fondements qui constituent ce système de sagesse universelle menant à la fraternité et à la tolérance ? Ont-ils, eux aussi, des maîtres invisibles qui les dirigent et les instruisent ?

Voyons ce qu'ils s'efforcent d'éviter. Suivant leur « Harmonie idéale », ils cultivent une telle « sympathie et une telle tolérance, un tel silence de la critique inquisitoriale » qu'ils « ne condamnent, ni n'attaquent, ni n'admettent que l'on attaque un autre mouvement, aussi divers qu'il puisse paraître », car ils croient que tout mouvement peut servir à quelque chose d'utile ! Qu'en est-il du Grand Orient Judaïque de la Franc-maçonnerie, dont le but avoué est la « Révolution internationale » et la « République universelle » qui en découle ? Qu'en est-il des Illuminati, qui cherchent, par de subtils enseignements pseudo-spirituels, à créer des outils illuminés, aveuglant et enivrant par une fausse extase, une fausse vision et un faux enseignement, formant des « chaînes incassables », comme le montrent les « Protocoles », par lesquels ils unissent secrètement l'humanité et la contrôlent, seule méthode possible pour espérer dominer le monde dans son ensemble ? Qu'en est-il des bolcheviks et de la puissance invisible qui se cache derrière eux ? L'Ordre universel cautionne-t-il passivement de tels mouvements ?

Ils s'efforcent d'éviter toute doctrine dualiste, mais quel est le triangle de leur symbole ? Ne s'agit-il pas des deux forces antagonistes toujours unies par une troisième, qui produit une manifestation conforme à son principe — comme en haut, comme en bas ? Ils s'efforcent également d'éviter la médiumnité passive, la nécromancie et la magie de toutes sortes ; mais ils « ne s'opposent pas à ceux qui se livrent à l'une ou l'autre de ces activités ». Ainsi, par cette tolérance passive et ce manque d'esprit critique, leur Ordre peut devenir une pépinière secrète de tous ces maux auxquels ils ne s'opposent pas et qu'ils ne repoussent pas.

Ils utilisent des rituels, des rites et des symboles, interprétés et adaptés, à tort ou à raison, à partir des enseignements des anciens mystères, comme le font la Stella Matutina et les ordres apparentés — nous avons vu quelle était la base de ces mystères ! Sur cette base instable et quelque peu contradictoire, les membres sont encouragés à rechercher « l'illumination personnelle » et « l'occultisme intérieur de l'âme » en « s'élevant dans la prière, la méditation et la contemplation ». Les dirigeants de cet Ordre peuvent-ils avec certitude assurer à leurs membres que cette illumination personnelle signifiera l'union avec le divin, et non l'obsession de cette puissance matérielle invisible qui cherche partout des instruments, et qui pervertit tout ce qui est sacré, l'utilisant comme un moyen de piéger la victime sans méfiance ?

Que disent les « Protocoles » du « collectivisme » ?

> « Nous les laisserons chevaucher dans leurs rêves le cheval des espoirs vains de détruire l'individualité humaine par des idées symboliques de collectivisme. Ils n'ont pas encore compris, et ne comprendront jamais, que ce rêve fou est contraire à la loi principale de la nature qui, dès l'origine du monde, a créé un être différent de tous les autres pour qu'il ait une individualité. »

Pourquoi donc cette exigence d'abnégation absolue de la part des membres de ces groupes mystiques et occultes ? N'est-ce pas parce que ces groupes de sociétés secrètes pseudo-publiques et réelles ne sont que des rouages de cette grande machine d'anéantissement dont la mission, au nom de l'Unité et de la Fraternité Universelle, est une destruction lente et mortelle de toute individualité, créant un automate sans âme, dont le pouvoir moteur et directeur est la volonté de ce groupe central de Chefs Cachés, la Grande Loge Blanche ?

L'ouvrage de René Fülöp-Miller, *The Mind and Face of*

Bolshevism (L'esprit et le visage du bolchevisme), donne une image saisissante de cet « homme collectif » tel qu'il a été tenté en Russie soviétique. Voici le jugement final de l'auteur :

> Ce qui préoccupe au plus haut point l'ensemble du monde civilisé, c'est cette « jésuiterie barbare » (comme dans l'Illuminisme de Weishaupt) qui prétend être une doctrine de salut pour l'ensemble de l'humanité, alors qu'en réalité elle en menace les fondements mêmes. Le bolchevisme vise plus que la confiscation de la propriété privée : il cherche à confisquer la dignité humaine pour finalement transformer tous les êtres raisonnables et libres en une horde d'esclaves sans volonté ».

On pourrait dire la même chose, avec raison, de la voie du salut et de la soi-disant « évolution de l'humanité », telle qu'elle est décrite dans les enseignements de toutes ces sociétés secrètes et « nouvelles religions temporaires » d'aujourd'hui.

CHAPITRE VII

CULTES AMÉRICAINES

L'AMÉRIQUE — l'internationalisme personnifié dans son peuple — cette terre de fous, de folies et de cultes étonnants, regorge d'exemples de ce chancre destructeur de l'âme que sont les « ismes » ; nous n'en évoquerons qu'un ou deux dans le cadre de ces recherches.

LE MOUVEMENT SADOL

Le « Mouvement Sadol » est un autre groupe maçonnique ésotérique, un autre maillon de la « chaîne magnétique », préparé par ce centre invisible dans ses projets de domination mondiale. Il a été fondé en Amérique en 1883 par J. E. Richardson, connu sous le nom de TK, ou « Frère aîné », et est le représentant en Amérique de la « Grande École de Science Naturelle » (Grande Loge Blanche), dont le centre, dit-on, se trouve en Inde.

Selon TK, il est dit dans son *Bulletin* de janvier 1926 que cette Grande École a une histoire écrite qui s'étend sur une période de plus de 200 000 ans ! De plus, elle s'est installée en Inde il y a 23 000 ans, à l'époque de l'engloutissement du continent atlante ! Il s'agit sans aucun doute de la « Grande Loge Blanche » de toutes les maçonneries ésotériques, telles que la « Rosicrucian Fellowship » de Max Heindel, le groupe de Mme Besant, la Stella Matutina, etc. Qui peut dire où se trouve réellement le centre de ce gouvernement occulte ? Toute l'organisation s'est construite par une confusion systématique entre ce qui est dit et ce qui est voulu.

Nous avons devant nous un extrait *du magazine Sadol*, « The Great Work in America », qui montre qu'ils suivent le Rite écossais ancien et accepté, bien que dans leurs manuels ils ne parlent que des trois degrés de la Loge bleue. TK écrit :

> « Les francs-maçons du rite écossais savent déjà que le général Albert Pike est l'auteur des cérémonies rituelles des 33 degrés de l'Ordre. On ignore généralement qu'il a reçu les « Legenda », qui constituent l'arrière-plan philosophique de chacun des 33 degrés, directement et personnellement de la part d'un membre arabe de la Grande École.

En ce qui concerne le « membre arabe », il est intéressant de noter le « professeur arabe » de Stella Matutina.

Les manuels de ce mouvement consistent en la « Série Harmonique », en quatre volumes. Une étude attentive de ces ouvrages montre clairement que l'enseignement n'est pas constructif et ne mène pas à la maîtrise, comme ils l'affirment, mais destructif et mène à la médiumnité. Le volume 4, *Le Grand Connu*, pourrait tout aussi bien être l'enseignement de Conan Doyle ou de Vale Owen ! Ils pensent avoir trouvé la « Parole perdue » de la franc-maçonnerie, ce qui, selon TK, signifie des communications directes de la part des maîtres. L'ensemble de l'enseignement semble donc être donné dans le but d'induire la clairvoyance, etc., en préparant des médiums sensibilisés au moyen de formules secrètes, et l'utilisation, en rotation, des couleurs du spectre. Ils se croient libres, absolument *maîtres d'eux-mêmes* ; mais il s'agit d'une servitude intellectuelle induite de la part de leurs maîtres par une mauvaise application ambitieuse et diabolique des connaissances occultes et par l'abus de pouvoir qu'ils en tirent.

J'ai déjà expliqué les méthodes adoptées par ce groupe pour contacter le Maître ou les « sages et puissants êtres lumineux » et comment elles correspondent à celles utilisées par la Stella Matutina et l'Ordre du Soleil d'Édimbourg.

L'ORDRE DES INITIÉS DU TIBET

Ces notes sont extraites d'un article paru dans le *Washington Post* du 31 octobre 1909, intitulé « Washington's Most Curious Cult Under Leadership of a Woman » (Le culte le plus curieux de Washington sous la direction d'une femme).

Miss A. E. Marsland, présidente de l'Ordre en Amérique, est une fille de George Marsland, fondateur de l'American Bankers' Association. Washington est le centre de ce mouvement pour l'Amérique, qui y a été fondé en 1904 par Miss Marsland et quatre ou cinq enthousiastes. Il compte aujourd'hui (1909) 5.000 membres et la secte se développe lentement et discrètement. Parmi ses adeptes se trouvent certains des membres les plus éminents de la société et de la diplomatie ; ils se réunissent deux fois par semaine au siège du Centre ésotérique oriental, 1443 Q Street, pour s'abreuver de la sagesse mystérieusement transmise. Miss Marsland ne connaît pas l'endroit exact d'où proviennent ses instructions et ses conférences, mais elle pense que les documents écrits en sanskrit sont envoyés des profondeurs du Tibet (et non de Lhassa) à Paris, où ils sont traduits en français, puis envoyés à Washington, au Brésil et en Égypte. Les maîtres occultes sont la source du savoir, mais chaque centre est indépendant en ce qui concerne le gouvernement interne.

Selon la doctrine des Initiés, le cinquième grand leader mondial et maître de l'humanité doit naître en Amérique dans les vingt-cinq prochaines années. Les quatre précédents sont, selon eux, Rama, Krishna, Bouddha et Jésus. La mission des centres établis par les Initiés est de détourner les hommes de l'étude des effets matériels, qui a jusqu'à présent occupé l'attention exclusive des scientifiques, et de les orienter vers l'étude des causes, des forces, des vibrations et de l'invisible. Cela, disent-ils, ne peut être fait en toute sécurité que par l'homme qui est maître de lui-même, et ainsi la tâche stupéfiante des pionniers de la Nouvelle Ère est de transmuter le scientifique en Mage ! Selon Miss Marsland, le monde est entré dans la Nouvelle Ère en 1898, et il montrera un progrès merveilleux dans la connaissance de l'occulte, menant, peut-être, dans les 2000 ans à venir, à un contact avec les habitants des autres planètes, dont on dit qu'ils sont des esprits qui ont vécu auparavant sur la terre. Mais cette connaissance et bien d'autres mystères de la secte ne sont pas révélés, même à Miss Marsland !

Le professeur F. Charles Bartlet est le chef de l'Ordre en France, et une source curative récemment découverte à Châtel Guyon, au pied du volcan éteint du Puy de Dôme, est maintenant la propriété de l'Ordre. Sur le sommet de la montagne se trouve un temple en ruine dédié à Vénus et au Soleil, qui semble approprié à un tel culte ! Un ou deux de leurs préceptes sont éclairants, par exemple : "La soumission entière de la personnalité à la Nature Supérieure (Maîtres !) ; la non-résistance ou la loi de l'amour (pacifisme !) ; l'Univers est un, donc tous sont unis dans la Fraternité Universelle". De même, « *Méditations de midi* », comme "O disciple, il est indispensable de faire taire ta raison et de prêter l'oreille à ta mentalité. Écoute, mais pas avec les années extérieures (clairaudience). Regarde ! mais pas avec les yeux extérieurs (clairvoyance). Il y a une voix, un pressentiment, une pensée, mais ce n'est pas une pensée, un sentiment, une vibration, mais ce n'est rien de tout cela". Non, c'est le Maître qui forme des liens, qui essaie de contrôler et de suggérer ! Ils prétendent en outre croire en une divinité suprême, mais il s'agit sans aucun doute du Seigneur de l'Univers, I.A.O.

La clé de ce culte est donnée par l'un de ses symboles les plus intéressants : Adda-Nari. Elle représente la nature, la génération, la création, comme le montrent les symboles de manifestation dans ses quatre mains, le signe du lingam et la triade du pouvoir du serpent sur son front.

Les buts de cette secte sont les suivants : « Former une chaire de fraternité universelle basée sur l'altruisme le plus pur, sans haine de croyance, de secte, de caste ou de couleur... étudier les sciences occultes de l'Orient, et chercher par la méditation et une ligne de conduite spéciale à développer ces pouvoirs qui sont dans l'homme et dans son environnement. » C'est le yoga habituel, l'éveil et l'élévation de la Kundalini !

Ils ont un magazine mensuel, *The Esoterist*, édité par Agnes E. Marsland ; dans le numéro de juillet 1924, il y a un article intitulé « Good Government » ! De plus, en novembre 1927, une lettre a été envoyée aux membres, plaidant pour l'investissement dans le Centre Marsland, et les conditions de vie dans la ferme communautaire. L'élevage semble se développer et prospérer ! Enfin, un *Bulletin de Prophétie*, avec une croix tau en tête, publié au Nouvel An, dit : "Cette crise est maintenant imminente, et décidera une fois pour toutes de la condition future de la terre. Le Grand Maître est avec nous et dirige la bataille. Signé, AGNES E. MARSLAND, Lexingvton, N. C.

On dit que le mouvement n'est pas juif, mais l'une de leurs publications porte sur son recto le symbole du sceau de Salomon !

Là encore, il s'agit d'un culte panthéiste et apparemment cabalistique.

LE MOUVEMENT BAHAI

CE mouvement a été fondé en 1844 par un Persan, Mirza Ali Muhammad, qui prit le titre de « Bab » (la Porte) ; il se révolta contre la Hiérarchie qui, craignant son influence grandissante, le fit fusiller à Tabriz, en 1850.

Elle prétend être l'accomplissement "de ce qui n'a été que partiellement révélé dans les dispensations précédentes", et ils considèrent Bouddha. Zoroastre, Jésus, Mahomet et Confucius comme préparant simplement le monde à l'avènement de la "Très Grande Paix" et du "Puissant Éducateur du Monde", Baha'u'llah (Gloire de Dieu), 1863-92, et plus tard Abdul-Baba, 1892-1921. Elle prétend en outre être l'unité de toutes les religions, ainsi que des mouvements anciens et modernes, tels que la théosophie, la franc-maçonnerie, le spiritisme, le socialisme, etc. ; elle vise à conférer l'*illumination* à l'humanité et, comme tous les groupes illuminés, elle œuvre pour la paix universelle, la religion, l'éducation, la langue (espéranto) et tout ce qui conduit à l'unité de l'humanité ; par conséquent, tous les préjugés doivent être abandonnés, qu'ils soient traditionnels, raciaux, patriotiques, religieux ou politiques ; toutes les religions doivent être conformes à la science et à la raison.

Dans *The Confusion of Tongues*, de Charles Ferguson, nous trouvons les informations documentées suivantes sur les bahaïs : Tous ces mouvements du dix-neuvième siècle 'ont été les instruments de Dieu pour rendre le monde réceptif à sa cause (le bahaïsme). (le bahaïsme)' ; et "En dehors de la cause bahaïe, les mouvements et les tendances du monde moderne semblent être une sinistre anarchie ; mais au sein de la cause, ils prennent un ordre parfait et une plénitude de sens !" Les enseignements de Baha'u'llah portent sur la science, la philosophie, les problèmes économiques et gouvernementaux, ainsi que sur l'éthique et les méthodes de purification et de réalisation spirituelles (yoga). Il y a cinquante ans, il a ordonné au peuple d'établir la paix universelle et a convoqué toutes les nations au banquet divin de l'arbitrage international, afin que les questions de frontières, d'honneur national, de propriété et d'intérêts vitaux entre les nations soient tranchées par une cour de justice arbitrale" — tout cela fait penser au Grand Orient judéo-maçonnique !

Lorsque les adeptes bahaïs de Chicago ont entendu parler du Grand Temple, un Mashriqu'l-Adhkar in'Ishqábád, ville du Turkménistan où vivent 4 000 familles bahaïes, ils ont demandé l'autorisation de construire un temple similaire à Chicago, qui devait surplomber le lac Michigan. Depuis 1903, ils travaillent à son édification, et il est encore loin d'être achevé ; la lumière imposante devait signaler l'unité de toutes les croyances, et le temple devait symboliser et incarner leur révélation (comme le Goetheanum de Steiner !). Ses services consistent à lire ou à chanter la « très sainte parole de Baha'u'llah ». Sa forme est un parfait nonagone, et toutes ses dimensions sont basées sur le nombre *neuf* — le nombre cabalistique de la génération, qui initie et conduit à l'unité avec la lumière astrale universelle. De ce temple, on dit « Lorsque le Temple de Dieu sera construit à

Chicago, il sera pour le corps spirituel du monde ce que l'irruption de l'esprit est pour le corps physique de l'homme, en le vivifiant jusqu'à ses moindres parties et en lui insufflant une Lumière et un Pouvoir Nouveaux » — Illuminisme universel et individuel !

De plus, il y a un Gardien de la Cause — Shogi-Effendi — avec neuf collaborateurs, et dans chaque ville il y a une Assemblée Spirituelle de neuf membres, qui doivent être consultés, absolument obéis et soumis. Il existe également des assemblées spirituelles nationales dans tous les pays où la cause s'est répandue et, enfin, ils élaborent des plans pour former une assemblée spirituelle internationale qui sera élue par tous les croyants — pour promulguer des ordonnances et des règlements qui ne se trouvent pas dans le texte sacré explicite.

Bien que rempli de platitudes et d'une éthique apparemment élevée, l'enseignement est anti-chrétien et suggère que la source d'inspiration de leur « Puissant Éducateur » n'est pas Dieu, mais le Mystérieux Pouvoir Central séculaire, qui est derrière tous les mouvements illuminés, et qui vise à l'unification dans le but de dominer le monde.

CHAPITRE VIII

CONCLUSION

L e *Morning Post* du 22 septembre 1928 a publié un article très utile d'Edgar Wallace, écrivain bien connu et expert en criminologie bizarre, intitulé « A New Crime-Hypnotism as a Weapon » (Un nouveau crime — l'hypnotisme comme arme).

Cela montre qu'il se rend compte, comme nous l'avons dit à maintes reprises, que l'un des pouvoirs les plus mortels des centres occultes réside dans leur connaissance et leur pratique du contrôle hypnotique.

Citant une lettre qu'il avait reçue, il dit :

"... Il y a le criminel dont vous n'avez pas parlé : celui ou celle qui se réjouit de la perte de son semblable... Une de mes amies, une femme possédant quelques biens, est tombée sous l'influence d'un certain groupe occulte. Il suffit de dire que la femme qui a pratiqué l'hypnotisme a commencé à exercer une influence extraordinaire, par télépathie — c'est-à-dire lorsqu'elles n'étaient pas ensemble... et (l'amie) n'a été empêchée de transmettre tous ses biens par acte de donation que par une intervention opportune... le mal a été commis par une puissance mentale supérieure sur une personne plus faible ».

Fdgar Wallace poursuit :

Au cours des deux dernières années, j'ai dû recevoir plus

d'une douzaine de lettres, écrites par des personnes manifestement saines d'esprit, si l'on en croit l'écriture, me racontant exactement la même histoire, sans aucun détail... Dans tous les cas (pour autant que je m'en souvienne)... il y avait des antécédents d'occultisme au départ, et dans tous les cas, c'est un adepte de cette « magie » qui a réussi à dominer l'esprit du novice. La théorie selon laquelle cette forme de criminalité est en augmentation est étayée par les cas signalés. La domination d'un esprit fort sur un esprit faible n'est pas un phénomène inhabituel, mais il y a plus qu'un soupçon que cette tyrannie mentale se systématise, et qu'elle peut facilement représenter un réel danger, en particulier pour les femmes de la classe aisée... C'est, en tout cas, une question qui mérite d'être étudiée, car les praticiens de ce nouvel « art » sont parmi les membres les plus dangereux de la pègre. Ils sont d'autant plus dangereux qu'ils n'appartiennent pas, au sens strict du terme, aux classes criminelles. Nous sommes probablement sur le point de faire des découvertes très importantes dans le domaine psychique, et lorsque les nouvelles vérités (quelles qu'elles soient) seront établies, lorsque les réalités de la télépathie, par exemple, seront révélées, un tout nouveau département pourrait voir le jour à Scotland Yard ».

Des cas similaires ont été portés à notre connaissance, et tous sont dus aux influences puissantes d'occultistes avancés, dont l'un au moins est le moins scrupuleux. Dans le *Morning Post* du 4 octobre 1928, on trouve une lettre intéressante sur l'article ci-dessus, envoyée par Mordaunt Shairp, dans laquelle il écrit : « ... Je peux tout à fait comprendre l'hésitation qu'il a ressentie avant de l'écrire. Malgré tout ce que l'on sait des possibilités des ondes lumineuses et sonores, nous sommes encore réticents à croire à ces ondes de pensée, qui sont à la base de cette puissante et dangereuse influence télépathique qu'il décrit de façon si convaincante ». Parlant de sa propre pièce, « The Bend in the Road », produite par les Play Actors à l'Apollo Theatre, en janvier 1927, qui a été bien remarquée par le *Morning Post*, M. Shairp dit : « Elle montrait un homme chez qui ce pouvoir de la pensée avait été remarquablement développé, l'utilisant pour des motifs de vengeance afin de miner la santé et le bonheur de son rival jusqu'au bord du suicide... Comme le souligne M. Wallace, c'est un fait, et nous en entendrons encore parler à l'avenir ».

Nous avons ici l'usage et l'abus du fluide psychique qui « tue et rend vivant » — ce pouvoir du serpent mis en mouvement par une volonté et une pensée puissantes, l'ouvrier de toutes les magies et de tous les miracles, tel qu'il est utilisé dans la maçonnerie ésotérique et dans tous les groupes rosicruciens et occultes. Dans les R.R. et A.C., une formule est utilisée pour influencer les gens à distance, en bien ou en mal. On y utilise le pouvoir du pentagramme et des triangles entrelacés (le talisman hébreu !). Ce fluide est attiré puis projeté avec une intention forte et concentrée dans la direction voulue, comme le long d'un chemin ou d'un rayon de lumière, et des résultats intéressants et étranges ont été obtenus. Il n'agit pas seulement sur la personne physiquement et mentalement, mais apparemment par l'intermédiaire de l'adepte, qui utilise cette formule, il le relie au centre caché qui contrôle l'Ordre.

Dans cette curieuse brochure, *The Hebrew Talisman*, déjà citée, l'extrait suivant est intéressant en relation avec ce qui précède. Parlant d'Abraham Goldsmid, qui aurait reçu la boîte magique du Dr Falk, un juif cabaliste arrivé à Londres en 1742 (voir Mme Nesta Webster dans *Secret Societies and Subversive Movements*), le Wandering Jew dit :

> « Oui, que les chiens nazaréens lèvent leurs mains et leurs yeux dans un étonnement ignorant ; le grand Goldsmid était mon instrument même et simple : Je l'ai élevé parce que je l'en jugeais digne ; je l'ai trouvé incapable d'accomplir la tâche vaste et sacrée pour laquelle je l'avais conçu, et je l'ai abattu comme on jette la gourde quand on n'a plus besoin d'un verre. Qui, parmi les anciens habitués du grand temple de Mammon, qu'on appelle la Bourse, ne se souvient pas de la boîte en or avec laquelle la main de Goldsmid était perpétuellement occupée dans ses moments les plus occupés et les plus importants ! C'était son *talisman*. Les mots du pouvoir avaient été prononcés au-dessus d'elle : Je l'avais

averti à maintes reprises ; je l'avais menacé, je l'avais supplié, mais en vain ; je l'avais trouvé incorrigible dans sa négligence de la cause de notre peuple et de notre Dieu ; et alors même qu'il naviguait dans sa luxueuse villa des environs de Morden, les mots de pouvoir sont sortis de mes lèvres, et son talisman l'a quitté pour toujours... Il se présenta à la Bourse sans son palladium, négocia, perdit, et vit la ruine absolue le regarder avec des yeux inébranlables et sans pitié. Il a *supporté cela pendant deux jours, puis il s'est fait sauter la cervelle !* Personne ne peut être faux à notre cause et prospérer ».

Et si un adepte destiné par ces maîtres maléfiques à quelque « grande œuvre » ose trahir leur confiance, le malheur, le discrédit et même la mort peuvent s'ensuivre, mais ce grand occultiste qu'est Paracelse écrit :

« Les esprits (forces) d'un homme peuvent agir sur un autre homme sans son consentement ou son intention... Si la volonté de l'homme est en harmonie avec sa pensée et son désir, un esprit (force) sera produit et pourra être utilisé pour le bien ou le mal. Si deux forces spirituelles de ce type s'affrontent, la plus faible, qui ne se défend pas suffisamment, sera vaincue, et il peut en résulter une maladie corporelle. Une personne mal disposée peut lancer la force de sa volonté sur une autre personne et la blesser, même si cette dernière est plus forte qu'elle, parce qu'elle ne s'attend pas à l'attaque et n'y est pas préparée ; mais si l'autre personne est plus forte et résiste avec succès, alors une force sera allumée en elle qui vaincra son ennemi et qui pourra le détruire ».

L'Angleterre et son empire ne pourraient-ils pas tirer une leçon de cet enseignement de Paracelse ? Elle est plus forte que l'ennemi à l'intérieur et à l'extérieur de ses portes, mais elle a été plus ou moins prise au dépourvu. Qu'elle se débarrasse de cette apathie insidieuse et de ce pacifisme, qui ne sont que les vapeurs empoisonnées de son ennemi ; qu'elle résiste ! et alors, et alors seulement, elle se relèvera forte et prête à reprendre son ancienne et honorable place dans le soleil de Dieu, et non dans celui du

Diable !

Et qui est cet ennemi ? C'est la puissance qui se cache derrière ces Ordres secrets mortels, qui sape lentement mais sûrement son pouvoir de résistance, c'est le « serpent », qui fascine, mais fascine jusqu'à la mort.

Cheiro, dans ses *prédictions*, nous parle de la domination mondiale à venir des Juifs, de l'établissement de leur royaume en Égypte et en Palestine, qui doit avoir lieu en 1980, selon ses calculs, calculs que nous pouvons falsifier si nous reconnaissons le danger possible.

Ce livre de Cheiro semble être un subtil morceau de propagande, cherchant par l'astrologie, l'enseignement cabalistique, la soi-disant voyance, et beaucoup de jeux avec les citations bibliques, à prouver l'inévitabilité de la domination juive sur le monde. L'astrologie est une science ancienne, nous le savons, mais Cheiro lui-même dit : « Comme je le vois » et « à la lumière de l'occultisme », l'homme n'est pas infaillible, et l'occultisme, tel qu'il est enseigné dans ces sociétés secrètes diaboliques, a toujours été un trompeur ! Sur la couverture du livre figure un dessin allégorique de la comtesse Hamon représentant un monde frappé par la foudre — l'illuminisme ! Quelques extraits montreront ses idées et ses conclusions :

> « Que les Israélites aient été, pour une raison inexplicable, une race mise à part pour la manifestation de la puissance divine en rapport avec la destinée de l'humanité, est, je pense, évident d'après les prophéties les concernant. Le fait qu'ils étaient également destinés à être un exemple de l'influence mystérieuse des planètes sur la vie humaine semble tout aussi évident... Tout au long de l'histoire des Israélites... le pouvoir des sept planètes créatrices n'est pas seulement souligné de façon distincte, mais représente dans tous les cas la mystérieuse "force de Dieu" dans la nature... la mystérieuse loi de vibration ou "force de Dieu", symbolisée par le chiffre sept ».

Nous avons ici les forces électro-magnétiques de l'éther, la « force la plus fine de la nature », les sept aspects de la force solaire, le spectre, la puissance du serpent.

Il semble jeter un froid sur les convictions du « Mouvement britannique pour Israël », qui, selon lui, représente...

> « L'Angleterre est considérée comme les enfants d'Ephraïm et les Etats-Unis comme ceux de Manassé. Mon opinion personnelle est qu'une telle proposition semble limiter le but du Créateur et introduit trop dans la controverse l'élément personnel des peuples anglais et américain... Les soi-disant "grandes puissances" actuelles, dans l'ivresse de leur jeunesse, oublient qu'elles ne sont que des enfants par rapport à des races qui ont disparu... Avec l'innocence des enfants, elles bavardent de leur grandeur... »

Il affirme,

> « que la signification réelle de la Grande Pyramide est astrologique, exposant la religion de la vie... que ce plan ou dessin est lié aux Enfants d'Israël, et contient dans ses registres des périodes exactes d'années correspondant aux grands événements de leur histoire... (p. 136). Il s'agit en fait de l'horloge solaire-lunaire de l'Univers... (p. 143). A partir de 1980... verra, à mon avis, la restauration des Douze Tribus d'Israël comme puissance dominante dans le Monde. La Grande Pyramide deviendra alors le centre de contrôle de la civilisation mondiale... (p. 144). Sous la base de la pyramide, un temple au trésor sera découvert... révélant les secrets scientifiques qui ont permis la construction de la pyramide et qui bouleverseront toutes les lois connues jusqu'alors en matière d'astronomie, de gravitation, d'électricité, d'exploitation des pouvoirs de la lumière, des rayons éthériques et des forces cachées de l'atome. Grâce à ces connaissances, les Israélites et tous les descendants des "tribus perdues" deviendront les possesseurs de la terre dans tous les sens du terme, comme cela a été prédit à maintes reprises dans la Bible... (p. 145). Un autre législateur, comme Moïse, se présentera... et c'est ainsi qu'en fin de compte,

grâce à cette "race méprisée", la paix universelle s'établira… ».

Les lois secrètes susmentionnées ne sont-elles pas les mêmes forces utilisées aujourd'hui par ces Illuminati cachés, ces « grands maîtres, tous juifs » ?

En outre, comme dans tous les ordres illuminés, il affirme lui aussi qu'il y aura une nouvelle ère de (p. 35)

> « la négation du Soi — atteinte par la souffrance — (p. 175). Il se peut que les révolutions et les bouleversements que nous voyons autour de nous de toutes parts provoquent pour l'instant la chute des empires, la destruction des trônes, la mort de l' » ancien» et la naissance du «nouveau». Il croit en une «guerre des guerres» (p. 181) : «Les conséquences du Grand Armageddon révolutionneront complètement nos idées actuelles sur les nations, les royaumes et les républiques ; un gouvernement central merveilleusement organisé en Palestine diffusera des lois de vie et d'humanité dans le monde entier… (p. 144). Que "l'étranger" sera un collaborateur (dupe subordonné) avec les Israélites de retour pour faire de la Palestine et des pays environnants le centre d'une civilisation nouvelle et à venir… (p. 182), une telle perfection ne pourra être atteinte que lorsque toutes les religions se seront fondues en une seule… (p. 183), le langage des étoiles, des planètes et des soleils, traduira le "Livre" en mots "compréhensibles par le peuple" (Cabale juive !)… (p. 151). La période prédite, "les Temps des Gentils", touche rapidement à sa fin… »

Comparez cela avec les *protocoles* déjà cités en relation avec le symbole T.S :

> « Aujourd'hui, je peux vous assurer que nous ne sommes plus qu'à quelques pas de notre but. Il ne reste qu'une courte distance à parcourir, et le cycle du Serpent symbolique — cet insigne de notre peuple — sera complet, etc.

Enfin, dans toute cette domination du pouvoir derrière ces sociétés secrètes et illuminées, il y a un danger mortel pour la civilisation.

En référence à un article du *Patriot* du 14 mars 1929 sur la "Dégradation morale croissante", Disraeli, dans son roman *Lothair* de 1870, parlant des objectifs des Illuminati et des francs-maçons, ne fait-il pas dire au cardinal :

> "Le fondement de la famille chrétienne est le sacrement du mariage, source de toute morale domestique et publique. Les sociétés antichrétiennes s'opposent au principe du foyer. Lorsqu'elles auront détruit le foyer, la moralité de la société périra". (*Patriot*, 10 mai 1928.)

Le professeur Charles Grangent, de l'université de Harvard, déclare dans son livre *Prunes and Prisms* :

> "Si la couleur du sexe a fini par envahir toute notre pensée, de même que l'odeur de l'essence est le principal constituant de notre atmosphère, nous devons cette omniprésence semblable à l'éther, dans une large mesure, à un médecin viennois spécialiste des nerfs, appelé par certains de ses disciples américains 'Froude'" (*Patriot*, 21 février 1929).

Dans son ouvrage *Secret Societies and Subversive Movements*, Mme Webster cite un éminent neuropsychiatre de New York :

> "La théorie de Freud est anti-chrétienne et subversive pour la société organisée... Le freudisme fait de l'individu une machine, absolument contrôlée par des réflexes subconscients... Qu'elle soit consciente ou inconsciente, elle a un effet destructeur... Non seulement la théorie de Freud 'de la psycho-analyse, mais une quantité considérable de propagande pseudo-scientifique de ce type émane depuis des années d'un groupe de juifs allemands qui vivent et ont leur quartier général à Vienne'.

La théorie freudienne réduit tout, bon ou mauvais, à une base sexuelle brute.

Ne retrouve-t-on pas la même 'omniprésence éthérique' dans toutes ces sociétés secrètes illuminées et ésotériques, où la puissance de l'illurninisme réside dans les forces sexuelles éveillées et perverties, unies à l'agent universel ou éther ? Pour réaliser l'unité de l'humanité, liée par la chaîne magnétique à la 'République universelle' du Grand Orient judéo-maçonnique, la conscience sexuelle pervertie est nécessaire par tous les moyens possibles, tels que l'illuminisme, l'eurythmie, les cultes et les danses de la nudité, etc. et peut-être, dans certains groupes, la psychanalyse — même lorsqu'elle est pratiquée 'à la lumière de la science spirituelle' selon Steiner.

En outre, Mme Webster cite un critique qui a écrit à propos d'un artiste juif bien connu :

> 'Il apporte au monde de l'art un nouvel évangile, un évangile noir, un évangile dans lequel tout doit être inversé et déformé. Tout ce qui est hideux, tout ce qui a mauvaise réputation, tout ce qui est sordide, tout ce qui est malsain, tout ce qui est dégradé, tout cela doit être considéré.

N'est-ce pas là la malédiction de certaines autres expressions actuelles de la vie et de l'art — livres, pièces de théâtre, musique, etc.

M. H. A. Jung, de Chicago, écrit au sujet de l'honorable Bertrand Russell :

> 'Son enseignement sur la question sexuelle peut être résumé sans détour comme suit : promiscuité sexuelle totale dans des conditions sanitaires ; les désirs de l'homme doivent être le facteur qui guide la vie, et en dehors des désirs humains, il n'y a pas de valeur morale ; le bien ou le mal ne peut être déterminé que par les conséquences... Il déclare dans son livre *Pourquoi je ne suis pas chrétien* : 'Je dis délibérément que la religion chrétienne telle qu'elle est organisée dans les églises a été, et est toujours, le principal ennemi du progrès

moral dans le monde'. Mme Russell écrit dans son livre *The Right to be Happy* : 'Nous sommes des animaux, et nous le restons, et le chemin de notre régénération et de notre bonheur, s'il existe, passe par notre nature animale'. (*Patriot*, 23 février 1928).

Raspoutine, ce génie licencieux de la Russie, avait un credo similaire : 'La rédemption par le péché'. De même, le pernicieux Aleister Crowley, de l'O.T.O., considère le sexe comme le rédempteur de l'homme ! Krishnamurti, l'"étoile de l'Est qui devait proclamer l'aube d'un jour nouveau et plus grand pour la terre', tombée dans l'escarcelle de Leadbeater-Besant, prônait dans son livre 'La vie dans la liberté' la révolte contre toutes les formes de violence et d'injustice : La vie *en liberté*, la révolte contre toutes les contraintes, et dit que chacun doit être son propre législateur-intuition ! Il écrit : 'Lorsque vous liez la vie à des croyances et à des traditions, à des codes de moralité, vous tuez la vie'.

Et à tout cela s'ajoutent le contrôle des naissances et les 'mariages mixtes' !

William Farren, qui a travaillé sur scène pendant plus de cinquante ans, écrit dans une lettre au *Patriot*, le 19 avril 1928 : 'Il y a très peu de théâtres, de music-halls et de lieux de divertissement qui ne soient pas gérés par des juifs (la même chose est dite de Paris et de New York dans les *Victoires d'Israël*)... le théâtre est devenu un simple atelier où l'on produit ce qui est laid, vulgaire et avilissant'. Pourquoi ? À cause du 'directeur commercial' moderne !

Les 'Protocoles des Sages de Sion', quelle que soit leur origine, préfigurent tout cela de manière remarquable lorsqu'ils disent :

> 'Les classes instruites des Gentils s'enorgueilliront de leur savoir et, sans le vérifier, mettront en pratique les connaissances acquises par la science (même la 'science spirituelle' !), qui leur a été distribuée par nos agents *dans le but d'éduquer leur esprit dans le sens que nous demandons.*

J'ai maintenant exposé devant vous quelques-uns des résultats de années d'expériences et de recherches difficiles sur les rouages cachés de cette grande conspiration, ourdie dans les lieux secrets et souterrains du monde par une puissance occulte rusée, qui voudrait gouverner le monde en prenant le contrôle des esprits et des actions des hommes et des femmes, en les utilisant comme idéalistes crédules et dupes, rêvant d'une 'évolution universelle de l'humanité', pris et retenus dans le piège de ces sociétés secrètes ; ou encore comme des sceptiques plus ou moins honnêtes, employés pour brouiller les pistes de cette puissance secrète d'ombre, au cas où, par une erreur imprévue de leurs plans diaboliques, la vérité pourrait éclater — car ils ne sont que des hommes de chair et de sang et, en tant que tels, ne sont en aucune façon infaillibles — des erreurs sont commises qui ne peuvent être rectifiées, si elles peuvent l'être, que par le bluff, et à cette fin, les sceptiques honnêtes sont plus qu'utiles — ils sont absolument nécessaires.

Comme on l'a dit de la Tablette d'émeraude d'Hermès :

'Pour ceux qui lisent avec leurs yeux corporels, les préceptes ne suggèrent rien de nouveau ou d'extraordinaire, car ils commencent simplement par dire qu'ils ne parlent pas de choses fictives, mais de ce qui est vrai et très certain. Ce qui est en bas est semblable à ce qui est en haut, et ce qui est en haut est semblable à ce qui est en bas pour accomplir les merveilles d'une seule chose — la manifestation de leur ambitieuse et diabolique domination mondiale par ce mystérieux 'Pouvoir d'Ombre'.

Autres titres

www.ingramcontent.com/pod-product-compliance
Lightning Source LLC
Chambersburg PA
CBHW070802270326
41927CB00010B/2257